Willi Winkler **Mick Jagger
und die Rolling Stones**

Rowohlt

2. Auflage Dezember 2002
Copyright © 2002 by Rowohlt Verlag GmbH,
Reinbek bei Hamburg
Layout Joachim Düster
Bebilderung Bernd Klöckener
Satz aus der Rockwell und Gill Sans
PostScript QuarkXPress 4.1
Gesamtherstellung Clausen & Bosse, Leck
ISBN 3 498 07348 6

Die Schreibweise entspricht den Regeln
der neuen Rechtschreibung.

*«You live in a fancy apartment off the Boulevard Saint-Michel
Where you keep your Rolling Stones records . . .»*

Peter Sarstedt

Inhalt

1. My Obsession 9
   Andrew Loog Oldham 25
2. The Under Assistant West Coast Promotion Man 43
   Marianne Faithfull 59
3. Good Times, Bad Times 75
4. Rip This Joint 91
5. In Another Land 103
   Brian Jones 113
6. Play With Fire 131
7. Street Fighting Man 143
8. You Got The Silver 157
   Keith Richards 167
9. Dancing With Mr. D 181
   Mick Jagger 189
10. Paint It, Black 215
11. Far Away Eyes 235
    Bill Wyman 249
12. Blue Turns To Grey 257
    Charlie Watts 269
13. Sittin' On A Fence 275
    Bibliographie 281
    Diskographie 282
    Bildnachweis 288

1. My Obsession

«Ich war immer der Meinung, dass Tina Turner Mick Jagger kopiert, aber dann erzählte mir jemand, dass sie ihm das Tanzen beigebracht hat.»

Andy Warhol (1985)

Es gibt eine schöne Geschichte, nur halbwegs verbürgt, aber andererseits so gut, dass man sie unbedingt erzählen muss. Zeit: 23. Juni 1972. Ort: Dallas, USA. In Dallas, das wird der fernseherfahrene Mitteleuropäer nicht gleich parat haben, leben nicht bloß Ölmillionäre, sondern auch viele Schwarze. Die Rolling Stones befinden sich auf ihrer ersten großen Hallentournee durch Nordamerika und haben sich an diesem Tag frei genommen, um zu proben. Nach der Arbeit, Mitternacht ist bereits vorbei, sind Mick Jagger und Charlie Watts hungrig und wollen als gute Touristen landestypisch essen, amerikanisches Barbecue, und zwar – *soul, man* – stilgerecht im Ghetto. Begleitet von einem Leibwächter, der Fotografin Annie Leibovitz und dem Reporter Robert Greenfield lassen sie sich mit ihrer großen Limousine ins Herz der Finsternis fahren und staunen durch die Scheiben die Schwarzen an, die um brennende Ölfässer herumspringen und auch sonst so richtig schwarz sind, so schwarz wie die Musik, die die Rolling Stones seit zehn Jahren spielen.
Schließlich finden sie ein Billardlokal mit Jukebox. *Soulfood, man.* Doch wer weiß schon, wie der Schwarze Mann auf den Weißen reagiert, wenn er ausnahmsweise in der Überzahl ist und auch noch auf eigenem Grund und Boden? Der weiße Chauffeur bleibt im Wagen, denn den könnte ja einer von den Schwarzen draußen klauen. Watts, Jagger, Leibovitz und Greenfield, der die Geschichte überliefert, sitzen in einer Ecke und essen, während ihr schwarzer Leibwächter den Rückzug sichert. «Er behält sei-

ne schwarzen Brüder im Auge, die am Pooltisch stehen, schätzt die Entfernung zur Tür und überlegt sich, ob die fünf Kugeln in seinem Revolver reichen, wenn er den Weg zur Tür frei schießen müsste.» So viel *soul, yeah*. Am nächsten Tag trug Mick Jagger wieder «Brown Sugar» und «Sweet Black Angel» vor, allerschwärzeste Stones-Musik, aber da stand er auf der Bühne und war in Sicherheit.

Musik ist gefährlich, besonders, wenn man sie geklaut hat. «Bringing It All Back Home» hieß eine Platte von Bob Dylan, denn mit dem ihm eigenen Sendungsauftrag holte er das wieder heim, was zu Hause in Amerika vergessen war, sofern man es überhaupt wahrgenommen hatte, Rhythm & Blues, die schwarze Musik. Die britischen Gruppen, die Beatles vor allem und die Rolling Stones, haben sie entdeckt und den Amerikanern wie neu verkauft. Die Rolling Stones schenkten Amerika, was von dort herkam, die Musik des Mississippi-Deltas und aus Chicago.

Bei ihrem ersten Besuch in den Chess-Studios in Chicago trafen sie auf einen kräftigen Schwarzen, der ihnen die Gitarren und das Schlagzeug hereintrug und die Räume neu ausmalte: «Er war ganz in Weiß gekleidet, hatte Farbspuren im Gesicht und strich die Decke.» Es war Muddy Waters, der keine Platten mehr verkaufte und sich als Hilfsarbeiter durchschlagen musste. Keith Richards, der einmal kurz bei der Post gejobbt hatte und jede Erwerbstätigkeit außer der Musik verabscheute, konnte nur den Kopf schütteln: «Das haut dich um: Der König des Blues muss Malerarbeiten machen. Als wir die Rolling Stones gründeten, wollten wir vor allem auch andere für Muddy Waters begeistern. Wir haben uns nach einem seiner Songs benannt. Dann lernen wir ihn selber kennen. Und was macht er verdammt nochmal? Er weißelt die Decke.»

Im Herbst 1966, auf ihrer achten Tournee durch England, traten die Rolling Stones mit Ike & Tina Turner & the Ikettes auf. Marianne Faithfull war hinter der Bühne dabei, als Tina Turner Mick Jagger den Sideways Pony beizubringen versuchte. «Mick konn-

«River Deep, Mountain High»: Tina Turner war es, die Mick Jagger das Tanzen beibrachte.

te tanzen, aber im Vergleich mit Tina war er einfach ungelenk. Der Sideways war für ihn so schwer wie ein Pas de deux. Schließlich ist er Engländer.» Tina Turner amüsierte sich über seine Steifheit, doch er wollte einfach nicht aufgeben. Brian Jones und Keith Richards lachten sich bei dem Anblick schier tot. «Sie waren Bluesmusiker aus Englands Phantasiedelta und fanden es idiotisch, dass Mick unbedingt diese Tanzschritte lernen wollte.» Tina Turner rollte theatralisch die Augen und wollte ihn als hoffnungslosen Fall aufgeben, worauf der lernbegierige Eleve Mick atemlos seufzte: «Soll das heißen, dass ich in meinem nächsten Leben nicht schwarz bin?»

In ganz England gab es 1962 nur drei Leute, die schwarze Musik kannten: Keith Richards, Mick Jagger und Brian Jones. Sie waren drei klassische Mittelstandjungs, die sich aus je verschiedenen Gründen noch etwas Besseres vorstellen konnten als eine Mittelstandskarriere. «Wie kann», fragte sich und seine Leser ein überstrenger Kritiker dieses «Rassentransvestitentums», «wie kann ein verwöhnter, milchgesichtiger Junge aus dem Mittelstand, der nie auch nur ein Loch in seinem Schuh hatte, überhaupt den Blues singen, die Musik eines kaputten Schwarzen, der sein Leben in Armut und Elend verbracht hat?» Ja, wie? Weil es Musik ist, und zwar die ergreifendste Musik überhaupt. Natürlich fehlte es den Jungs aus der Vorstadt an nichts (auch wenn sich Keith Richards und Brian Jones kurze Zeit alle Mühe gaben, kirchenmausarme Boheme zu spielen), aber es war Minderheitenmusik, ihre Musik, ihre höchstpersönliche Musik, und die musste verteidigt werden gegen die ganze Welt.

Die Historiker meinen, die Szene habe sich Ende Oktober 1961 am Bahnhof von Dartford abgespielt. Mick Jagger steht da in Schulkleidung, zu den schönsten Hoffnungen berechtigend und mit dem vagen Vorsatz, auch heute nicht übermäßig aufzufallen im Unterricht. Und von der anderen Seite betritt Keith Richards die Bühne, ebenfalls auf dem Weg zur Schule, mit der er längst abgeschlossen hat, ein Sandkastenfreund, den Jagger aus den

*Diana Ross sang mit den Supremes «Stop! In The Name Of Love».
Die Rolling Stones, hier Brian Jones, wären selber gern so schwarz
gewesen.*

Augen verloren hatte. Der da noch «Mike» genannte Jagger trägt einen Packen Singles unterm Arm, Platten von Little Walker, Chuck Berry und Muddy Waters, die er sich mit der Post aus den USA hat schicken lassen. Es ist Liebe auf den zweiten Blick, doch dafür hielt sie weit länger als die handelsübliche Ehe. Diese homoerotische Beziehung bildete, wie die eifersüchtige Marianne Faithfull gleich bemerkt hat, die «geheime Antriebskraft der Rolling Stones».

Noch aber brauchten die Liebenden jemanden, der sie zusammenführte. Es war der 1928 in Paris geborene Alexis Korner; er hatte als Discjockey gearbeitet, in Dixieland-Bands gespielt und gelegentlich amerikanische Bluessänger durch England begleitet. Als Musiker besaß er keinen eigenen Stil, aber ein großes Herz und ließ jeden bei seiner Blues Incorporated mitspielen und manchmal auch singen. Innerhalb weniger Monate traten bei

ihm Charlie Watts, Mick Jagger, Jack Bruce, Ginger Baker, Eric Burdon und Long John Baldry auf. Einmal, es ist immer noch Ende 1961, reiste Alexis Korner's Blues Incorporated nach Cheltenham. Das Publikum war hingerissen. Nach dem Auftritt kam ein blonder, etwas klein geratener junger Mann zu Korner, zupfte ihn am Ärmel, sprach kenntnisreich vom Blues und davon, dass er selber ein wenig Saxophon spiele. Korner lud ihn nach London ein; bei ihm im Keller könne er gern auch übernachten. Danach war Brian Jones für alles außerhalb der Musik verloren.
Sooft es nur ging, fuhr er mit dem Zug nach London, schließlich zog er um, was nebenbei den Vorteil hatte, dass er seine unehelichen Kinder samt deren Müttern hinter sich lassen konnte. Eine Optikerlehre hatte er bereits abgebrochen, danach verlor er regelmäßig seine jeweils neue Arbeitsstelle, weil er sein Desinteresse allzu deutlich zeigte oder in der Ladenkasse das Geld zum Leben fand. Er war jetzt Elmo Lewis, Bluesmusiker nach dem Vorbild von Elmore James, legte aber größten Wert auf makellose und womöglich italienische Kleidung. Als Mick Jagger und Keith Richards ihn spielen sahen, fielen sie fast auf die Knie vor Bewunderung für diesen wilden Mann, der inzwischen auf der Slidegitarre brillierte. Elmo betrieb die Musik noch viel ernster als sie, klaute, wenn es sein musste, und ließ die Frauen sitzen, wie es ihm gerade gefiel.
Im Mai 1962 gab Brian Jones eine Anzeige in den *Jazz News* auf, weil er Musiker für eine Rhythm & Blues-Band suchte. Als Erster meldete sich der Boogie-Woogie-Pianist Ian Stewart. Mick Jagger sieht sie spielen, will als Sänger mitmachen und unbedingt auch seinen Freund Keith Richards dabei haben. Der ist dem Bandleader Brian Jones aber zu wenig Purist, weil er immer wie Chuck Berry spielen will, nämlich populär, eine Musik, die manchmal sogar im Radio zu hören ist. Schließlich wird er akzeptiert. Charlie Watts, der ebenfalls hin und wieder bei Alexis Korner auftritt, hat noch keine Lust.
Die Literatur ist sich einig darüber, dass die Rolling Stones am Donnerstag, den 12. Juli 1962, zwei Wochen vor Mick Jaggers

neunzehntem Geburtstag, als «Mick Jagger and the Rolling Stones» auf die Welt kamen. Der Ort war das Marquee, auch genannt «The London Jazz Centre», Hausnummer 165 in der Oxford Street. Die Besetzung: Mick Jagger (Sänger), Keith Richards (Gitarrist), Brian Jones alias Elmo Lewis (Gitarrist), Dick Taylor (Bass), Ian «Stu» Stewart (Klavier) und Tony Chapman (Schlagzeug). Alexis Korner war eingeladen, an diesem Abend bei der BBC zu spielen, deshalb trat die Band anstelle der seinen im Marquee auf. Die Sache ist sogar noch verzwickter, denn mit Alexis Korner sollte als Gruppe die Blues Incorporated auftreten, in der Mick Jagger gelegentlich sang. Als siebtes Mitglied wäre er aber

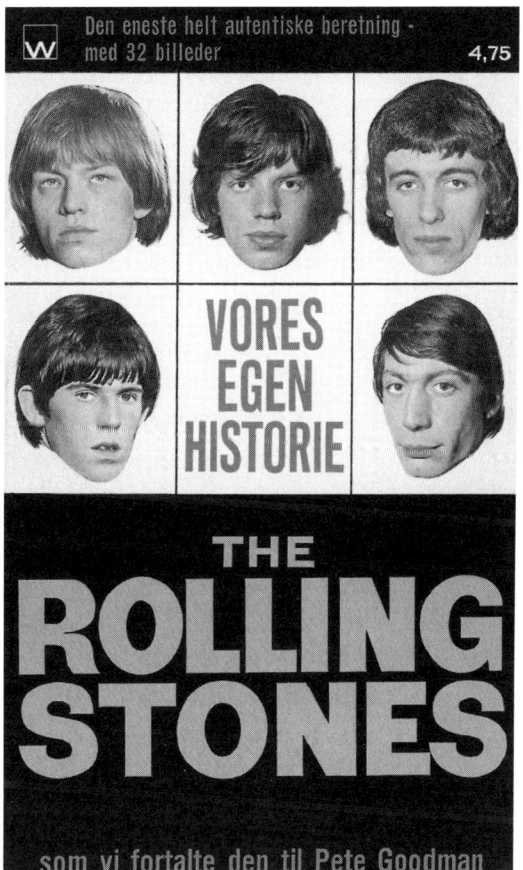

Die Rolling Stones auf Dänisch? Schließlich musste die Botschaft hinausgetragen und überall in der ganzen Welt verbreitet werden – und das schon 1965.

von der BBC, die nur auf sechs eingestellt war, nicht bezahlt worden. Korner wollte zurücktreten, Jagger überredete ihn, die Gelegenheit auf jeden Fall wahrzunehmen. Der Verzicht war für Jagger nicht so schmerzhaft, konnte er doch seinerseits mit der eigenen Band auf die Bühne.

Diese Band brauchte jetzt nur noch einen Namen, und den gab ihr der Chef, Brian Jones also, nach einem Song von Muddy Waters, nämlich «Mannish Boy», in dem es heißt: «I'm a rolling stone». Die Variante mit dem weggelassenen «g» hatte er aus einem anderen Muddy-Waters-Song, aus «Rollin' Stone Blues». Im Veranstaltungshinweis in der Zeitung war das «g» allerdings wieder mirakulös eingesetzt. An diesem Abend spielten sie – nicht weniger mirakulös – in einer guten Stunde 18 Stücke, lauter Rhythm & Blues-Klassiker: «Kansas City», «Honey What's Wrong», «Confessin' The Blues», «Bright Lights, Big City», «I Believe I'll Dust My Broom», «Down The Road Apiece», «I Want You To Love Me», «Bad Boy», «I Ain't Got You», «Hush Hush», «Ride 'em On Down», «Back In The U.S.A.», «Kind Of Lonesome», «Blues Before Sunrise», «Big Boss Man», «Don't Stay Out All Night», «Tell Me That You Love Me» und «Happy Home». Die Rollin' oder Rolling Stones waren eine puristische Bluesband und noch Lichtjahre entfernt von jeder Hitparade.

Mick Jagger kann nicht singen», behauptet Ike Turner. «Er ist schon in Ordnung, aber singen kann er nicht.» Turner nennt Mick Jaggers Stil «zynisch», nur meint «cynic» im Amerikanischen etwas anderes als im Deutschen. Er will sagen, dass Jaggers Vortrag nicht natürlich wirkt, dass sich hier keine geschundene Seele Luft macht, kein in der Sonne schwitzender, baumwollpflückender Sklave von der Farm der Miss Scarlett im schönsten «Vom Winde verweht»-Dekor um sein Leben musiziert, sondern dass sich ein relativ gut gestellter Weißer «ironisch» eines schwarzen Stils bedient. Auch Chuck Berry, der sich als Sohn einer Lehrerin so erfolgreich einer deutlichen Aussprache befleißigte, dass er im Radio selber für einen Weißen gehalten wurde, hatte nur Hohn und

Spott für die streberhaften Nachhilfeschüler übrig, die im Chess-Studio in Chicago Rhythm & Blues-Klassiker aufnahmen: «Swing on, Gentlemen. Sie hören sich, wenn Sie mir die Bemerkung gestatten, ganz vorzüglich an.» Swing, das ist nun wirklich das schlimmste Schimpfwort. Der Bluesfanatiker Keith Richards bemerkte einmal letztgültig zu diesem Thema: «Unser größtes Verdienst besteht darin, dass wir den Jazz in England auf alle Zeiten erledigt haben.»

Nein, die Nutzanwendung der Bluesmusik, die Säkularisierung der gemarterten Sklavenseele hatte Chuck Berry höchstselbst begonnen, als er seine Teenager der Schule und dem Terror idiotischer Lehrer aussetzte, die alles hassten, was jung war. «Ring, ring, goes the bell ...»: Aus der Peitsche des Sklaventreibers ist die Glocke geworden, die zur nächsten Stunde ruft, und nicht mehr der «süße Jesus» ist es, der die Erniedrigten und Beleidigten aus dem Jammertal hienieden herausführt, sondern der nicht weniger süße Konsum: Platten, Autos, Mädchen. In der Ballade «You Never Can Tell» zählt Berry markenartikelgenau die Geräte auf, die sich das Teenager-Ehepaar anschafft, um richtig glücklich zu sein: Kühlschrank, 53er nachgerüsteter Jidney und ein Plattenspieler («hi-fi phono»), auf dem die beiden, da kann man sich sicher sein, jeden Tag «Roll Over Beethoven» und «Rock 'n' Roll Music» spielen werden. «And the whole joint was rockin', going around and around ...»

In den USA lief diese Musik einen oder zwei, vielleicht sogar drei Sommer lang, dann musste Chuck Berry wegen Mädchenhandels in den Knast. Little Richard wurde plötzlich Prediger und fromm, Jerry Lee Lewis heiratete eine Dreizehnjährige und wurde nicht mehr gespielt. Nur Elvis machte seiner Heimat keine Schande, denn er tat ohne Murren zwei Jahre Dienst am Vaterland. Der Rock 'n' Roll verschwand fast so schnell, wie er gekommen war. Die weiße Mittelschicht gewann wieder die Oberhand. Die Musik der Schwarzen sollte den Schwarzen vorbehalten werden, eine strenge Apartheidpolitik sorgte in der Musikindustrie dafür, dass «School Days» in die Sparte «Race records» (richtig: «Rassen-

Plötzlich erschien ein sehr schwarzer und sehr fremder Mann und stellte ganz unglaubliche Dinge mit seiner Gitarre an. Chuck Berry sang den Blues so innig, dass ihn auch die süße Sechzehnjährige verstehen konnte.

musik») fiel und die weißen Teenager möglichst nicht erreichte. Über halb legale Piratensender in den USA und die Armeesender in Europa fand die Musik trotz des nur gut gemeinten Quarantäne-Versuchs weiter Hörer, sodass die Saat des Bösen in aller Ruhe aufgehen konnte.

Ende 1963 kam Chuck Berry aus dem Gefängnis frei, durfte aber während der Bewährungsfrist St. Louis nicht verlassen. Die englischen Konzertveranstalter konnten es kaum erwarten, von seinem durch die Beatles und die Rolling Stones erneuerten Ruhm zu profitieren, und schlugen sich um ihn. Es war also die britische Jugend, der er sein Comeback verdankte, auch wenn sie sich, der Schwarze und die Weißen, wohl nie richtig anfreundeten. Schließlich erlaubte ihm sein Bewährungshelfer eine Tournee durch England. Im Mai 1964 gingen die Rolling Stones zu einem seiner Konzerte, aber er wollte hinterher gar nicht mit ihnen sprechen. Zufällig begegneten sie sich später in einem Hotelaufzug – und der Meister schaute durch sie hindurch. Erst als die Tantiemen aus den Coverversionen einliefen, durch die er inzwischen sehr viel mehr verdiente als mit seinen eigenen Sachen, scheint Berry sich an die Enteignung seiner Songs gewöhnt zu haben. Bei der Nordamerika-Tournee der Rolling Stones im Jahre 1969 trat er gelegentlich im Vorprogramm auf. Dann stand er allerdings plötzlich im Veranstaltungsbüro und verlangte 3000 Dollar bar auf die Hand, sonst sei er nicht auf die Bühne zu bewegen.

Das Verhältnis blieb, könnte man sagen, gespannt: Im Juni 1981 geht Keith Richards hinter die Bühne des New Yorker Ritz, wo Berry auftritt, und der schlägt ihm – *peng!* – ins Gesicht. Er hat ihn angeblich nicht erkannt. 1987 drehte Taylor Hackford mit Berry «Hail! Hail! Rock 'n' Roll!», eine Dokumentation, die mit einem Konzert endet, das Keith Richards zum sechzigsten Geburtstag des Meisters organisiert hat. Wahrscheinlich hat ihm nie jemand mehr Verehrung entgegengebracht, aber Richards musste ihn auf offener Bühne zwingen, das gemeinsame Jammen nicht gleich wieder zu sabotieren. Es war kein Witz, was Keith Richards

Ja, durfte der denn das? Einfach so auf der Bühne herumspringen und die Gitarre schlenkern? Ja, Chuck Berry durfte.

sagte, als er sein Idol in die Rock and Roll Hall of Fame einführte: «Ich habe ihm jeden Lick geklaut, den er je gespielt hat.»
1969 fragte ein Journalist Mick Jagger, ob die Musik der Rolling Stones nicht reine Nachahmung der schwarzen Musik sei. «Natürlich sind wir eine Kopie; aber das war schon der schwarze Blues, und durch die Nachahmung entsteht musikalisch etwas Neues.» Das mag nicht sonderlich erhellend sein, aber eines war klar: Es war der Blues, und mit den Stones kam er nach England und dann wieder in die Welt.

Zurück in das Jahr 1962: Mick Jagger nimmt sich ein Beispiel an Brian Jones und zieht endlich bei seinen Eltern aus. Keith, Mick und Brian hausen in einem armseligen Loch zusammen, teilen sich das Essen, bald auch die ersten Groupies. Es ist der kälteste Winter in England seit unvordenklicher Zeit. Bill Perks wird auf die Band aufmerksam, die einen Bassisten sucht. Er kommt zum Vorspielen und bringt einen gewaltigen Verstärker mit. Die anderen kriegen Stielaugen, die noch größer werden, als er ihnen seinen Ersatzverstärker als Morgengabe anbietet. Perks passt nicht ganz zum anarchistischen Profil der Bluesmusiker: Er ist zu alt, außerdem schon verheiratet und hat einen Sohn; und er ist, undenkbar für die anderen, regelrecht angestellt, Lagerverwalter. Sie suchen weiter nach einem Bassisten, am Ende aber überzeugt sie der Verstärker. Bill Perks lässt sich die Haare wachsen. Charlie Watts lässt sich Zeit. Auch er ist bereits etabliert, und warum sollte er seine Arbeit in einer Werbeagentur aufgeben, um eine Musik zu spielen, die er im Grunde verabscheut? Manchmal hilft er aus, warum nicht?
Der Winter hört nicht auf. Brian Jones hat ihnen eine erste Studiosession organisiert, doch noch sind sie sich gar nicht sicher, ob sie mit der Musik wirklich Geld verdienen wollen. Sie nehmen jedes Angebot wahr, treten auf, wo sie können; Ian Stewart fährt die Band quer durch London und alle Vororte. Ein Demoband nehmen sie auf, müssen die Kosten aber selber tragen. Sie spielen überall, eine Ersatzband, wenig gelitten.
Stewart und Perks, der sich inzwischen Wyman nennt, arbeiten nach wie vor, Jagger subventioniert die anderen mit seinem Uni-Stipendium. Charlie Watts hadert immer noch mit der Musik und macht schließlich doch mit – meine Damen und Herren, die Rolling Stones! Ein typischer Auftritt, irgendwo in London. Sie bringen ihre eigenen Barhocker mit, geklaute natürlich. Da sitzen sie dann, lässig, ein bisschen böse, nicht gerade das Kurorchester. Wyman ist in Arbeitsklamotten gekommen. Der Veranstalter gibt ihnen das Zeichen, sagt: «Jungs, beeilt euch, umziehen, ihr habt noch zehn Minuten!», und findet es nicht furchtbar witzig,

Ein Studiotermin 1965. Die Gitarrengötter und dazwischen Mick Jagger, der mit seinen Maracas dagegenhält.

dass sie bei ihm so werktäglich auch auftreten wollen. Sie sind furchtbar arrogant, so arrogant, wie es nur junge Menschen sein können, die sich im Vollbesitz der Wahrheit befinden. Ihr Erscheinungsbild, ihre Musik, erst recht ihre Manieren beleidigen das Publikum. Zwischen den Stücken hocken sie eidechsenträge da, trinken Bier, rauchen, haben es nicht eilig. Die Tänzer vorn bleiben stehen, starren ungläubig, kommen dann näher und betrachten diese merkwürdigen Vögel. Dem Veranstalter reicht's, er jagt sie hinaus. So geht das fast immer.

Brian war der Schlimmste. «Am Anfang der Stones», so Alexis Korner, «war Brian Jones der Monsterkopf. Er trug die Haare lang, schien immer zu schmollen, er schaute verächtlich und wirkte unglaublich geil. Er sprang mit dem Tamburin nach vorn und grinste hämisch. Eine ungeheure Aggressivität. Gleichzeitig war er der beste Bluesmusiker, besonders beim langsamen Blues. Aber ihm ging es um diese Aggressivität, er machte jeden Mann im Publikum an, sodass der ihn verprügeln wollte.» Brian legte es darauf an. Die Kerle wollten ihn umbringen, die Mädchen verehrten ihn, und er verachtete alle dafür.

Außerdem war er der Chef. Die Rollin' Stones, das war seine Band.

Andrew Loog Oldham

«He Gave Us Satisfaction.»

Andrew Loog Oldhams Wunsch
für seinen Grabstein

Die Rolling Stones, das war Oldhams Band. «Wahrscheinlich kam ich den anderen nur 48 Stunden zuvor, aber so war es bestimmt von Gott. Ich traf die Rollin' Stones und sagte ‹Hallo› zum Rest meines Lebens.» Andrew Loog Oldham war neunzehn Jahre alt, ein Schwarmgeist, ein adrenalingetriebener Hipster, aber auch ein Geschäftsmann auf der Suche nach dem großen Erfolg. Ein Journalist hatte ihm den Tipp gegeben, und am Sonntag, den 28. April 1963, fuhr Oldham von London nach Richmond hinaus, um sich im Crawdaddy Club anzusehen, was ein Beobachter mit allen (gespielten) Anzeichen des Entsetzens so geschildert hatte: «Nur die Bühne mit ihren schwankenden Figuren ist beleuchtet, sonst ist der Raum dunkel. Vom Eingang her fällt ein Streifen Licht und zeigt schwitzende Tänzer, kauernde Gestalten am Boden, zeigt lange Haare, Wildlederjacken, Cowboyhosen und Chelsea-Stiefel.» Die wilden Männer spielten Blues – oder was sie dafür hielten. Und Oldham fiel es nicht schwer, die Sache sogleich auf den Punkt zu bringen: «Ich wusste, was ich da zu sehen bekam: Sex.»

Zuerst sah er aber ein Paar vor dem Club, ein Paar im Streit: «Er war dünn, keine Taille, was ihm die Gestalt eines Pumas mit einem nur ihm eigenen Geschlecht verlieh; das Mädchen bildete die Brücke zur Wirklichkeit. In ihrer Ähnlichkeit waren sie beide äußerst attraktiv; in diesem dunklen Durchgang wusste ich nicht, was Mann war und was Frau.» Es handelte sich natürlich um Mick Jagger und seine Freundin Chrissie Shrimpton.

So ließ sich Musik verkaufen: mit Sex, mit Mick Jaggers Lippen, mit der Aggressivität, die niemand mehr spürte als Oldham. «Für jeden, der die Beatles gern mit nach Hause brächte, gibt es einen anderen, der nicht teilen will. Ihr werdet die sein», sagte er zu seinen neuen Schützlingen, «die man nicht mit anderen teilen will.» Die Band hatte sich einigermaßen an den Blues-Impresario Giorgio Gomelsky gewöhnt, der einen Dokumentarfilm über sie vorbereitete. Dann musste er überraschend in die Schweiz reisen, wo sein Vater gestorben war, und Oldham schlug blitzschnell zu. Er drängte Gomelsky aus einem vorläufigen Managementvertrag und übernahm selber die Betreuung der Rolling Stones.
Es pressierte: Die Rolling Stones hatten die traditionelle Jazz-Kundschaft hinausgespielt und begannen populär zu werden. Zwei Wochen vor Oldham waren die Beatles in den Club hereingeschneit und hatten auf der Stelle Freundschaft mit den jüngeren Stones geschlossen. Brian Jones ließ sich ein Foto von allen Vieren signieren und verehrte das Bild fortan wie einen Hausaltar. Die Beatles luden die neuen Freunde zu ihrem Konzert in der Royal Albert Hall am 18. April ein. Die Fans hielten Brian für einen Beatle und rupften zum ersten Mal an seinen langen blonden Haaren. Er war außer sich vor Begeisterung: «Das ist es», soll er gesagt haben, «genau so muss es sein!»

Es waren etwas unübersichtliche Verhältnisse, aus denen Andrew Loog Oldham kam. Sein Vater, oder jedenfalls der Mann, den ihm seine Mutter als seinen Vater nannte, war ein amerikanischer Soldat, einer von denen, die in England stationiert wurden, um Europa von Hitler zu befreien; Loog wurde abgeschossen, bevor sie ihr Verhältnis hätten legalisieren können. Celia Oldham gab ihrem am 29. Januar 1944 geborenen Sohn deshalb den Namen Andrew Loog Oldham und blieb ansonsten die Zweitfrau von Alec Morris, einem reichen Möbelfabrikanten, der möglicherweise auch Andrew gezeugt hatte. Alec Morris war herumgekommen in der Welt, hatte, behauptet sein Zieh- oder vielleicht

Nur so eine Frage, aber diese Frage trugen 1963 alle Eltern im bangen Herzen:
«Würden Sie Ihre Tochter einen Rolling Stone heiraten lassen?»

natürlicher Sohn, in New York bei Gangstern verkehrt und mit einem von ihnen, George Raft, Tango-Stunden gegeben, jenem George Raft, der, inzwischen Schauspieler, in «Scarface» (1932) so elegant mit den Münzen zu hantieren wusste.

Die allein erziehende Mutter Celia jedenfalls, eine seltene Schönheit, schickte ihren Sohn auf die besten Schulen; Morris half ihr dabei. Andrew war nicht furchtbar begeistert von der Schule, er wollte schließlich draußen im Leben etwas werden.

Schon als Teenager trieb er sich im Londoner Nachtleben herum und eiferte Johnny Jackson aus dem Film «Expresso Bongo» (1959) nach, einem Manager, der seinen Star mit allen Tricks nach oben pusht. Ein bisschen Gangsterei, Nachtleben, Showbiz, das Ganze ansprechend präsentiert im neuesten Chic – mehr verlangte der junge Andrew Loog nicht vom Leben.

Die weitere Entwicklung wirkt nur folgerichtig, wie von langer Hand geplant. Für Musik interessierte sich Oldham nicht besonders, dafür umso mehr für Anziehsachen, denn er wollte um jeden Preis auffallen. Zu Recht hatte er kein großes Vertrauen in seine schauspielerischen Fähigkeiten, sah sich, wie gesagt, auch nicht selber als Musiker und entschied sich deshalb für eine Karriere als Selbstdarsteller in der noch kaum existenten Jugendkultur.

Zielstrebig drängte er zuerst in die Modebranche. Die Schneiderin Mary Quant hatte den Laden Bazaar im Westen Londons eröffnet, in Knightsbridge in der Nähe des Kaufhauses Harrods, und dort musste Oldham unbedingt hin. Er wurde Schaufensterdekorateur und sah es später als Training für noch mehr Imagepflege: «Ich half Mary bei den Schaufenstern und lernte damit das Design für Schallplatten. Ich schenkte den Journalisten Drinks ein, bis ich begriff, dass aus Getränken Gedrucktes wird. Ich führte die Hunde berühmter Models Gassi und konnte deshalb später mit den Stars umgehen.» Oldham fühlte sich wie «im Himmel».

Mode war alles damals, Mode kam noch lang vor der Musik, Mode waren die Filme der französischen Nouvelle Vague (selber

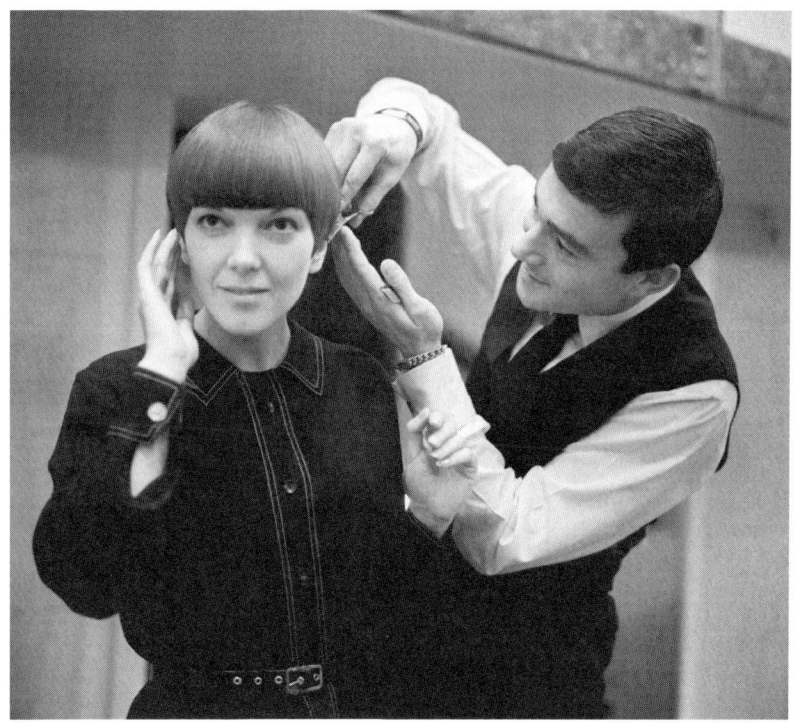

Vidal Sassoon coiffiert Mary Quant. «Sartre, Camus, Heidegger und Teilhard de Chardin verändern die politisch relevante Gesellschaft weniger als die Beatles oder der Minirock der Mary Quant.» (Rudolf Augstein, 1967)

benannt nach einem Couture-Ausdruck), waren amerikanische Filme, neue Frisuren und vor allem absurde, nämlich möglichst auffällige Kleider. Musik war folglich auch nur eine Mode, kaum zu fassen, vergänglich, und musste deshalb umso aufreizender präsentiert werden.

Oldham kreierte auch als Manager Mode. Einem Freund versprach er, ihn zum Star zu machen, wenn er den Vertrag unterschreibe. Der konnte das nur für einen Scherz halten. Oldham aber bestand darauf, der Mann unterschrieb und wunderte sich schließlich, als tatsächlich Angebote für Modeling kamen. Das war ein frühes Experiment. Oldham jedoch war unstet. Er gab die Arbeit bei Mary Quant auf, trieb sich mehrere Monate an der Côte d'Azur herum, betreute dann Bob Dylan bei dessen allererstem Auftauchen in England und will da schon den fertigen Dylan gesehen und erlebt haben. Noch aber fehlte ihm das richtige Mannequin, eine Kleiderpuppe, die er mit den irrsinnigsten, den auffälligsten Sachen behängen konnte. Er blieb Freiberufler, besorgte sich gern Aufträge bei Brian Epstein, dem Manager der Beatles, und machte Pressearbeit: Also die Redakteure anrufen, ihnen irgendetwas vorsülzen, Interviews vereinbaren, ein wenig zusammen trinken, einen Werbetext als redaktionellen Beitrag unterjubeln, das übliche Kleingeld, das kleinste Ganoventum.

Für Oldham war es das reine Glück. Den Manager, schon gleich gar diesen kleinen rothaarigen *outcast of all classes*, verbindet einiges mit dem Eunuchen seligen Angedenkens: Er weiß, wie es geht, er ist am nächsten dran, aber er kann es selber nicht. Lange bevor die Therapiesprache darauf verfiel, dass man sich selber verwirklichen müsse, verwirklichte sich Andrew Loog Oldham, indem er Menschen nach seinem Bild und Gleichnis schuf. An seiner Stelle mussten sie singen, tanzen und chic sein, und wenn sie Erfolg hatten, dann war es seiner. Sein ganzes Vorleben – das verrät er gern in seiner Autobiographie «Stoned» – war ein einziger Probelauf für die Arbeit als Manager.

Das damals noch so genannte Schaugeschäft war jedenfalls bis in die goldenen Sechziger hinein ein legales Zuhältergewerbe. Wer sich traute, wer die richtigen Verbindungen hatte, ließ seine Pferdchen für ein karges Taschengeld laufen. Chuck Berry war wenige Jahre zuvor noch um alles betrogen worden. Damit ihn der allmächtige New Yorker Discjockey Alan Freed überhaupt spielte, musste der als Mitkomponist von «Maybellene» genannt werden. (Freed behauptete auch, den Begriff «Rock 'n' Roll» erfunden zu haben.) Berry war schwarz und in den USA der fünfziger Jahre nicht einmal ein Mensch zweiter Klasse, sondern ein Tanzbär oder das Äffchen, das auf dem Leierkasten sitzt.

Als Cordhosen noch schlank machten: Mick Jagger oder die politisch korrekte Art, Mundharmonika zu spielen.

Wesentlich besser waren die Verhältnisse in England zu Beginn der sechziger Jahre auch nicht. Selbst die Stars, soweit es sie denn gab, mussten sich ausbeuten lassen, weil andere den Zugang zu den Plattenfirmen, zur BBC und zu den Konzertsälen landauf und -ab besetzt hielten. Andrew Loog Oldham wollte seinen Teil haben und dabei möglichst auch noch, «rebel without a pause», die Musikindustrie überlisten.

Musik sollte nicht anders funktionieren als ein Film. Wenn Orson Welles ein ganzes Studio als Geisel nahm, RKO nämlich für «Citizen Kane» (1941), und sich die Frechheit erlauben konnte, einen Film über und gegen den mächtigsten Zeitungsverleger seiner Zeit, William Randolph Hearst, zu drehen, dann musste dieses Freibeuterunternehmen doch auch zwanzig Jahre später in London mit der neuen Musik und vor allem mit dem speedgetriebenen Tycoon Oldham gelingen. Nur auf Boykott, wie er Orson Welles widerfahren war, hatte Oldham keine Lust, er wollte groß herauskommen, *top of the world*, Ma!

Oldham lernte Phil Spector kennen, den Manager neuen Typs, und beschloss, so zu werden wie er. Spector hatte es in den USA vorgemacht, war mit nicht einmal einundzwanzig Jahren Millionär geworden und Thema einer berühmten Reportage von Tom Wolfe. Zunächst hatte Spector selber gesungen und war 1958 mit den Teddy Bears und dem Song «To Know Him Is To Love Him» in die Hitparade gekommen. Danach war er schlau genug, das Singen sein zu lassen und als selbständiger Produzent bei Atlantic anzufangen. Seine wagnernden Mini-Opern, die mit «Be My Baby» von den Ronettes begannen und den Höhepunkt mit «River Deep, Mountain High» von Ike & Tina Turner erreichten, wurden wegen der größenwahnsinnigen Instrumentierung mit Bläsern und Streichern als «Wall of Sound» bezeichnet: Hauptsache, es dröhnte und hämmerte und schmalzte, dass die Musicbox rauchte. Bill Wyman nannte das Oldham-Programm später «Wall of Noise», aber noch war es nicht so weit.

«Er sah Jagger an, wie der Kater Sylvester Tweetie anschaut», denn zwischen Andrew Loog Oldham und Mick Jagger war es Liebe auf den ersten und auf den zweiten Blick.

Zuerst brauchte Oldham eine Band. Er fand die Rollin' Stones, und er traf auf Mick Jagger. «O Gott», schoss es ihm durch den Kopf, «ich hätte nie gedacht, dass mein Schicksal Hosen anhaben würde.» Richmond wurde also der Schauplatz einer mystischen Begegnung: «Ich hatte noch nie so etwas gesehen. Sie kamen auf mich zu. Meine ganzen Vorbereitungen, mein Ehrgeiz, meine Sehnsucht hatten endlich ein Ziel. Alle Elemente fanden plötzlich zusammen, alles, was nicht eindeutig war, kam hier zur Sprache. Die Musik war authentisch und wurde von den Männern auf den Barhockern sexuell angetrieben. Sie fasste nach mir und drang vollständig in mich ein. Sie befriedigte mich. Ich war verliebt.» Auch wenn es später Gerüchte gab, der bekennende Bisexuelle Oldham sei mit Jagger ins Bett gegangen, dürfte eher die Beschreibung eines Augenzeugen zutreffen, der Christoph Kolumbus Oldham dergestalt wahrnahm: «Er sah Jagger an, wie der Kater Sylvester Tweetie anschaut.» (Lustigerweise wählte Keith Richards später denselben Vergleich, als er in seiner Wohnung einen Drogenhändler mit ein paar Ausfallschritten und seinem Schwert bedrohte: «Ich kam mir vor wie Sylvester, der Tweetie jagt.»)

Der Eunuch brauchte etwas zum Spielen, eine Marionette, eine Sprech- und Singpuppe. Andrew Loog Oldham mochte Sex auf der Bühne sehen, doch verschloss er die Augen keineswegs vor Macht und Geld. Jetzt war Marketing gefragt. «Stars müssen Killer sein, müssen immer als Erste und als Letzte zuschlagen. Sie müssen vollkommen besessen sein, das Bild, das sie in diesem Jahr von sich selber haben, muss sie paranoiahaft fesseln, und es muss wie echt sein, logisch und völlig natürlich. Wenn sie töten, gilt kein Bedauern. Kein falsches Mitleid, wenn sie Zuhälter sind, kein Grund zur Scham, wenn sie auf den Strich gehen. Es ist ein faires Geschäft: Die Welt braucht sie, und sie brauchen die Welt. Ein Star ist ein Star, und gegen ein abgekartetes Spiel spricht nichts, so lange man es selber in der Hand hat.»

So läuft's Business bzw.: «Ich würde nicht mal auf ihn pissen, wenn er in Flammen stünde», wie Ian Stewart einmal gelobte. Oldham, das ist zu ahnen, aber nicht zu belegen aus seiner frenetischen Prosa oder den extrem widersprüchlichen Berichten über ihn, Oldham muss ein manisch-depressiver Neurotiker gewesen sein. Seine Stimmungsschwankungen legten sich keineswegs, als er endlich eine Gruppe gefunden hatte, die er formen konnte. Dass Phil Spector sein Idol war, war gewiss ein Segen, und als Spector diesen Segen auch noch bereitwillig hinstreute über die fünf Rolling Stones und ihren wahnwitzigen Manager, konnte nichts mehr fehlgehen. Oldham spielte Spector'sche Paranoia, redete aber gleich noch viel hipper daher als Spector und übernahm

Andrew Loog Oldham (links) war vorbestraft: In einem früheren Leben hatte er die Hunde berühmter Models Gassi geführt. Sowas prägt. Und es half ihm, als er die Rolling Stones auf die Welt losließ.

vor allem dessen Sonnenbrille, ohne die er keine Party mehr besuchte und kein Plattenstudio betrat. Kaum war «Come On» (1963) aufgenommen, wurde Oldham allerdings wieder depressiv und fuhr, um sich aufzuheitern, nach Juan-les-Pins zwischen Cannes und Antibes, wo er schon einmal mehrere Monate verbummelt hatte. Diesmal aber gab er sein jüngstes Geschäft nicht auf. Ein Freund berichtet, dass sie sich die Hitparadennotierungen aus den englischen Zeitungen ausschnitten und mit der «Come On»-Platzierung unter die Sonnenbrille geklemmt den Strand entlangstrawanzten. Seltsame Vorstellung.
Was wollte der Mann eigentlich?
Ruhm, Macht und Geld, und nicht immer in dieser Reihenfolge. Und auch ein bisschen Kunst, doch.
1962 erschien in England das Buch eines sprachverliebten Autors, «A Clockwork Orange». Anthony Burgess, eben zurückgekehrt von einem zehnjährigen Aufenthalt in den malaiischen Tropen, waren sofort die rivalisierenden Jugendbanden in England aufgefallen, die Mods und die Teds. In seinem vorgeblich futuristischen Roman terrorisieren diese Gangs friedliebende Bürger. Sein Held Alex tut sich besonders hervor, überfällt mit seinen *droogs* die Villa eines Schriftstellers, fesselt ihn und vergewaltigt seine *devochka*. Die anderen Mitglieder der Gang tragen nicht weniger großartige Namen als Alex, heißen Disraeli, Elvis Presley, Heinrich VIII. und Peebee Shelley und neigen, wie der Film später zeigen wird, zu einem modischen Übersoll. «Alle vier trugen wir», das ist ganz wichtig, «Sachen im neuesten Schrei, damals also sehr enge schwarze Hosen, aufgeschäumt in der Mitte, hauteng am Sack, als Schutz und zugleich als Wappen, das sich bei gutem Licht aber allerbestens abzeichnete.» Im Weiteren geht es viel um *tolchocken* und *pretty polly* und *malchicks* und die guten *devochkas* und die ganze *ultra-violence* und darum, dass Alex im Gefängnis umerzogen wird zu einer pawlowisierenden Maschine, ein Muster an staatlicher Fürsorge und ein Triumph der Wissenschaft obendrein.
Oldham war tief beeindruckt von diesem Roman, und längere

Schon lange ehe der Film «A Clockwork Orange» herauskam (1971), tobte die Idealbesetzung mit ihrer ultra-violence durch die Konzertsäle der Welt.

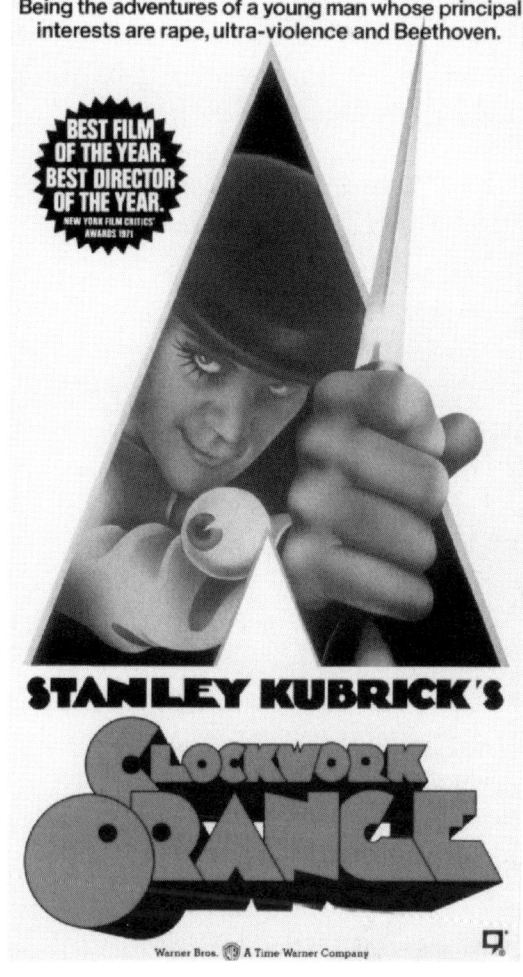

Zeit trug man sich mit dem Gedanken, ihn mit Mick Jagger und seinen *droogs* zu verfilmen, bis Stanley Kubrick die Rechte erwarb und Malcolm McDowell den Alex spielte. Oldham faszinierte das Synthetische an der Sprache, aber natürlich auch das Gewalttätige. Noch war alles nur ein Spiel. Für «The Rolling Stones No. 2», die am 15. Januar 1965 herauskam, schrieb Oldham einen Text, der von Burgess den Stil und die dargestellte Brutalität borgt: «It is the summer of the night London's eyes be shut tight all but twelve peepers and six hip malchicks who prance the street ... This is the Stones' new disc within. Cast deep in your pockets for loot to buy this disc of groovies and fancy words.» Und weiter: «Wenn dir die Kohle fehlt – siehst du den Blinden da? Gib ihm eins über den Kopf, klau seinen Geldbeutel und schon hast du die Kohle. Und wenn du ihm einen Tritt verpasst, auch recht. Wieder eine verkauft.»

Das war womöglich Oldhams größter Triumph. Der Versuch in Beatprosa auf dem Cover der von ihm produzierten und betreuten Rolling Stones erregte Aufsehen bis ins Parlament hinein, und beiläufig hatte er sich – Haben Sie's bemerkt? – mit den «zwölf Glotzern und den sechs hippen Malchicks» gleich selber zum Rolling Stone befördert. Decca zog das Cover zurück und änderte den Text. Der Blinde kam jetzt nicht mehr infrage, man musste schon selber Geld für die Platte zusammensparen. Die Anfrage im Unterhaus wurde übrigens von einem Sprecher des Innenministeriums knapp beschieden, der seinerseits eine Blitzumfrage im eigenen Haushalt vorgenommen hatte: «Der Text eines Popsongs ist selbst da, wo er verständlich ist, ohne Bedeutung, und noch weniger interessieren sich Teenager für den Werbetext auf dem Umschlag.»

«The Rolling Stones No. 2» erreichte sofort den ersten Platz der Album-Charts. Irgendwann allerdings war Andrew Loog Oldham seiner schönen Spiele müde. Er hatte bewiesen, dass er es konnte, er hatte die Rolling Stones an die Spitze der Hitparade befördert. Die kreischenden Mädchen des Fanclubs waren eigentlich nicht länger nötig: Die Erwachsenen hassten die ungewaschenen Kerle, die Kinder vergötterten sie. Mehr kann sich ein PR-Mann kaum wünschen. Das Spiel war ernst geworden.

Seit einiger Zeit schon hatte Oldham einen Leibwächter, der angeblich ein verurteilter Totschläger war. Gelegentlich ging Oldham bei Partys auf die Terrasse und feuerte die Waffen ab, die er im Lauf der Zeit gesammelt hatte. Er warf all die Pillen ein, von denen Tommy von The Who später verrückt werden sollte.

Der Erfinder der Rolling Stones: Andrew Loog Oldham. Er ist ja nicht anspruchsvoll. Nur manchmal gibt er sich zu erkennen: «Rebel without a pause.»

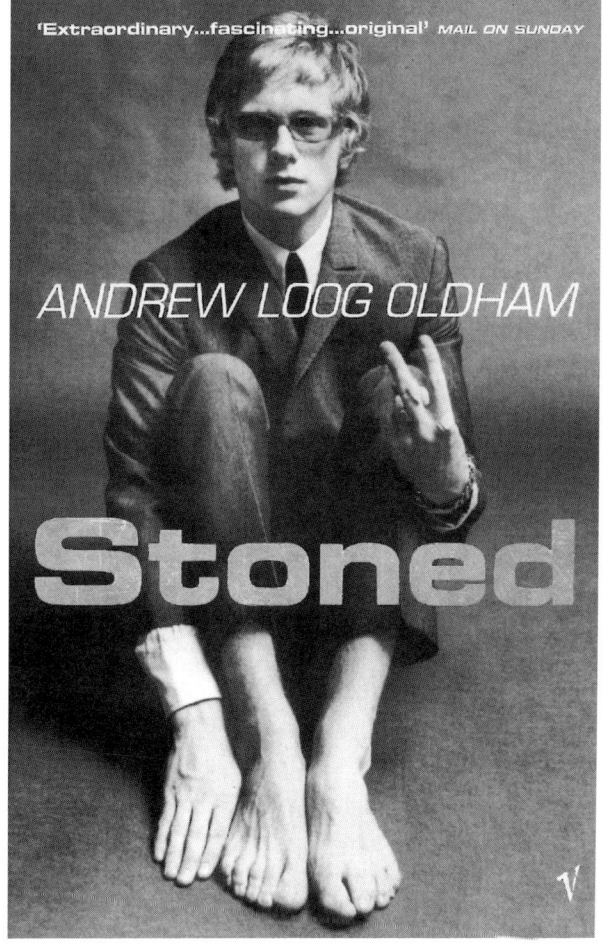

●ldham konnte alles, deshalb drehte er durch. Produzierte mindere Talente wie Chris Farlowe und George Bean und gründete – o großer Phil Spector! – ein «Andrew Loog Oldham Orchestra», das unter Beteiligung einzelner Mitglieder der Rolling Stones Schwachsinn wie «Funky And Fleopatra» oder «Oh, I Like To See Me On The ‹B›-Side» aufnahm. Der Mann neigte zu Übertreibungen. Nach der katastrophalen ersten Tournee plante er einen besseren Auftritt in den USA und kam dabei auf den berüchtigten Manager Allen Klein.

Rock 'n' Roll mag sich Oldham gesagt haben, das war auch nur eine Mode und würde bald Vergangenheit sein.
Und ihm konnte es gar nicht schnell genug gehen. Schon 1963 betreute Oldham die Aufnahme von «I Wanna Be Your Man» nicht mehr selber. (Auch ein großer Regisseur wie Alfred Hitchcock verlor schließlich die Lust, wenn er den Film im Kopf bereits fertig gedreht hatte.) Wieder packte ihn die Depression, und er flog noch am selben Abend nach Paris. «Die Depression ist eine verstohlene Geliebte, bietet statt Gefühl nur Betäubung und schimpft einen, weil man so lange fort war. Der Schrei in mir konnte die U-Bahn übertönen, und der Bahnsteig jagte mir Todesangst ein, weil er nur zum Springen einlud. Um meine Schmerzen zurückzudrängen, entwickelte ich mich zum psychiatrischen Pharma-Experten. Hatte ich alle Möglichkeiten der Selbstmedikation ausgeschöpft, lieferte ich mich anderen aus, die mich besser kannten als ich mich selber. Dabei habe ich eine Elektroschocktherapie ertragen müssen, die nicht so arg verschieden ist von jener in ‹Clockwork Orange›. Den Schmerz, den ich geerbt habe, werde ich nie genießen können, aber heute weiß ich, dass ich einen größeren Auftrag habe.»
Hochmut vielleicht, Wahn mit Sicherheit. Und so katapultierte sich Oldham allmählich freiwillig aus der Szene und begann die übliche Karriere eines gesellschaftlich abgesicherten Süchtigen. «Ich lag bei den Huren und bei den Verbrechern und sah im Spiegel, wie ich mich zugrunde gerichtet hatte. Irgendwie aber gelang es mir immer, mit den Engeln aufzuwachen, bis heute, bis zum Ende einer langsamen, dreißig Jahre dauernden Zugfahrt in den Wahnsinn.»
Ausgerechnet L. Ron Hubbard und dessen Scientology heilten ihn, und in seiner Autobiographie dankt Oldham dem Verein, der ihm offenbar das Leben gerettet hat. Das führt er heute in sicherer Entfernung von seiner alten Wirkungsstätte in Bogotá, Kolumbien. Erfreulicherweise ist aber sein Buch «Stoned» noch wie mit Speed geschrieben: ironisch, gemein, selbstbewusst – ganz der alte Oldham.

«Die Leute sagen immer, ich hätte die Stones gemacht. Das stimmt nicht. Sie waren bereits da. Sie wollten nur noch ausgebeutet werden. Sie waren bereits üble Burschen, als ich sie entdeckte. Dann habe ich das Schlechteste aus ihnen herausgeholt.»
Guter Mann.

2. The Under Assistant West Coast Promotion Man

Dick Rowe von der Plattenfirma Decca reiste am 10. Mai 1963 nach Liverpool, um vermittels einer Jury neue Talente zu entdecken. Rowe war kurz zuvor als der Mann in die Geschichte eingegangen, der Brian Epstein wieder fortschickte, als dieser ihm die Beatles anpries.
«Gitarrengruppen sind out», hatte er gesagt und sich ein bisschen getäuscht. Statt Decca brachte sie nun die kleinere und weniger bedeutende EMI heraus. Anfang Mai standen die Platten der Beatles auf dem ersten Platz in den Album- und Single-Hitparaden, und die Fans begannen gerade durchzudrehen. Neben Rowe saß George Harrison in dieser Jury, und der wies ihn auf die Band hin, die im Crawdaddy Club in Richmond spielte. Rowe fuhr sofort wieder nach London, ging in den Club und versuchte, die Rolling Stones einzukaufen. Nach vier Tagen hatte er sie bereits unter Vertrag.
Das war Oldhams große Stunde. Er wusste, wie verzweifelt Decca war, weil an ihr die ganze Beatlemania schnöde vorbeiging. Bevor Phil Spector England wieder verließ, hatte der ihm den Rat gegeben, seine Gruppe «auf keinen Fall im Studio der Plattenfirma Aufnahmen machen zu lassen. Stattdessen sollte ich die Aufnahmekosten in einem unabhängigen Studio selber übernehmen und die Bänder anschließend an die Plattenfirma verkaufen oder verleihen.» Nur so, meinte Spector noch, behalte man alles unter Kontrolle und verdiene im Übrigen auch mehr Geld. Der Rat war gut und teuer, und in ihrer Verzweiflung ließ sich Decca

erpressen. Oldham war den anderen knapp zuvorgekommen, jetzt gehörten die Rolling Stones ihm.

Andrew Loog war minderjährig und so gut wie mittellos, also brauchte er einen Kompagnon. Er wandte sich an seinen alten Auftraggeber Brian Epstein und bot ihm fünfzig Prozent der Rolling Stones an. Epstein fühlte sich mit den Beatles und den anderen Liverpooler Bands, die er inzwischen betreute, reichlich ausgelastet. Oldham tat sich also mit Eric Easton zusammen, bei dem er ein kleines Büro gemietet hatte. Easton behauptete, er könne der Band Auftritte in ganz England vermitteln. Und, ja, falls man ihn nach seiner Meinung frage, dann habe Mick Jagger die Stones zu verlassen. Für einen Auftritt bei der BBC, unerlässlich als Propaganda für eine neue Band, sei er einfach zu hässlich. Angeblich hatte Ian Stewart sogar gehört, wie Brian Jones sich mit Eric Easton darüber verständigte, dass Mick Jagger mit seiner schwachen Stimme «vorsichtig sein muss, wenn er Abend für Abend singt». Wieder kam es dann ein wenig anders.

Wenn die Band Blues spielen wollte, mag Oldham sich gedacht haben, sollte sie doch. Sie hatte offenbar einigen Erfolg damit, und sei es, dass sie von allen gehasst wurde. Ansonsten musste bei Oldham aber alles nach einem Plan laufen, er entwarf seine Band als Storyboard. Er hatte nicht umsonst eine Zeit lang für Brian Epstein und die Beatles gearbeitet, und die waren für jeden klar erkennbar typisiert: John, der Harte; Paul, der Süße; George, der Stille; und Ringo, der Komische. Das konnte er auch, und er wusste, dass bei den Rolling Stones die ordnende Hand fehlte. Mick, Brian, Keith, Bill, Charlie, Stu: Das waren einfach zu viele, also weg mit dem Unauffälligsten, und das bist du, Stu. *Sorry, chap.* «Fünf war schon an der Grenze, aber sechs unmöglich. Die Leute arbeiteten doch von neun Uhr morgens bis fünf Uhr nachmittags. Da kann niemand erwarten, dass sie sich mehr als vier Gesichter merken.» Auf den pissen! Doch die anderen gaben nach, Stewart, Freund oder nicht, war draußen. Gnädigerweise durfte er als Roadie und gelegentlicher Pianist dabeibleiben. Nur

Krawatte musste 1963 noch sein, aber Mick Jagger raucht. Hinten rechts steht Ian Stewart, den Oldham dann aus der Band herausdrängte.

sehen sollte man ihn nicht, denn er war, wieder der Modedesigner Oldham, «hässlich und verdarb den ‹Look› der Band».

Ein Look, das hatte Oldham bei Mary Quant gelernt, musste neu sein, individuell, aufreizend vielleicht, aber unbedingt einprägsam. Mode, die nicht wieder zu erkennen ist, ist keine. Vor allem lässt sie sich nicht verkaufen. Und so schuf sich Oldham, der kein Musiker war und wenig Talent zum Künstler besaß, eine Band, der jeder angehören wollte, zuallererst Andrew Loog Oldham. Vorne, gern auf Barhockern platziert und furchtbar cool, drei Frontmänner, die erschreckend brutal aussahen. Zwei konkurrierende Gitarrenvirtuosen und dazwischen ein Sänger von gewöhnungsbedürftigem Äußeren, aber mit einer gewaltigen Bühnenpräsenz. Während die anderen ihre Instrumente traktierten und zu Hause Tage damit zubringen konnten, neue Griffe auszuprobieren, gegen- und miteinander zu spielen, blieb dem Sänger nur seine Stimme und seine offenbar brandgefährliche Kunst, den Körper zu verrenken.

Die Konflikte zwischen den Dreien waren absehbar, es konnte nicht lange gut gehen, aber solange es ging, war es gut, war es neu, laut. Nur ein Gruppentherapeut wäre auf das verfallen, was die drei sich von allein verschrieben: Sie lebten gemeinsam in einer Wohnung, sie spielten zusammen und teilten sich das Geld, das Essen und die Frauen. Und sie hassten sich und betrogen einander bei jeder Gelegenheit. Das war die Keimzelle der Musik, die bald die ganze westliche Welt aufrühren sollte.

Dieser Vordergrund brauchte einen Hintergrund, und da stand ungerührt und schwarzhaarig und grellweiß geschminkt Bill Wyman, starrte unbewegt ins Publikum, ließ den Bass dröhnen und schien nicht dazuzugehören. Ganz hinten schlug Charlie Watts sein Schlagzeug zu Klump, offensichtlich voller Abneigung gegen die Musik, die er spielen musste, gegen den Lebensstil, das Exhibitionistische, als Aufsteiger allergisch gegen Schmutz und Aufsehen. Wyman – Watts hatte daran gar kein Interesse – durfte natürlich nie an die Frauen der Großen, aber immerhin gaben sich von den Groupies viele damit zufrieden, einen Stone zweiter

Machen Sie bitte eine typische Handbewegung! Die lauten Rolling Stones erwiesen sich als erstaunlich fernsehkompatibel.

Ordnung ins Bett zu bekommen. Die dritte Ordnung wurde zunächst allein von Ian Stewart gebildet, der wegen seines Aussehens und allem leider, leider nicht mit von der Partie sein durfte. Doch bis zu seinem Tod reiste er weiter mit der Band, baute die Anlagen auf der Bühne auf, trug die Instrumente, blieb der Freund, den das Publikum nicht wahrnahm, der praktisch denkende *bloke*, ohne Interesse für Mode oder David Bailey oder sonst die Kunst. Neben ihm tauchten im Lauf der Jahre viele andere als Gäste auf: Nicky Hopkins, Billy Preston, Ry Cooder, manchmal Eric Clapton oder Graham Nash, Bobby Keys, alle hilfreich, oft nützlich, wenn die Band einen neuen Sound entwickelte, aber im Vordergrund waren sie nicht geduldet. Das Publikum, da hatte Oldham einfach Recht, wäre überfordert gewesen.

ROLLING STONES

Wenn die Stones auftreten, gibt es einen tollen Wirbel für sie selbst und für ihr Publikum. Die Stones peitschen ihre Zuhörer auf, so wie h[...] das amerikanische Mädchen, das beinah die Show unterbrach. [...] Stones freuen sich, wenn die Konzert-Besucher genauso verrückt spiel[...] wie sie selbst. Aber sie werden wütend, wenn die Polizei sich einmisc[...]. Mick Jagger hat eine neue Technik entwickelt. Wenn ein Mädchen [...] die Bühne kommt, schleift er sie behutsam in die offenen Arme [...] Ordnungshüter. Die Stones leben in einer wilden, verrückten We[...] Wie die Stones über ihr Leben denken, das erzählte uns Brian Jon[...] Wo? Auf der nächsten Seite!

Gehasst! Geliebt! Verabscheut! So leidenschaftlich sollten die Kinder auf keinen Fall sein. Und genau deshalb wollten die Kinder so sein wie die Rolling Stones.

Links und rechts von Oldham wurden Gruppen «hergestellt», nach dem neuesten Trend geformt, und wer glaubte, dass dabei die Musik mehr als eine Nebenrolle spielte, der täuschte sich gewaltig. Bei den Beatles hatten George Martin (Produzent) und EMI (Plattenfirma) verlangt, dass Pete Best ausgetauscht werde. So trat, nicht die falscheste Entscheidung fürs Image, Ringo Starr an die Stelle von Best, ohne dass er unbedingt der bessere Drummer gewesen wäre. Aber während alle anderen Bands schnell zerfielen, sich zerstritten oder ihre Mitglieder wieder bürgerliche Berufe wählten, erwies sich Oldhams Frühjahrsmode von 1963 als wetterfeste und zeitenüberdauernde Kreation. Es war seinem Ehrgeiz zu verdanken, dass die Plattenfirma Decca nicht zu viel mitreden durfte; Oldham wollte die Rechte an seiner Band nicht teilen, er war ihr Produzent und Manager.

Innerhalb von wenigen Tagen wurde aus einer Außenseiterband ein Faktor der Musikindustrie. Am 9. Mai 1963 unterschrieb Brian Jones im Namen der Rolling Stones einen Dreijahresvertrag mit Impact Sound, also mit Eric Easton und Andrew Loog Oldham. Die Gruppe sollte sechs Prozent Anteil an den Tantiemen erhalten (plus fünf Pfund die Woche für den Bandleader Brian Jones), die Impact in ihrem Namen erlöste – erheblich mehr als die Beatles. Weder Brian Jones noch die anderen wussten, dass Impact Sound seinerseits am 14. Mai einen Vertrag mit Decca aushandelte, der zwanzig Prozent für Impact vorsah, womit mehr als zwei Drittel der Einnahmen bei Agent, Manager und Produzent verblieben. Bestehende ältere Rechte wurden abgelöst, indem man Gomelsky und Glyn Johns, der mit ihnen zwei Monate zuvor bei IBC Probeaufnahmen gemacht hatte, auszahlte. Die Band falle ohnehin gerade auseinander, erklärte Brian Jones, und wolle nicht mehr gebunden sein.

Bereits am 10. Mai 1963 begann die erste Plattenaufnahme. Oldham verstand davon ebenso wenig wie seine Band («blutige Anfänger waren wir, dumm wie Brot», meinte Jagger später), aber er durfte sie ja nicht hergeben. Sie nahmen «Come On» von Chuck Berry auf und «I Want To Be Loved» von Muddy Waters. «Come On» war bisher in England noch nicht veröffentlicht und auch nicht besonders gut (das Break wurde einem Saxophon überlassen, Berry sang mit einem Mädchen im Duett). Die Jungs holzen das Stück in eindreiviertel Minuten herunter, ihr Manager und Produzent schaut zu, sagt nichts, weiß vor allem nicht, was er eigentlich tun soll. Der Toningenieur fragt, wie er sich die Mischung vorstelle, Oldham, schimmerlos, aber cool bis in die Haarspitzen, überlässt sie dem technischen Personal: «Ihr macht

das schon.» Die Bänder will er dann abholen. Decca ist mit der ersten Aufnahme erwartungsgemäß nicht zufrieden, sie wird wiederholt, wenn am Ende auch die erste Fassung von «Come On» gepresst wird. Sie erscheint als Single am 7. Juni 1963.
Mick Jagger hat sie immer gehasst. Sie war ein Zugeständnis an die Plattenfirma, die eine Single wollte, um der Band den Kredit für ein ganzes Album zu geben. Mit der Dschungelmusik, die sie in Richmond spielten, hatte der simple Song nichts, aber auch gar nichts zu tun. Dem jungen Menschen sei's nochmal gesagt: Ohne Single gab es damals keinen Auftritt im Rundfunk, keine Präsenz in der Musicbox und vor allem nichts zu verkaufen. Die Rolling Stones, dafür sorgte schon ihr Manager, drängten jetzt auf den Markt.

In Richmond, auf Eel Pie Island, im Studio 51 und wo immer die Band auftrat, wurde es noch verschwitzter, noch wilder, noch enger als bisher. Musste einer auf die Toilette, hoben ihn die anderen über die Leute, die dazwischen standen, hinweg zur Tür. Neue Tänze oder vielmehr groteske Armverrenkungen wurden kreiert, eigentlich ein Notbehelf für das Auf-der-Stelle-Treten auf der luftabschnürend gefüllten Tanzfläche. Die ersten Verletzungen wurden gemeldet, Ohnmachten, das von den Beatles-Fans bekannte ohrenbetäubende Gekreisch.
Oldham, der ewige Werber, hatte die Presse längst gebrieft, damit das Image auch gewiss stimmte. Hässlich und ungewaschen sehen sie ja schon aus, die Stones, jetzt muss nur noch eine Prise Künstlerlegende hinzugefügt werden. «Manchmal haben wir nichts anderes zu beißen als unsere Fingernägel», behauptet ausgerechnet der Gitarrist Brian Jones. «Manchmal gibt es ein Brathähnchen, dann wieder essen wir tagelang überhaupt nichts.»
Brian Epstein hatte seine Jungs bereits in die Hitparade gebracht. Seine Vorstellung von Showbusiness knüpfte sich allerdings eher an die traditionellen Tanzkapellen, von denen sich im Image auch Cliff Richard und die Shadows noch nicht abheben wollten: Un-

Ende November 1963 nahm Oldham «That Girl Belongs To Yesterday», eine originale und längst vergessene Jagger/Richards-Komposition, mit Gene Pitney auf.

bedingt Anzüge, alle gleich, und ein ununterbrochen gewinnendes Lächeln, als hinge das Glück sämtlicher Schwiegermütter dieser Welt von diesem Auftreten ab. Auf jeden Fall kommt man so ins Fernsehen. John Lennon meinte später: «Das waren einfach nicht wir, und als ich die Aufzeichnung sah, wusste ich, dass wir uns genau an diesem Punkt verkauft hatten.»

Andrew Loog Oldham wollte selbstverständlich auch ins Fernsehen, aber anders. Er verkaufte seine Rolling Stones noch viel gründlicher, indem er die Sache einfach umdrehte. Sie sollten ruhig abstoßend wirken auf die meisten. Die Erfahrung lehrte ihn das, denn nach der alten Weise ging es nicht: Am 13. Juni traten sie in der Sendung «Thank Your Lucky Stars» auf, und Oldham hatte die Band in Jacketts mit Samtkragen und Hahnentrittmuster gesteckt. Es half alles nichts, denn einer der Fernsehproduzenten empfahl dem Manager sogar, «diesen bösartigen Sänger mit den Lastwagenreifenlippen rauszuwerfen». Endlich gab es eine Band, die nicht den Schwiegermüttern gefallen wollte, sondern Exklusiveigentum der Jungen war. Je mehr sich die Älteren über diese Langhaarigen empörten, desto populärer wurden sie. Bessere Werbung konnte man kaum erfinden.

An die Beatles mit ihren süßen Fransen hatte man sich erstaunlich schnell gewöhnt, aber das, was die Rolling Stones da auf dem Kopf trugen, war einfach zu viel. Die Beatles waren berühmt und ebenso beliebt, und sie wuschen sich, wie sie über Fanbücher und das übliche PR-Geschäft wissen ließen, jeden Tag die Haare, manchmal sogar zweimal. Weil die Rolling Stones lange Haare hatten, ließen sich auch die Fans die Haare wachsen. «Beatle your Rolling Stone cut!», lautete eine pädagogische Anweisung im liberaler werdenden England, aber wer «The Last Time» hörte, der rauchte auch auf dem Schulhof und ging nicht mehr zum Friseur. Zu Weihnachten 1964 sandten die Rolling Stones «den hungernden Friseuren Englands» liebe Grüße.

Für Andrew Loog Oldham war es leicht, gegen die wohlcoiffierten Herrschaften anzukommen, die mit Tony Blairs Vorgänger Harold Wilson gepflegt Tee zu trinken wussten, auch in universitären

Tom Wolfe: «Er hat zwei wulstige und ungewöhnlich rote Lippen, und die Lippen schürzen sich zu dem trägsten, vertraulichsten, feuchtesten und lippigsten Beischlaf-Grinsen.»

Debattierclubs keine ganz schlechte Figur machten und schließlich für ihre Verdienste um die Verbesserung der Außenhandelsbilanz den Orden Member of the British Empire (MBE) erhielten. («Gleich darauf erlebte ich wieder / wie ich meine Mutter einmal böse angeschaut hatte / als sie zu einer Platte der Beatles ein bisschen / den Kopf wiegte», heißt es in einem Gedicht von Peter Handke.) Bei den Beatles stimmte die alte Welt noch, und Beatles-Musik war Musik für die ganze Familie. Keine Rebelliererei.

Die Beatles waren einfach nett: Wer Cola trinkt, weiß sich auch zu benehmen und beschimpft nicht seine Zuhörer, wie es John Lennon noch drei Jahre zuvor getan hatte.

«Sie sehen wie Kinder aus, die jede Mutter mit etwas Verantwortungsbewusstsein im Badezimmer einschließen würde.» (Zeitgenössische Lyrik)

Oldhams Image für seine Jungs funktionierte anders: Sie sollten die Helden der Gegenkultur sein (und wurden damit auch schnell der Abweichung vom rechten Pfad der Unterschichtideologie verdächtigt). Mit wachem Auge für den Massengeschmack der Leser strapazierten die Journalisten alle unschönen Vergleiche, die die Fünf als «Höhlenmenschen» oder gleich als «Affenhorde» charakterisierten. Oldham konnte das nur recht sein. «Als Manager nahm er alles, was in den Stones steckte, und blies es zu hundertfacher Größe auf. Langhaarig und hässlich und anarchistisch, wie sie waren, wurden sie von Oldham in diesen Eigenschaften noch bestärkt. Die ganze Zeit stachelte er sie auf, noch wilder zu sein, noch gemeiner, noch ekliger auf jede Weise, und sie schafften es – sie fluchten, geiferten, fauchten, und ganz bewusst spielten sie die Kretins», hat der Chronist Nik Cohn beobachtet. Und Oldham hatte sie erfunden, ganz allein er.

Auch den Verkauf überließ Oldham nicht dem Zufall. «Die Plattenfirma verliebt sich genau zweimal in dich: Einmal, wenn unterschrieben wird, und dann nochmal, wenn du dich auch verkaufst.» Anders als die Beatles kamen die Rolling Stones aus der Hauptstadt London und standen damit sofort in der überregionalen und nicht in der Provinzpresse, aber das reichte nicht. Oldham machte es nicht anders als ein halbes Jahr zuvor Brian Epstein mit den Beatles: «Ich kaufte die Platten selber.» Er musste nur herausfinden, welche Läden zu jenen zehn Prozent gehörten, deren Verkaufszahlen für die Hitparade erfasst wurden. Dann schickte er am Donnerstag und Freitag die Mädchen des bereits gegründeten Fanclubs hin und ließ sie sämtliche Rolling-Stones-Platten kaufen. Am Samstag kamen sie noch einmal, um sich nach der Neuerscheinung zu erkundigen. Im Geschäft war man sich damit sicher, dass echte Nachfrage bestand und bestellte am Montag großzügig bei Decca. Die Plattenfirma war zufrieden; «Come On» erreichte schließlich Platz 21 der Hitparade und lag damit schon besser als die Beatles im Herbst 1962 mit ihrer ersten Single «Love Me Do».

Es war ein abgekartetes Spiel, natürlich, aber bald lief alles von allein. Die hundert, zweihundert Mädchen, die sich in Richmond um die Band gedrängt hatten, mussten allerdings noch Verstärkung bekommen. Auch hier wirkte die unsichtbare Hand: Oldham schickte den Fanclub zum Toben an die Bühne vor, und die Mädchen sollten ihre Freundinnen und deren beste Freundinnen mitbringen, damit sich genug kreischendes Volk um die neue Gruppe sammelte. Und 1964 kreischte und weinte und schrie ganz England.

Marianne Faithfull

«Wenn ich mit jemandem wie mir zusammen gewesen wäre, dann wäre ich womöglich längst tot.»

Marianne Faithfull (1994)

Sie war für Andrew Oldham ein noch besseres Produkt als die vielfältigen Rolling Stones. Ohne dass sie auch nur ein einziges Mal vorgesungen hätte, ging sie schon ins Studio. Sie folgte Oldham aufs Wort, so filmdämlich es war: «Darling, ich mach einen Star aus dir!» Das Singen hat sie bis heute nicht gelernt, und ihre beste Platte heißt deshalb «Broken English». Jedem, der es nicht wissen wollte, drängte sie ihre vornehme Abkunft auf: Vater immerhin Offizier, wenn auch später bloß mehr ein esoterischer Sektierer, die Mutter von österreichischstem Adel, angeblich sogar aus der Familie derer von Sacher-Masoch. Marianne, 1947 in England geboren, besuchte auf Wunsch ihrer inzwischen geschiedenen, allein erziehenden und ziemlich armen Mutter ein Mädchenpensionat in Reading und sollte wenigstens als Debütantin wieder etwas für die Familie hermachen. Die Mutter fuhr mit ihr einmal sogar nach Wien und zeigte ihr, was Kultur war, das alte Europa nämlich, das quasi zur Familie gehörte.
Sie vergaß allerdings nicht, den Kulturbegriff zeitgemäß zu erweitern: «Schon als ich noch sehr jung war, lehrte mich meine Mutter noch mehr. Sie brachte mir bei, dass man Schönheit – und ich wusste, dass ich schön war – nicht einfach nur hinnahm. Schönheit wollte eingesetzt sein und zwar genau so, wie meine Mutter früher ihre Schönheit eingesetzt hatte. Ich wurde von einem bestens ausgebildeten Profi unterrichtet.»
Bei den frommen Schwestern von St. Joseph's durfte sie nur mit einem Kittel baden, damit sie nicht etwa ihren jungen Körper be-

fleckte, indem sie ihn betrachtete. Zu Hause las sie, was sie nach dem Willen der katholischen Kirche nicht einmal als Erwachsene hätte lesen dürfen. Sie strebte hinaus in die Welt, wollte singen und zur Bühne. Es war Exi-Zeit und Paris ganz groß in Mode: «Ich wollte Gauloises rauchen, schwarzen Kaffee trinken und mit verruchten Frauen und tragischen jungen Männern über das Absurde und Make-up reden.»

Mit fünfzehn bettelte sie so lange, bis sie von ihrer Mutter die erste Single bekam, Mark Wynters «Venus In Blue Jeans», und das wollte sie sein, die Venus nicht im Pelz, sondern stilvoll verwahrlost. Gelegentlich trat sie schon, begleitet von einem Gitarristen, im Kaffeehaus auf. Schließlich hatte sie von ihrer Mutter erfahren, «dass mein Aussehen und meine Stimme eine überwältigende Kombination waren».

Dann lernte sie auf einem Ball in Cambridge John Dunbar ken-

Marianne Faithfull war nicht bloß blond und großbusig, sondern entstammte der alteuropäischen Aristokratie.

nen. «Er sollte mein Leben entscheidend verändern.» Na ja, die Kunst. Dunbar betrieb (mit Unterstützung von Peter Asher, dem Bruder Jane Ashers, mit der Paul McCartney die halben sechziger Jahre über verlobt war) die Indica Gallery, in der Avantgarde ausgestellt wurde, zum Beispiel 1966 eine japanische Fluxus-Künstlerin namens Yoko Ono. Irgendwann kam ein müßiger Millionär herein, nahm den Apfel, der kein Apfel, sondern ein «Objekt» war, biss hinein und stieg auf eine Leiter, um das Wort an der Decke zu entziffern, das da schlicht lautete: Yes. Unten stand die Künstlerin, kaum mehr als einsfünfzig groß, sehr schwarzhaarig, sehr fremd, und überreichte dem Ausstellungsbesucher eine Karte, auf der stand: ATME. Der Millionär, als hätten wir's nicht geahnt, war John Lennon, der sich sogleich mit dieser merkwürdigen Yoko Ono zusammentat, sich dafür von seiner Frau Cynthia trennte, die deshalb der Einfachheit halber kurzfristig zu John Dunbar fand, der seinerseits frisch verlassen war, weil – aber muss man das noch sagen? – Marianne Faithfull inzwischen Mick Jagger gefunden hatte.

■m März 1964 war die siebzehnjährige Marianne Faithfull auf eine Plattenpremieren-Party eingeladen. Andrew Loog Oldham hatte das elterliche Geld benutzt, um mit einer gewissen Adrienne Posta eine Platte mit dem Titel «Shang A Doo Lang» aufzunehmen. (Eine der nie richtig populär gewordenen Kompositionen des Teams Jagger/Richards.) Paul McCartney war da, Peter Asher von Peter and Gordon und drei der Rolling Stones, aber Marianne interessierte sich nicht für die «ungehobelten und rüpelhaften» Kerle. «Was Mick Jagger anging, ich hätte nicht einmal bemerkt, dass er da war, wenn er nicht einen wüsten Streit mit seiner Freundin Chrissie Shrimpton begonnen hätte.» Mick sagte angeblich: «Ich muss sie haben!», worauf Chrissie versetzte: «Nein, verdammt nochmal!» Marianne Faithfull ist mit ihrem Bericht aber noch nicht zu Ende: «Sie weinte und schrie ihn an, und in der Hitze des Gefechts gingen ihre falschen Wimpern ab.» Ach, wenn die Welt doch voller Schwestern wär!

So eine wie dich trifft man doch nur bei den langweiligsten Partys, singt der Herr links über die Dame rechts, seine frühe Freundin Chrissie Shrimpton nämlich.

Viel interessanter als die Buben fand Marianne Faithfull deren Manager. «Er trug Lidschatten und sah ein wenig feminin aus, aber das machte seine Erscheinung nur noch faszinierender.» Oldham kam auf sie zu, wandte sich aber an ihren Freund John Dunbar, reichte ihm seine Visitenkarte und fragte: «Kann sie schauspielern? Kann sie singen? Wie heißt sie?» Er ging wieder und versprach vorher noch, sie weltberühmt zu machen. Oder wie der Agenten-Darsteller es formulierte: «Ich habe einen Engel mit großen Titten gesehen und unter Vertrag genommen.» Eine Woche später bestellte er sie zur Aufnahme.

«In einem früheren Jahrhundert wäre man ihretwegen in See gestochen; 1964 nahm man eine Platte mit ihr auf», wie Oldham mit der ihm eigenen Klarheit verkündete. Erst sollte es ein müder Song von Lionel Bart werden, «I Don't Know How (To Tell You)», aber Marianne sang immer schlechter, sang, wieder der allzeit freundliche Oldham, «wie eine inzüchtige Hyäne». Das kleine Orchester wurde unruhig, der Produzent und die als Zuhörer geladenen Herren Jagger und Richards erst recht. Schließlich spielte ihr Oldham einen Song vor, den die beiden geschrieben hatten. Oldham hatte sie der Legende nach in der Küche eingesperrt und dann das Haus verlassen. «Schreibt ein Lied! In zwei Stunden bin ich wieder da.» Er hinterließ noch eine Anweisung, bestellte einen Song «mit lauter Mauern und hohen Fenstern». «Kein Sex!», fügte er abschließend hinzu. Nach zwei, drei Stunden war der gewünschte Song fertig. Zunächst hieß er nach Dooley Wilsons «Casablanca»-Lied «As Time Goes By», und nachdem ihn Oldham verbessert und bearbeitet hatte – sein einziger verbuchter *credit* bei den Rolling Stones –, brauchte Marianne Faithfull auch nicht wesentlich länger als zwei Stunden, um ihn aufzunehmen. «It is the evening after day / I sit and watch the children play / Smiling faces I can see / But not for me / I sit and watch / As tears go by ...»

In der 1977 bei Zweitausendeins erschienenen Ausgabe des Songbooks der Rolling Stones mit Texten zu 155 Stücken trägt die deutsche Übersetzung («Es geht der Tag zur Neige / Kinder spielen und ich schweige») zu Recht den Titel «Mir kommen die Tränen». Noch schöner freilich ist eine frühere, geradezu kongenial nachempfundene Übertragung von «As Tears Go By». Das Buch, einst eine rechte Bibel in jedem atheistischen Haushalt, ist leider schon lange nicht mehr lieferbar, deshalb hier eine Kostprobe. Also, alle mal festhalten, und dann geht es los: «Es ist so schön verliebt zu sein / Es ist so schön mit dir allein / Ich fühl mein Herz bleibt stehn / Was ist geschehn / Es ist so schön / Verliebt zu sein (...) Ich denk an dich und schlaf nicht ein / Es schaut der Mond zum Fenster rein», und so weiter und so fort. Hohe Fenster, lauter Mauern, aber vor allem weit und breit kein Sex.

«Das Unheimliche ist, dass Mick den Text so lange, bevor alles geschah, geschrieben hat, beinahe, als sei unsere ganze Beziehung in dem Lied vorweggenommen.» Der Song kam in die Top

«Schick mir welke Blumen zu meiner Hochzeit, und ich werd nicht vergessen, dir rote Rosen aufs Grab zu legen», sang Mick einst für sie. Marianne Faithfulls LP «Love In A Mist».

Ten, Marianne Faithfull verließ die Schule und wurde ein Star. Wahrscheinlich war daran weniger das klösterliche Liedchen als wieder Oldham schuld. Er hatte sie von Gered Mankowitz als die Lolita fotografieren lassen, die dem Frauenkenner Mick Jagger schon im März 1964 aufgefallen war: «Sie konnte kaum singen, aber sie war sehr bleich und sehr blond und besaß einen pseudojungfräulichen sadomasochistischen Charme, der Jaggers philosophischem Blick nicht entgehen konnte», wie der teilnehmende Beobachter Stanley Booth das Image, das da entstehen sollte, ziemlich elegant beschreibt. Lange blonde Haare, die Beine scheinbar züchtig übereinander geschlagen, weiße Strümpfe in schwarzen, riemchenverzierten Schuhen, die ausgestreckten Hände, elegisch und zugleich aufreizend, nach hinten auf die Lehne gelegt, auf der auch melancholisch schief das Köpfchen ruht. Wu-haahh, das Pin-up für jeden Mann mit einem IQ über 97! (Siebenunddreißig Jahre später ließ sie sich wieder so aufnehmen, aber das war keine ganz so gute Idee.)

Marianne musste jetzt auf Tournee gehen, gemeinsam mit den Hollies, Freddie and the Dreamers oder Gerry and the Pacemakers. Schüchtern war sie und litt, wenn sie auf die Bühne sollte. «Ich stellte mich einfach nur so vors Mikrophon, ganz ruhig, ließ die Hände an den Seiten herunterhängen und sang von irgendwoher tief in mir. Und heraus kam diese klare, ätherische Stimme. Vor purem Entsetzen war ich wie angenagelt. Dieses Nichtstun stellte sich als sehr effektive Pose heraus.»
Weil sie Odetta und Joan Baez als ihre Lieblingsmusikerinnen genannt hatte, musste sie anschließend – einmal Folkie, immer Folkie! – «Blowin' In The Wind» (mit Keith Richards an der Akustikgitarre) aufnehmen und, damit es auch ein bisschen verrucht zuging, «House Of The Rising Sun».
Eineinhalb Jahre später, am 4. Februar 1966, erschien «As Tears Go By» als B-Seite der Single «19th Nervous Breakdown» (in den USA war es als A-Seite schon vor Weihnachten herausgekommen), diesmal gesungen von Mick Jagger in einem Register, das er seit der Volksschule nicht mehr gebraucht hatte, und die Stimme umschmeichelt von einem Streichquartett, das überdeutlich an Paul McCartneys Klassizismus bei «Yesterday» erinnerte, erschienen im Jahr zuvor. Jagger konnte es aber noch besser und nahm die Platte als «Con Le Mie Lacrime» auf Italienisch auf. Ein Hochgenuss! bzw. ein rechtes Schmalzgebäck.
Oldham machte Marianne Angst. Er spielte den Gangster, nahm lange vor den Rolling Stones Drogen und log übelste Pressegeschichten für sie zusammen: «Hübsch und grazil ist sie, hat langes blondes Haar, ein schüchternes Lächeln und eine heimliche Vorliebe für Menschen, die ‹lange Haare und ein soziales Gewissen haben›. Sie mag Marlon Brando, Woodbine-Zigaretten, Gedichte und geht gern ins Ballett. Sie hat ein Faible für lange Abendkleider.» Das ist zwar Dichtung, wurde aber das Image, nach dem Marianne Faithfull ihr weiteres Leben gestaltete. Oldham mag sie ausgebeutet haben, missbraucht sogar – dank seiner Inszenierung «Darling, ich mach einen Star aus dir!» wurde sie genau das, ein Star, wie ihn nur die sechziger Jahre ausbrüten konnten. «Ich

brauchte Jahre, bis ich begriff, dass er einfach nur ein liebes Herzchen war.»

Obwohl sie fest entschlossen war, John Dunbar zu heiraten und das Leben einer gesitteten Bohemienne zu führen, ging sie auf den Tourneen mit jedem zweiten Kollegen ins Bett. Das gehörte zum Geschäft, und sie wollte auch nicht immer die Außenseiterin sein, die, selbst nachdem sie die Schule abgebrochen hatte, in der Ecke saß und Romane von Jane Austen las. Die Versuchung wurde nicht geringer, als sich am 26. April 1965 «Gott höchstpersönlich» im Savoy Hotel einmietete. Bob Dylan befand sich auf Englandtournee, ärgerte, wie sein Film «Don't Look Back» beweist, seine alte Freundin Joan Baez, verspottete Donovan und hielt Hof wie ein mittelalterlicher Kaiser, der seine ambulante Pfalz zufällig mitten in London aufgebaut hat. «Zu diesem Zeitpunkt war Dylan nichts Geringeres als der allerhipste Mensch auf Erden», erinnert sich Marianne Faithfull. «Der Zeitgeist durchfloss ihn wie elektrischer Strom. Er war mein existenzialistischer Held, der krächzende Rimbaud des Rock, und ich wollte ihn mehr als jedes andere lebende Wesen kennen lernen. Ich war nicht einfach nur ein Fan; ich betete ihn an.»

John Dunbar war nicht da, aber Marianne war verlobt mit ihm und schwanger. Sie saß wie die anderen männlichen und weiblichen Groupies auf dem Hotelzimmerboden herum, hörte sich die Rhapsodien Allen Ginsbergs an, beobachtete die Demütigung Donovans, erlebte, wie Dylan einfach das Zimmer verließ, als ihm Paul McCartney die neueste Platte der Beatles vorspielen wollte. Und die Rolling Stones? «Sie saßen wie kleine wuschelhaarige Teddybären auf der Couch, verschlangen den Raum mit den Augen, und er würdigte sie kaum eines Blickes. Tat einfach so, als wären sie gar nicht da.»

Nein, sie wollte nicht mit ihm ins Bett, nein. Dylan, empört, entgeistert: «Wie kannst du mir das antun?» Ganz einfach, sagt sie, ich bin schwanger und will schon nächste Woche heiraten. Da zerreißt er das Gedicht, das er für sie geschrieben hat, zerfetzt das

Hohe Fenster und lauter Mauern, verlangte Manager Oldham für Marianne Faithfull, «und keinen Sex!». Das Jugendmagazin musik parade *folgte Oldham 1965 aufs Wort und träumte von Marianne fort und fort.*

lange, lange Klopapier in tausend kleine Fitzelchen und schmeißt es in den Papierkorb. Schließlich wird sie des Zimmers verwiesen. Weinend geht sie davon. «Ich war aber nicht traurig, weil wir nicht ins Bett gingen, sondern weil ich das Gedicht nie zu sehen bekam.»

Marianne Faithfull heiratete ihren John Dunbar, brachte Sohn Nicholas zur Welt und versuchte, Ehefrau und Mutter zu sein. Dunbar verbrachte viel Zeit mit den durchreisenden Beatpoeten und brachte sie sogar in der Wohnung unter. «Wenn ich morgens aufstand, war nicht geheizt, ich musste über etliche Leute steigen, die im Wohnzimmer pennten. Und in der Küche, in der ich Nicholas die Flasche warm machte, war die Abtropfplatte mit blutigen Nadeln übersät.» Bisweilen flüchtete sie sich zu Anita Pallenberg, mit der sie sich angefreundet hatte, und Brian Jones, wo die Dekadenz aristokratischer, in Satin-Kostümierung und mit viel Alkohol zelebriert wurde. Einmal, als Anita in Deutschland drehen musste, nahm Brian Marianne mit nach oben und zog sie aus. Für mehr war er bereits zu erschöpft, «ein müder, asthmatischer Gott». Er warf ein, was sich ihm bot, Schlaftabletten, LSD, Aufputschmittel, und trank wie ein Verdurstender, bloß Alkohol. «Er hatte das Haupt eines Renaissance-Engels, aber von innen begannen die Dämonen an ihm zu fressen.»

Marianne probiert es anschließend mit Keith Richards, verbringt «die beste Nacht meines Lebens» und lässt sich dann von ihm am nächsten Morgen darüber aufklären, dass Mick ganz furchtbar in sie verliebt sei.

Und so wurden sie ein Paar.

Sie wurden nicht irgendein Paar, sondern das royale Paar von Swinging London, zumindest eine Zeit lang. Auf Anfrage äußerten sie sich in Film, Funk und Fernsehen zu Drogen, Jugendpolitik, Vietnam und dazu, ob man unverheiratet zusammenleben könne. Man konnte es offenbar, auch wenn ein Bischof von der Kanzel herunter predigte, wie ganz besonders sündhaft es von der Katholikin Marianne sei, mit einem Mann zusammenzuleben, der nicht ihr angetrauter und schon gar nicht der Vater ihres Sohnes war. Es war, vom Glamourfaktor abgesehen, eine wahrhaft symbiotische Beziehung: Marianne, die nicht gern auf Tournee ging und deren Plattenkarriere ohnehin sacht auslief, musste sich nicht mehr um ihren Lebensunterhalt sorgen; und Mick nahm bei ihr einen Crashkurs in besserer Lebensart. Von ihr lernte er alles über Mystik, Satanismus und Oscar Wilde. Die beiden waren offensichtlich füreinander bestimmt.

An einem Sonntagabend im Februar 1967 klopft die Polizei an die Tür von Keith Richards' Haus Redlands, wo man ein Wochenende lang lauter «Waren», frisch eingeflogen aus den USA, getestet hatte. Die Herren haben einen Durchsuchungsbefehl und für alle Fälle auch eine Kollegin mitgebracht. Sie finden Herointabletten bei dem Antiquitätenhändler Robert Fraser und in einem Jackett, das Mick Jagger getragen hat, Aufputschtabletten. Die hatte Marianne Faithfull im Herbst 1966 in Positano gekauft, aber «das Kleinbürgersöhnchen mit den freundlichen Manieren, der er in Wirklichkeit war» (die liebe Marianne über Mick Jagger), nimmt den Verdacht auf sich und behauptet, die Aufputschmittel gehörten ihm.

Sie waren zuvor am Strand gewesen, hatten LSD eingeworfen, ge-

Marianne Faithfull sang wie Mick Jagger bei dem Beatles-Lied «All You Need Is Love» mit, das am 25. Juni 1967 in die ganze Welt versendet wurde.

kifft, getrunken und waren jetzt ziemlich verschwitzt und verdreckt. Während die anderen Sachen zum Wechseln dabei hatten, entstieg Marianne Faithfull dem reinigenden Bad und bedeckte sich, weil sie nichts anderes fand, mit einem Fellteppich. Als die Polizistin sie nach oben führen und durchsuchen wollte, ließ Marianne mit dramatischer Geste den Teppich fallen und stand nackt vor den Beamten. Als Frau genoss sie vor Gericht noch monatelang Schonung, allerdings sickerte bald durch, um wen es sich bei der «Nackten» handelte, die man bei der Razzia angetroffen hatte.

Märchenhafte Geschichten drangen in die Welt. Natürlich gab es auch eine Orgie, und am farbigsten blühte eine Legende, die

«Con Le Mie Lacrime»: 1967 nahm die Polizei Ihrer Majestät den Bürger Michael Philip Jagger fest. Er war mit einem Aufputschmittel in der Jackentasche aus Italien zurückgekommen.

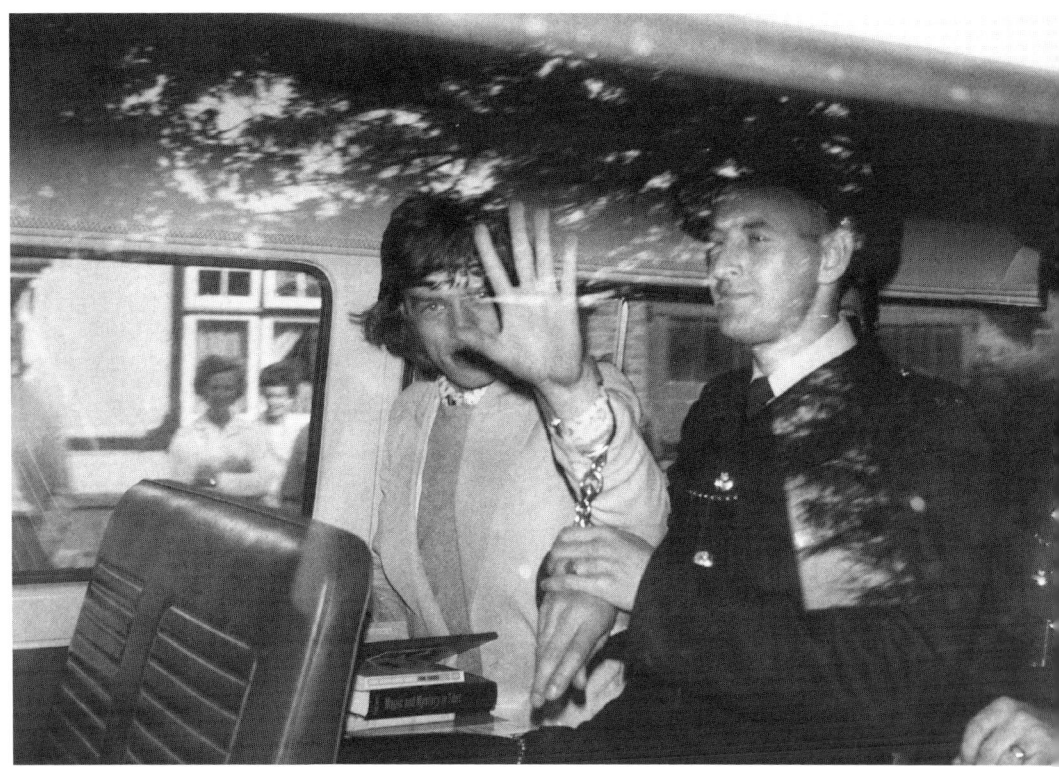

seitdem endlos wiederholt worden ist: Marianne habe rücklings auf dem Sofa gelegen, die Beine gespreizt, nackt natürlich, während Mick Jagger an einem Marsriegel knabberte, der (ja, genau) dort steckte.
Wahr ist vielmehr, dass Keith Richards «Rainy Day Women # 12 & 35» von Bob Dylan auflegte, und die Polizisten sich das aufbrausende Gelächter der Überfallenen und von der Platte die Anweisung anhören mussten, dass jeder kiffen solle.
Die Polizei lässt ihrer nicht spotten. Mick Jagger kam vor Gericht, Marianne aber spielte die Irina in Tschechows «Drei Schwestern», trat dann in mehreren Filmen auf, spielte die Ophelia. Mit den anderen fuhr sie nach Marokko, kiffte weiter, drehte und reiste mit Mick und Nicholas nach Brasilien. Dort las sie William Burroughs' «Naked Lunch»: «Ich hatte eine leuchtende, blitzartige Erkenntnis. Mir wurde sonnenklar, was ich tun musste. Ich musste Junkie werden.»
Und so geschah's.
Nach LSD kamen Heroin und Kokain, und 1969 starb schließlich Brian Jones. Noch vor dessen Beerdigung flog Marianne Faithfull mit Mick Jagger am 5. Juli nach Australien, weil sie beide in dem Film «Ned Kelly» (1970) mitwirken sollten. Im Hotelzimmer in Sydney, fünfundvierzig Stockwerke über dem Hafen, wo sich die Fenster nicht öffnen lassen, sieht sie beim Blick in den Spiegel: Brian Jones. Und Brian sagt: Komm. «In dem Augenblick war Brian mein Zwillingsbruder. Ich identifizierte mich mit ihm, weil er der Öffentlichkeit zum Opfer gebracht worden war. Diese Rolle verstand ich.» Sie nimmt alle Tabletten, die sie finden kann, und schluckt sie hinunter. «Er winkte mich zu sich, wie in Filmen immer die Geister die Lebenden zu sich winken. Ich ging durch die Glasscheibe und befand mich draußen. Aber anstatt nun schwebend über der Straße zu stehen, befand ich mich in einer beweglichen Landschaft, die pulsierte und sich verschob, während wir miteinander sprachen. Ich nahm an, dass ich auf die andere Seite hinübergewechselt war.» Sechs Tage liegt sie im Koma, ihre Mutter und Mick Jagger stehen ihr bei. Im Film wird

sie ersetzt, Mick Jagger spielt seine Rolle zu Ende, sie erholt sich langsam wieder. Ende des Jahres, während sich Mick Jagger mit den Rolling Stones auf der Tournee durch Nordamerika befindet, trennt sie sich am Telefon von ihm.

Danach wurde sie der Junkie, der sie immer hatte sein wollen. Mick Jagger heiratete im großen Stil, aber nicht sie. Marianne lebte in Soho und warf Heroinkapseln ein. Sie war auf milde Gaben angewiesen, und London versank in ihrem Nebel. «Ich tat nichts. Soweit man nichts tun kann. Tag für Tag saß ich hackedicht da. Ich muss eine seltsame Erscheinung in den Ruinen gewesen sein, denn ich trug immer noch die erlesenen Klamotten aus meinem früheren Leben. Ich war dünn wie eine Bohnenstange. Ich hatte das Gefühl, dass ich unsichtbar wurde.» Der neue Selbst-

Marianne Faithfull in dem Film «Nackt unter Leder» (1967) mit Alain Delon.

mordversuch, unaufwendig in die Länge gezogen und mit allerlei literarischen Dekadenzphantasien verschönert, dauert insgesamt mehrere Jahrzehnte. Natürlich bleibt sie nicht auf der Straße, natürlich spielt sie wieder Theater, tritt in Filmen auf, nimmt Platten auf. Wechselt von Entziehungskur in neue Sucht, geht in die Klinik, kommt wieder raus, wieder rein und lebt, so hat sie zumindest behauptet, eine Zeit lang von ihrem Drittelanteil an den Tantiemen von «Sister Morphine». Da heißt es: «Please, cousin cocaine, place your cool hands on my head / Hey, Sister Morphine, you better make up my bed / 'Cause you know and I know in the morning I'll be dead / Yeah, an' you can sit around / Yeah, an' you can watch all the clean white sheets stain red.» Alles, alles tot, und nur Brian lebt.

«Ich bin», hat sie einmal gesagt, «ich bin ein seltenes Tier aus der Sage und sollte mich deshalb nur ganz selten zeigen, im Wald irgendwo, wenn ich zwischen den Bäumen um mein Leben renne.» Aber manchmal sieht man sie doch, und die Journalisten fragen sie, wie lang denn Mick Jaggers Dings sei oder was es mit dem Marsriegel auf sich habe. Sie hat dazu nichts zu sagen. Bisweilen geht sie mit ihrer Jugendfreundin Anita Pallenberg, zwei geheilte Junkies, auf Modenschauen. Hin und wieder macht sie auch in einem Film mit, wie in Patrice Chereaus «Intimacy» (2001). Sie ist nicht mehr leicht pornographisch «Nackt unter Leder», die Freundin Mick Jaggers, die jungfräuliche Sängerin, die Christiane F. spielte, bevor es die überhaupt gab – aber immer noch Marianne Faithfull. Ein seltenes Tier.

3. Good Times, Bad Times

«Wir wissen, dass die Leute uns nicht leiden können, weil wir angeblich vergammelt sind und uns nicht waschen. Wenn sie mich nicht mögen, sollen sie doch wegbleiben.»

Mick Jagger (1964)

Und dann beginnt die Arbeit. Jede neue Single muss auf Tourneen unter die Leute gebracht werden. Jeden Tag zwei Auftritte, weiter in die nächste Stadt, in die nächste Halle. Dazwischen die nächste Aufnahme, Fernsehen, Radio, Interviews. Wenn genug beisammen ist, wird es auch noch eine LP geben.
Nach «Come On» (1963) brauchen die Stones dringend eine neue Single. Sie nehmen die Rhythm & Blues-Klassiker «Poison Ivy» und «Fortune Teller» auf, aber Decca findet das nicht kommerziell genug. Sie probieren andere Sachen und haben schließlich einfach Glück: Das Glück widerfährt ihnen im Studio 51 in der Nähe von Charing Cross. Oldham geht auf die Straße, strolcht herum und trifft auf zwei angetrunkene Herren. Sie kommen von einer Party, lassen sich aber gern zu einer weiteren einladen und spielen den Freunden im Keller des Studios 51 ein Stück vor, das sie noch nicht ganz fertig haben, ihnen aber gern zur Verfügung stellen: «I Wanna Be Your Man». Angeblich sind, denn um die beiden handelt es sich natürlich, John Lennon und Paul McCartney dann nur ein paar Minuten ins Nebenzimmer und haben den Mittelteil zu Ende geschrieben. Coverversionen von Beatles-Stücken waren extrem hitverdächtig. Lennon/McCartney hatten schon Songs für Billy J. Kramer, Peter and Gordon und Cilla Black komponiert. Die beiden spielten das neue Werk so lange vor, bis die anderen es konnten. Am 7. Oktober 1963 nahmen sie es auf und hatten nun endlich Erfolg. (Die Beatles-Version, später aufgenommen und 1964 erschienen, ist viel schwächer.)

Die bekannte Konkurrenz zwischen den Bands war natürlich keine. George Harrison hatte Decca schließlich auf die noch unentdeckten Rolling Stones aufmerksam gemacht. Seit 1965 sprechen sie sogar ab, in welchem Abstand sie ihre Platten herausbringen, damit sie sich beim Verkauf nicht in die Quere kommen. Sie halfen einander bei Plattenaufnahmen aus, wollten einen Club zusammen gründen, die Beatles-Firma Apple sollte ursprünglich beiden Bands gehören, doch die Propaganda ließ so viel Eintracht selbstverständlich nicht zu. Für die Fans blieb es bei der immer währenden Konkurrenz: Beatles oder Rolling Stones? Vielleicht ergab sich die Sternstunde von «I Wanna Be Your Man» auch wirklich so schlicht, wie man sich das für gewöhnlich ausmalt: Dass die zwei Beatles im Anzug bewundernd und nicht frei von Neid auf die Rolling Stones schauten, die unverkennbar alle musikalische Energie zeigten, fest entschlossen waren, den Durchbruch zu schaffen, aber ganz gut darauf verzichten konnten, sich für König und Vaterland als Tanzmusikbären zu verkleiden.

Seinen Höhepunkt als Produzent erlebte Oldham bei der Aufnahme von «Not Fade Away». Die Rolling Stones kamen wieder einmal nicht weiter, waren von Buddy Hollys Song einfach überfordert oder müde von den Tourneen, sie probten schon viel zu lange, ohne dass irgendjemand mit dem Ergebnis zufrieden gewesen wäre. Außerdem, typische Studio-Situation, hassten sie einander leidenschaftlich. Jetzt kam es auf den Erfinder der Rolling Stones an – konnte er auch, nein, keinen Ohrwurm, aber eine Erkennungsmelodie für sie erfinden?

Graham Nash und Allan Clarke von den Hollies kamen vorbei, schließlich, nachdem ihn Oldham hinzutelefoniert hatte, Gene Pitney («I'm A Rebel»), gefolgt von Phil Spector. Es war die Nacht vom 3. auf den 4. Februar 1964, die Nacht, in der «Tell Me» entstand, ihre erste eigene Hymne, und die endgültige Fassung von «Not Fade Away». Gene Pitney, der mit der Jagger/Richards-Komposition «This Girl Belongs To Yesterday» im Januar 1964 in der Hitparade stand, hatte eine Cognacflasche mitgebracht. Er

Sir Paul und Sir Michael, als sie noch gelegentlich zusammen Musik machten.

stellte die Flasche in die Mitte, behauptete, es sei heute sein Geburtstag, und forderte die Anwesenden auf, mit ihm anzustoßen. Alle tranken. Spector übernahm dann das Kommando, spielte selber Maracas, zeigte Mick Jagger, wie man sie einsetzt, und klopfte den Rhythmus mit einer Münze auf der inzwischen leeren Cognacflasche. Als sie später «Little By Little» aufnahmen, wurde Spector zum Koautor ehrenhalber ernannt, und «Now I've Got A Witness» trug immerhin den eingeklammerten Untertitel «Like Uncle Phil And Uncle Gene».

Die Platten waren da, jetzt mussten sie verkauft werden. Die Rolling Stones gingen auf die nächste Tournee, durch England, dann durch Schottland. Sie spielten in Package-Programmen, zusammen mit absurd vielen Bands und Sängern, spielten unter entsetzlichen Bedingungen, waren aber oft schon nach vier Stücken fertig. Dann fing das Programm allerdings wieder von vorn an. Die Mädchen kreischten, die Jungs wussten nicht, was sie von diesen dicken Lippen halten sollten. Er war doch weiß und eigentlich ein Mann, warum also bewegte er sich so, warum umschmeichelte er das Mikro so seltsam? Wollte er dran lutschen oder es gleich auffressen? Und dieses bösartige Monster daneben, das so lasziv über die Saiten fuhr, in einem fort grinste und nur manchmal die mädchenblonden Haare schüttelte. Im nächsten Hotel hatte wenigstens Brian seine Ruhe. Sein Vertrag sah Einzelunterbringung vor; den besseren Schlafstandard hatte er sich garantieren lassen. Er war schließlich der Chef, es war seine Band, und das schürte den Zorn der anderen.

Vor dem Weltruhm musste Amerika eingenommen werden. Mit dem Flug 505 (Erkennen Sie die Melodie? Sonst bitte «Aftermath» auflegen; der ängstliche Passagier ist unser Freund Phil Spector) landen die Rolling Stones am 1. Juni 1964 in den USA. «Die Beatles wollen deine Hand halten», schrieb der Reporter Tom Wolfe wenig später, «die Rolling Stones wollen deine Stadt niederbrennen.» Aber das war Wunschdenken und bestimmt eine dieser Prophezeiungen, wie sie der wahnsinnige Oldham gern in die Zeitungen drückte.

Die erste Tour der Band durch Nordamerika wurde ein richtiger Reinfall. Eben war ihre erste LP in den USA herausgekommen, doch es kannte sie keiner. «The Rolling Stones» stand auf der Platte und darüber, als Gedächtnisstütze: «England's Newest Hit Makers». Auch das reichte nicht, und Oldham lieferte die folgende Interpretationshilfe: «Die Rolling Stones sind nicht bloß eine Gruppe, sondern ein Lebensgefühl.» So weit war es aber längst nicht. Die so genannten neuen Beatles interessierten niemanden. Eric Easton hatte sie vermakelt, ohne das Geringste über die Konzerthallen zu wissen. In Omaha traten sie in einer Halle mit 15 000 Plätzen auf, von denen ungefähr 600 besetzt waren. «Jetzt

«So I just phoned the airline girl and said / Get me on flight number 505.»
Im Oktober 1964 brechen die Stones schon zum zweiten Mal nach Amerika auf.

mussten wir richtig spielen», sagte Keith Richards später. «In England genügte es, ein paar Stücke runterzureißen und wieder zu verschwinden. Hier mussten wir die Leere überspielen.» Und Amerika, das von der «Negermusik» einfach überfordert war.

Einmal kam ein Polizist in die Garderobe und suchte nach Alkohol. Die Stones tranken Whiskey Cola aus Pappbechern. Alles ausgießen, sagte der Polizist, ihr seid in Amerika. Keith Richards hatte zufällig nur Coca-Cola in seinem Becher und wollte deshalb nichts wegschütten. Der Polizist verstand keinen Spaß und wurde sehr, sehr ernst. Er drückte Richards die 44er direkt auf die Stirn und verlangte: «Ins Klo damit, aber dalli!» Das war Amerika. Außerhalb New Yorks und vielleicht der Westküste sah man sie als Wesen von einem anderen Stern, langhaarige Penner oder noch schlimmer: Schwuchteln, die ganz bestimmt die öffentliche Ordnung stören würden. Die Polizisten waren so bedrohlich wie die Nachrichten, die man im Radio hörte. Die Mädchen fragten sie, warum sie nicht auch Lippenstift auftragen würden. Keith Richards folgte dem Rat seines Idols Muddy Waters und kaufte sich einen 25er-Revolver.

Brian Jones oder Mick Jagger? Noch ist unklar, wem die Band eigentlich gehört

Ed Sullivan, der Elvis Presley («aber nur von der Hüfte aufwärts») berühmt gemacht hatte und dann auch die Beatles, sah sich Fotos der Rolling Stones an und verweigerte ihnen einen Auftritt in seiner Fernsehshow. Blieb nur Dean Martin, der «Hollywood Palace» sowie tanzende Elefanten, Akrobaten und vom Hut bis zu den Zehen bestrasste Cowboys moderierte. Die Rolling Stones nahmen drei Stücke fürs Band auf und erlebten bei der Ausstrahlung zwei Wochen später, dass nur eins davon – und das in gekürzter Fassung – gesendet wurde. Dean Martin spielte das brave Amerika und machte sich über die britischen Invasoren lustig. «Manche sagen ja, die Rolling Stones hätten lange Haare. Das stimmt aber gar nicht: Sie haben nur eine niedrige Stirn und hohe Augenbrauen.» Als Nächstes kündigte er einen Trampolinspringer mit den Worten an: «Das ist der Vater der Rolling Stones: Deshalb will er sich nur noch umbringen.» Für derlei Witze gab es damals Geld. Jetzt wurde klar, dass die Älteren die nackte Angst vor dieser unbegreiflichen und unbegreiflich erfolgreichen Jugend gepackt hatte. (Später, als die Rolling Stones auch in den USA durchgesetzt waren, wiederholte man die Aufzeichnung, nur dass jetzt Jubel und Gekreisch vom Band für die richtige Stimmung sorgten.)

Mick Jagger regte sich furchtbar auf über die Sendung, aber Oldham versicherte ihm, dass sie damit nur noch berühmter wurden. Schließlich war das sein Programm: Jung gegen Alt, und Dean Martin war nun wirklich von gestern. Bob Dylan schrieb auf die Rückseite seiner LP «Another Side Of Bob Dylan»: «Dean Martin sollte sich bei den Rolling Stones entschuldigen.»

Inzwischen war «Tell Me» als Single in den USA herausgekommen, der Beweis, dass sie selber amerikanische Songs schreiben konnten. Andrew Oldham, immer noch der Meistermagier, der große Beweger, wollte seine Band so schwarz, wie sie nie war, deshalb sollte sie die nächste Platte nicht bloß in Amerika, sondern in den Chess-Studios in Chicago aufnehmen, dort, wo die Musik herkam, die sie spielten. Phil Spector hatte den Kontakt hergestellt.

Wieder zu Hause in England, gingen die Tourneen weiter, und auch hier konnten sich die Zeitungen noch empören. Abstoßend war das, richtig vulgär, und sichtlich ohne das geringste Interesse, Fans zu gewinnen, jedenfalls nicht solche, die sich am Samstagabend einer gepflegten Tanzunterhaltung hinzugeben beabsichtigten. Stattdessen: Krach, Terror und ein Aufstand, wie ihn später keine Punkband besser inszenieren konnte. Nach einem Konzert in Blackpool, so geht eine apokryphe Geschichte aus den frühen Kreuz- und Querzügen durch England, als die Fans alles kurz und klein geschlagen hatten und Keith Richards einem von ihnen mit Stiefeltritten ins Gesicht den Weg zurück von der Bühne zeigte, kam Ian Stewart in die Garderobe und verteilte den zertrümmerten Rest des Equipments: «Das ist deine Gitarre, das ist dein Verstärker ...»

Darüber ging nichts mehr.

Irgendwann fand Andrew Loog Oldham den Slogan, der den Graben zwischen Eltern und Teenagern, zwischen Alt und Jung, zwischen den Rolling Stones und dem Rest der Welt unüberschreitbar tief aufriss: «Würden Sie Ihre Tochter einen Rolling Stone heiraten lassen?», fragte der *Melody Maker* nach Oldhams Vorgabe, und die Antwort war sonnenklar: NEIN!

Bald sollte niemand mehr die Eltern fragen. Es fand der berühmte Paradigmenwechsel statt, und nicht alle mochten der kulturkritischen Analyse des Pop-Historikers Nik Cohn folgen: «Man brauchte nicht mehr hübsch zu sein, man brauchte nicht mehr einfältig zu lächeln oder töricht zu schwätzen oder sich anzubiedern – die alten Männer mochten einen hassen, wie sie wollten, und dennoch konnte man eine Million Dollar verdienen.» Die Polizei zum Beispiel liebte die Rolling Stones wie sonst nur ihre Stöcke. Mick Jagger wurde immer wieder mit Geldbußen belegt, bei jeder Gelegenheit werden sie kontrolliert, durchsucht und ganz bestimmt angehalten. Als Mick Jagger wegen drei kleineren Verstößen vor Gericht erscheinen musste, hielt sein Anwalt einen Vortrag über Jaggers Haarlänge, die doch offensichtlich der Hauptgrund für das Interesse der Polizei sei. Aber, so fuhr der An-

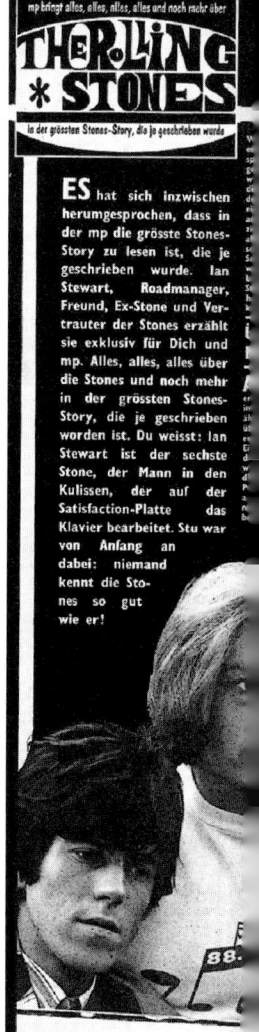

IN SICH DIE ROCKER ZUSAMMENROTTEN

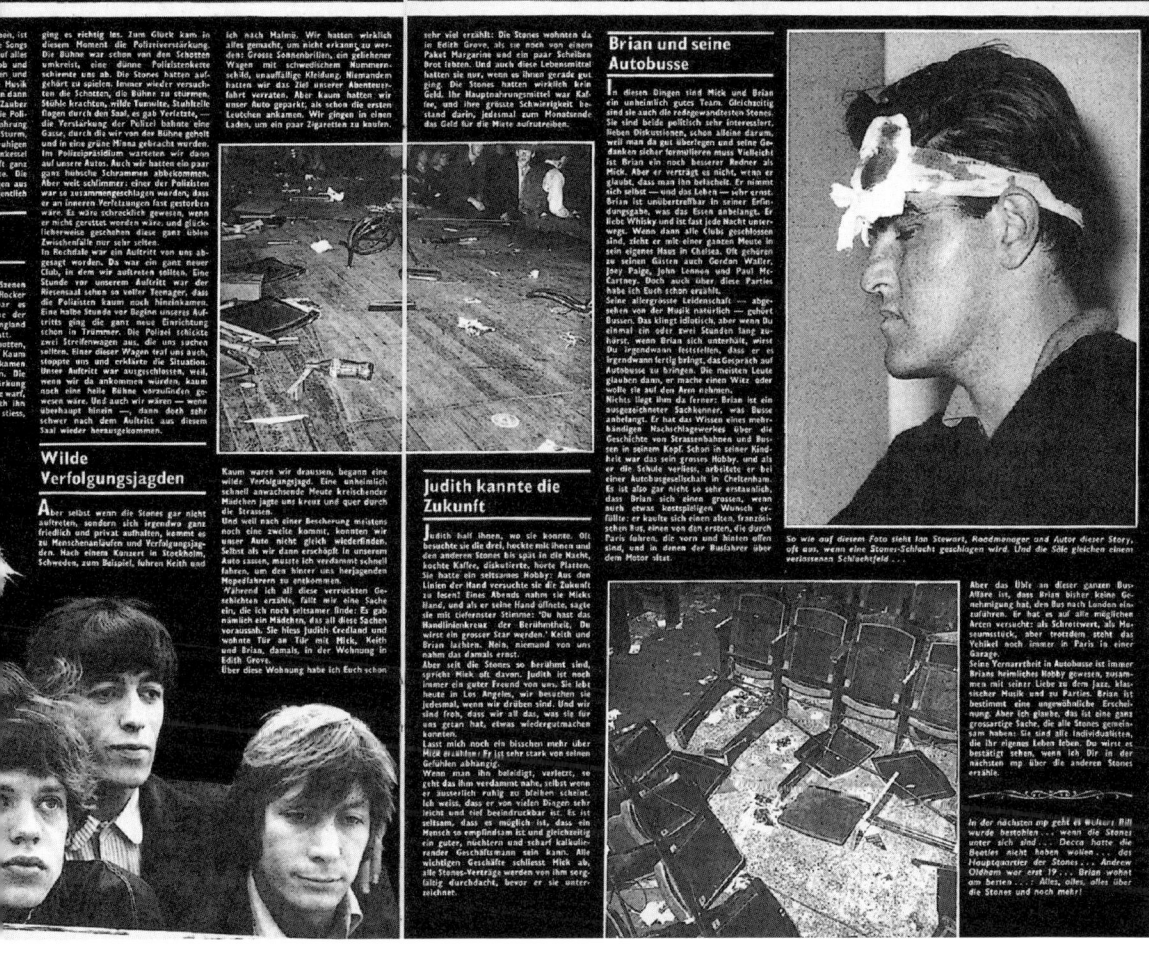

Marmor, Stein und Eisen bricht: Wenn die Rolling Stones ins Land kamen, schlug auch für die musik parade die Stunde der Kriegsberichterstattung.

walt fort, «mein Mandant hat kürzere Haare als der Herzog von Marlborough, und der hat mehrere Schlachten gewonnen. Seine Haare waren gepudert, wahrscheinlich wegen der Flöhe. Mein Mandant hat keine Flöhe.»

Das gute nette alte England war sich da nicht so sicher.

Am Abend des 18. März 1965 kehren die Rolling Stones nachts von einem Konzert in Romford nach London zurück. Unterwegs halten sie an einer Tankstelle, weil Bill Wyman dringend zur Toilette muss. Für den Dienst habenden Tankwart Charles Keeley entsteigt dem Wagen ein Besucher aus dem Weltall, ein «zottelhaari-

Es war in einem besonders meditativen Augenblick, als Mick Jagger die güldenen Worte prägte: «Wir pissen überall, Mann.»

ges Monster», das auch noch eine Sonnenbrille tragen muss, obwohl es doch in dreißig Minuten Mitternacht schlägt. «In abstoßender Sprache» fragt das haarige Etwas, ob es die Toilette benutzen dürfe. Mr. Keeley erklärt, dass die Kundentoilette derzeit repariert werde und leider außer Betrieb sei. Die Angestelltentoilette aber, nein, die könne er nicht benutzen, meint Mr. Keeley, als er aus dem Wagen weitere «acht oder neun junge Männer und Mädchen» hervorquellen sieht. Einer davon, es handelt sich offenbar um Mick Jagger, schiebt daraufhin den armen Mr. Keeley beiseite und gebraucht dabei die folgenden, einen jeglichen rechtschaffenen Bürger empörenden Worte: «Wir pissen überall, Mann.» Diesen Satz nehmen die anderen auf, bauen ihn zu einem Kanon aus und geben sich dem Swing des schönen Augenblicks hin. Und dann seien die drei Männer, so immer noch der Bericht des bedauernswerten Mr. Keeley, über den Hof geschritten, um den abstoßenden Worten eine nicht weniger abstoßende Tat folgen zu lassen. Nebeneinander aufgereiht, sollen sie nahe der Garage ihre Notdurft verrichtet haben. Es soll sich dabei um die Herren Wyman, Jones und Jagger gehandelt haben.

Mr. Keeley war naturgemäß empört, ein Gefühl, das er merkwürdigerweise nicht mit allen teilte, denn einige seiner Kunden beeilten sich, die abgewiesenen Herrschaften in aller Form um Autogramme zu bitten. Ein anderer Kunde allerdings drängte darauf, den Fall sofort der Polizei zu übergeben. Die «Monster» jedenfalls fuhren davon und machten zum Abschied «eine bekannte Geste mit zwei Fingern». Vor Gericht erklärte Bill Wyman, er leide unter «einer schwachen Blase», aber Worte, wie man sie ihm hier zuschreibe, nein, die verwende er nie. Gleiches äußerten Jagger und Jones. Der Richter reagierte mit der ganzen Härte des Gesetzes und verurteilte die Delinquenten zu je drei Pfund Geldstrafe plus fünfzehn Pfund Gerichtskosten. «Auch wenn Sie in Ihrem Beruf eine herausragende Stellung erreicht haben», schickte er ihnen noch als Mahnung mit auf den Lebensweg, «bedeutet das noch lange nicht, dass Sie sich in dieser Weise benehmen können.»

Das Image und der Weltruhm der Stones waren damit beinah vollendet. Noch aber war es nicht so weit, noch immer musste Amerika erobert werden. Amerika war das Land, aus dem sie kamen und in das die Musik wieder zurück musste. Im Oktober 1964 flogen sie zum zweiten Mal hin, und diesmal traten sie nur in Großstädten auf. Phil Spector hatte wieder einen Spruch gefunden, der das Phänomen erklärte und als Presseerklärung Väter und Mütter in Angst und Schrecken versetzte: «Die Rolling Stones, die sich seit einer Woche nicht gewaschen haben, sind gestern hier angekommen.» Die Affen vom anderen Stern bedrohten also wieder die clearasilgereinigten Töchter der amerikanischen Revolution.

Jetzt wollte sie auch Ed Sullivan haben, doch als seine Sendung ausgestrahlt wurde und Mick Jagger 70 Millionen Amerikaner mit seinen fetten Negerlippen davon zu überzeugen versuchte, was er wusste, sie aber noch nicht, nämlich «Time Is On My Side», riefen Hunderte empörte Zuschauer an, um sich über diesen widerlichen Eindringling im Wohnzimmer zu beschweren. Die Teenager im Saal und erst recht jene draußen auf der Straße, die keine Karten bekommen hatten, randalierten vor Begeisterung. Ed Sullivan tat am nächsten Tag sein Bestes, um sich zu entschuldigen: «Ich verspreche Ihnen, dass sie nie mehr in die Sendung eingeladen werden.» Ein halbes Jahr später waren sie wieder da.

Die bösen Buben flogen nach Los Angeles und traten in einer Teenager-Fernsehshow auf. Chuck Berry war dabei, die Beach Boys, die Supremes, aber vor allem James Brown, der selbst ernannte «Godfather of Soul». Die Stones zitterten angeblich vor Angst, weil sie nach ihm auftreten sollten und er natürlich nicht nur wie ein Pate, sondern wie ein Gott tanzte. Mick Jagger staunte nur so, kam sich selber bleifüßig und steif wie ein Gardeoffizier vor. Doch als er zu Hause aus dem Flugzeug stieg, war er verwandelt, war er fest entschlossen, so zu werden wie James Brown: die übertriebene Gestik, die wilden Schritte, der selbst erfundene Tanz. In London nahm er sogar Unterricht, um den Stil endlich zu beherrschen. Später, mit Marianne, ging er regelmäßig ins

Good Times, Bad Times 86 · 87

«Tai-hai-haime is on ma-ha sahait»: Moderator Ed Sullivan tat am nächsten Tag sein Bestes, um sich zu entschuldigen: *«Ich verspreche Ihnen, dass sie nie mehr in die Sendung eingeladen werden.»*

Ballett, wollte seine Kunst verfeinern. Warum sollte er nicht tanzen können wie Nurejew oder Nijinsky?

In Chicago fiel Brian Jones zum ersten Mal ganz aus, Erschöpfung und Bronchitis. Er fehlte bei vier Terminen, und die anderen hassten ihn dafür. Am liebsten hätten sie ihn aus der Band geschmissen. Aber es war nach wie vor die seine, und auch wenn er sie nicht mehr überall dirigierte, wollte er doch die wesentlichen Fäden in der Hand behalten. Noch war er zu wichtig für das Image, und die Mädchen vergötterten ihn. Angeblich hatte er im Monat davor mit vierundsechzig Mädchen geschlafen und dann jede Einzelne mit einer Hundeleine verprügelt, die er gern herumzeigte. Der Bürgermeister von Cleveland warnte mit einer Radioansprache vor den Rolling Stones; sie seien unmoralisch und nichts für Teenager. Das wollten sie hören.

Daheim in England stellten die Stones in der Sendung «Ready Steady Go!» ihre neue Single «Little Red Rooster» vor, und ausnahmsweise war das industrieübliche Playback hier einmal genau richtig. Die Kamera zeigte zunächst im Close-up nur den Mund und die Lippen von Mick Jagger, der seine Botschaft gleich noch deutlicher machen konnte. Missverständnisse waren ausgeschlossen, diesen Rolling Stone konnte man nicht heiraten. Haben aber wollte ihn jede. Oder Brian, Bill, Charlie, sogar den schüchternen Keith. Brian Jones schlurrte auf der Slidegitarre, Mick Jagger schwitzte in der Sonne, Bill Wyman brummte den Takt vor, den Brian gleich wieder kontrapunktierte, und dann kam er, der «Little Red Rooster». Ein Song von Willie Dixon, gefährlich schwarz, absolut untanzbar und mit den Lippen Mick Jaggers vorgetragen so eindeutig, wie es viele gar nicht wissen wollten. Mein kleiner roter Gockel: Wenn ihr ihn seht, schickt ihn doch bittbittbitte zu mir zurück ...

Australien fehlte ihnen noch in der persönlichen Weltkarte, deshalb bezeichneten sie sich dort gleich selber als «schmutzig». Jagger redete sich auf die fehlenden Waschgelegenheiten im Hotel hinaus und erklärte damit, warum sie vielleicht seltsam «riechen» würden. Bill Wyman stand den ganzen Tag am Hotel-

«Satisfaction» 1965 auf Platz 1 der «Bravo-musicbox». Also mal ganz ehrlich, Udo Jürgens, Rex Gildo, Gitte und Hans-Jürgen Bäumler – wer braucht euch denn da noch?

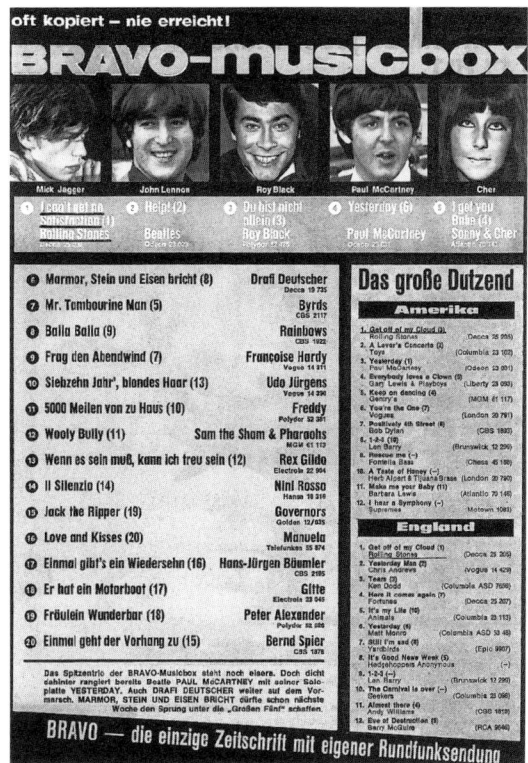

zimmerfenster und telefonierte mit dem Portier. Der schickte ihm die bestellten Frauen herauf, blond oder nein, die andere, die da. Angeblich neun an einem Tag.

Sie waren verhasst und beliebt wie nie zuvor.

4. Rip This Joint

«You better stop – look around / Here it comes ...»

Mick Jagger / Keith Richards (1966)

Es war das wildeste, bestimmt auch das beste Jahr der Rolling Stones: 1965.

«Ich saß in Liverpool in einem Pub beim Odeon-Kino, als ich einen Krach wie Donner hörte», beginnt Nik Cohn seinen Bericht über die Rolling Stones und fährt fort: «Ich ging nach draußen, aber da war nichts zu sehen. Nur dieser Krach wie Donner, der langsam näher kam, außerdem, schwächer, ein anderer Krach, eine klagende Sirene. Ich wartete also, aber es passierte nichts. Die Straße blieb leer. Nach fünf Minuten bog schließlich ein Auto um die Ecke, eine große Protzlimousine, der Polizeiautos, Polizisten und Polizeimotorräder folgten und ihnen wiederum mehrere Hundert weibliche Teenager. Diese Mädchen produzierten diesen hohen, jammernden Dauerton, und ihre Schuhe traten gegen das Pflaster. Sie liefen um ihr Leben, die Haare hingen ihnen über die Augen, flehentlich streckten sie im Laufen die Arme aus. Sie waren verzweifelt.» Das war mehr als Beatlemania, das waren keine Fans mehr, das waren dürstende, hungernde Frauen, verzückte Mystikerinnen, die sich nach irgendetwas sehnten, vor dem sie niederfallen konnten.

«Die Limousine fuhr weiter auf mich zu», so Nik Cohn, «und hielt unmittelbar vor dem Bühneneingang des Odeon. [Es muss aber, wenn es Liverpool war, das Empire Theatre gewesen sein, sagt jedenfalls die Forschung.] Die Polizei bildete eine Absperrung. Dann ging die Tür der Limousine auf, und die Rolling Stones kamen heraus, alle fünf, sowie ihr Manager Andrew Loog Oldham, aber sie waren nicht von dieser Welt. Sie trugen Haare bis auf die Schultern, trugen Sachen in allen erdenklichen Farben, und sie schauten grimmig, sie schauten unfassbar böse. In dieser grauen Straße strahlten sie wie die Sonnengötter. Sie schienen nicht menschlich, sie waren wie Geschöpfe von einem anderen Stern, unmöglich zu erreichen oder zu verstehen, unglaublich exotisch, ungeheuer schön in ihrer Hässlichkeit.»

Diese nur religiös zu begreifende Szene spielte sich in Liverpool ab, Heimat immerhin der Beatles, Schauplatz des ersten britischen Fan-Wahnsinns, der längst Amerika und den Rest der westlichen Welt ergriffen hatte. Aber die Beatles, das war gestern, jetzt und noch glühender wurden die Rolling Stones angebetet. Mit allem Recht, wie Nik Cohns weitere Erzählung bestätigt: «Sie wollten hinüber zum Bühneneingang. Darauf hatten die Mädchen gewartet, das war ihre Chance, und sie begannen zu drängen und zu kreischen und zu klammern. Dann aber hörten sie auf, erstarrten. Die Stones schauten stur gerade aus, zeigten nicht die geringste Regung, und die Mädchen standen da mit offenem Mund. Es war, als wären die Stones unberührbar und durch einen unsichtbaren Metallring geschützt. So bewegten sie sich weiter und verschwanden in der Tür. Die Mädchen stockten und waren still. Nach ein paar Sekunden fingen einige von ihnen an zu weinen.»

Wäre man gern dabei gewesen.

Sie spielten ihre Klassiker, spielten «Pain In My Heart» und «Everybody Needs Somebody To Love» und «Time Is On My Side». Sie spielten ihren frühen Holzhackersound – Bill Wymans einfach zu tief gestimmter Bass; Charlie Watts mit einer Wut über seinem Schlagzeug, dass er die anderen beim besten Willen nicht mehr hören kann; Brian Jones im Zweifel ganz woanders; Keith Richards eifrig seine Gitarre bearbeitend; und Mick Jagger, der über die tobende Menge nur mehr brüllt: «Under my thumb's a squirmin' dog who just had her day ...» – wie es im offiziellen Songbuch heißt, aber natürlich ist bei diesem einen Tag, den der wimmernde Hund hat, der Plural gemeint. Reimt sich auch besser, nur hört ja doch keiner hin. Und wenn sie es verstanden hätten, es hätte sie

«And the whole joint was rockin'»: Aber kommen diese wohlerzogenen Berliner Fans nicht direkt aus der Tanzstunde?

nicht gekümmert, wie sich die Kerle über die Frauen lustig machten, die ihnen hier alles darbrachten.

Die Sonnengötter spielten die Stücke, die auf der EP «Got Live If You Want It!» zu hören sind. Die erste Platte mit nur sechs Stücken enthielt Aufnahmen aus Manchester, Greenford und, tatsächlich, aus jenem Liverpooler Konzert am 6. März 1965, bei dem Nik Cohn Zeuge des Vorspiels wurde. Der Toningenieur Glyn Johns hängte angeblich nur ein Mikro über die Brüstung und ließ einfach das Band mitlaufen. Technisch natürlich keine besonders gute Platte, aber hier hört man den wahnsinnigen Lärm, den die Gruppe veranstalten kann, und man hört auch, wie die Fans aufgeputscht werden. Das Intro «We want the Stones!», das die Fans skandieren, wurde übrigens unter dem kollektiven Urheber «Nanker Phelge» zum Eigenwerk umgetauft und kostenpflichtig. Das nennt man wahrscheinlich die totale Symbiose von Publikum und Band.

Dieser sagenhafte, außerirdische, schöne Krach! Zum Beispiel, wenn erst angetriezt, schließlich doch gespielt, «The Last Time» erklingt, der einfachste, der beste Riff, den Keith Richards je entdeckt hat. «The Last Time» – laut und primitiv – ist das vollkommenste Rondo, das je ein Komponist seit Johann Sebastian Bach zustandegebracht hat.

«Was wir machen, ist Krach», sagte Mick Jagger damals. «Man könnte nett sein und es Musik nennen.» Krach musste es sein, und wer keinen Verstand dafür hatte, wurde mit der Nase drauf gestoßen. Das Innencover von «Let It Bleed» wird deshalb später den unmissverständlichen Befehl tragen: «This Record Should Be Played Loud!»

Am 15. September 1965 erreichten die Rolling Stones auf ihrer Deutschlandtournee Berlin. In Hamburg und Münster hatte es Är-

«Got Live If You Want It!» Live waren sie am besten, wie diese Aufnahmen von 1965 beweisen. Bemerkenswert auch der Rhett Butler, den Charlie auf der Oberlippe trägt.

ger gegeben; in München war das Konzert überraschend friedlich verlaufen. 20000 versammelten sich in der Waldbühne, ein- oder zweitausend Fans standen ohne Karten draußen. Die Musiker wurden vom Publikum bedrängt, konnten erst verspätet mit dem Konzert beginnen und brachen dann ab, als sich die Zuhörer gar nicht mehr beruhigen wollten. 369 Polizisten und dreißig Hundeführer versuchten das Schlimmste zu verhindern und sorgten erst recht dafür. Die Wut der Fans wuchs, Flaschen und ein paar Steine flogen, die Bestuhlung der Waldbühne wurde sorgfältig zerlegt.
Der Zorn wollte nicht verrauchen und wurde draußen gegen Autos und die unschuldige S-Bahn gewendet. Berlin fürchtete sich und klagte sein Leid der ganzen Welt.
Die Gewerkschaft der Polizei empörte sich über die «Haltlosigkeit vom Vernichtungswillen besessener junger Menschen», denn der «vieltausendköpfige tobende Mob» hatte nichts Besseres zu tun, als die Polizei mit «einem Hagel leerer Flaschen, ausgezogener Schuhe und Steine» zu bedecken. Die Nachrichtenagentur UPI raste und telegrafierte den Schreckensbericht über den «wildesten Jugendkrawall in der Berliner Geschichte» bis in die tiefste Provinz. Die Würzburger *Mainpost* druckte brav nach, und Dieter W. Rockenmaier versah das Ganze mit einem aufrechten Kommentar: «Die 20 000 durch die aggressiven Rhythmen aufgeputschten und enthemmten Jugendlichen tobten sich mit der Gewalt entfesselter Naturkräfte am Waldbühnengestühl, an fremden Autos und in der S-Bahn aus, als hätten sie sich am Negeraufstand in Los Angeles ein böses Beispiel genommen.» Auch der Hinweis auf den «Rausch der Masse» und die «Hitlerzeit» fehlte nicht.
Außerdem musste in Berlin der komplette Westen gegen den Ansturm der Barbaren verteidigt werden. Jeden Tag drohte der Osten die Frontstadt zu überfallen, und auf unser Geld hatte es Pankow sowieso abgesehen. Das Schlimmste an den Krawallen um die Waldbühne war nämlich eine Rechnung, die der DDR-Verkehrsminister Erwin Krause hinterher an den Westberliner Senat

schickte: 197 198 Mark wurden fällig für den Schaden, den die Fans an der ostzonalen S-Bahn angerichtet hatten, zahlbar sofort und natürlich in Westmark.

Ihre größten Stücke komponierten die Rolling Stones unterwegs: «The Last Time», «19th Nervous Breakdown», «Get Off Of My Cloud», «Mother's Little Helper», «Paint It, Black». Aus einem fehlgeschlagenen Versuch, Martha and the Vandellas' «Dancin' In The Streets» aufzunehmen, ging ihr bekanntester Song hervor. Der Riff von «Satisfaction» ist mehr oder weniger am Swimmingpool in Florida entstanden, aber es brauchte noch harte Arbeit und drei Studiotermine, ehe er so zündete, wie er sollte. Es ist be-

Die Rolling Stones sind 1965 schlimmer als jede rote oder gelbe Gefahr. Ganz brav äußerten die Jugendpfleger die Bitte, man möchte sich doch nicht von der Begeisterung allzu sehr mitreißen lassen.

Der Polizeipräsident hat noch ein paar Hundestaffeln nachbestellt, denn in Berlin-Tempelhof sind die bissigen Rolling Stones gelandet.

stimmt nicht die beste Nummer, die sie da geschrieben haben, aber die eine, ohne die noch heute kein Überschriftenmacher auskommt, wenn er die Geldgier der Rolling Stones beklagen will, die schon wieder auf Tournee gehen, noch höhere Eintrittspreise verlangen und vor mehr Menschen als je zuvor spielen wollen.

«Satisfaction» ist ein echter Klopper, unschön, aber einprägsam. Der Anfang erinnert an eine Kuh, die plötzlich aufbrüllt, weil sie gemolken werden will. Keith Richards behauptet, er sei nachts in seinem Hotelzimmer in Clearwater, Florida, aufgewacht, den Riff fertig im Kopf, habe ihn auf Band aufgenommen und sei dann wieder eingeschlafen. Das ist die bekannte Künstlerlegende. «Am Morgen gefiel es mir immer noch. Ich spielte es Mick vor und sagte: ‹Dazu passen die Wörter ‚I can't get no satisfaction'.›

Das war nur ein Arbeitstitel und hätte auch ganz anders heißen können. Für mich war es lediglich ein Riff, Füllmaterial für ein Album. Für eine Single kam es mir längst nicht kommerziell genug vor.» Mick Jagger war anderer Meinung. Sie nahmen das Stück am 10. Mai 1965 in Chicago mit akustischer Gitarre auf, flogen dann nach Hollywood, wo sie es mit Dave Hassinger nochmal zwei Tage bearbeiteten, um es schließlich eine Woche später für einen Fernsehauftritt abzumischen.

«Satisfaction», die Weltjugendhymne, ist ein Missverständnis, aber es bestätigt wieder einmal, dass es in der Rockmusik völlig schnuppe ist, was der Sänger so singt. Es geht um den Song, nicht um den Text. Als Text ist «Satisfaction» Konsumkritik von der lächerlichsten Sorte. Das Sänger-Ich fährt Auto und muss sich im Radio anhören, wie «mir ein Mann immer noch mehr wertlose Informationen mitteilt». Dann sieht der Erzähler fern, und da kommt unweigerlich Werbung: «Dieser Kerl sagt mir, wie weiß

Andererseits: Was weiß Frau Watts, was nicht alle wüssten? Das offenbare Geheimnis der Stones heißt: «I can't get no satisfaction.»

Keith Richards hat den Riff geträumt, und Mick Jagger muss seitdem davon singen und immer wieder singen, dass er einfach keine Befriedigung finden könne.

meine Hemden sein können. Aber er ist ja gar kein Mann, weil er nicht dieselbe Marke raucht wie ich.» Schließlich wird es persönlich, der Sänger berichtet vom harten Tournee-Alltag: «Ich reise um die halbe Welt, mach dies, unterschreib da, versuche, ein Mädchen aufzureißen, das dann doch nicht will und mich vertröstet –: Es hört einfach nicht auf.» Die Botschaft kann jeder verstehen: Das Leben ist hart, die Entfremdung nimmt zu und zu, und die Medien quatschen einen nur voll. Zu Recht aber hat sich darum nie jemand gekümmert, denn es geht um das magische Wort «Satisfaction», das Jagger gurrend und kokettierend umschleicht und schließlich aggressiv hinausbrüllt: Neinneinnein, bei aller Liebe, er kann einfach keine Befriedigung finden.

Im Dezember 1965 endete eine 42-tägige Nordamerika-Tournee, die den Rolling Stones zwei Millionen Dollar eingebracht hat, oder jedenfalls dem Management, denn jedes Bandmitglied bekam nur 50 000 Dollar, und auch die behielt fürs Erste Allen Klein. Der war eines Tages aus New York nach London gereist und hatte Andrew Loog Oldham die zigarrenschmauchendste aller Managerfragen gestellt: «Willst du Millionär werden?» Wollte

Oldham natürlich, gern, sofort. «Willst du vielleicht als erstes ein Auto?» Nicken. «Welches?» Allen Klein schenkte ihm sogleich den zweiten Pop-Rolls-Royce. (Den ersten hatte sich John Lennon in redlicher Arbeit für Volk und Vaterland verdient.) Anschließend bot Klein den Rolling Stones das Geld an, das sie verdienten, aber offenbar nie erhielten. Ihr erster Vertrag mit Decca war ausgelaufen, der neue noch nicht unterschrieben. Da versammelte Klein alle fünf Stones um sich, ließ sie Sonnenbrillen aufsetzen und, während er mit Sir Edward Lewis, dem Präsidenten von Decca, verhandelte, hinter sich Aufstellung nehmen. «Andrew verkaufte ihn uns als eine Art Gangster», behauptet Mick Jagger. «Das gefiel uns natürlich.» Als Klein mit Hilfe dieses Auftritts einen Vorschuss von 1,25 Millionen Dollar herausgeschlagen hatte, unterschrieben die Rolling Stones einen Managementvertrag mit ihm.

Von da an erwies er sich tatsächlich als Gangster. Zwar kündigte er gleich vier Filme an, kaufte ein Drehbuch ein und lancierte immer neue Pläne in der Presse, aber aus all dem wurde nichts. Sämtliche Einnahmen gingen an die Firma Nanker Phelge Music, nur war es nicht die der Rolling Stones, sondern eine andere, die Allen Klein unter demselben Namen und zu seinen Gunsten in den USA gegründet hatte. Sie wurden, während sie noch davon träumten, wieder nicht reich, aber es fiel genug ab, dass sie sich Häuser und Autos kaufen konnten. Schließlich waren sie jetzt die Stimme ihrer Generation und hatten sich alles Recht auf Satisfaction erworben. In New York ließ Oldham am Times Square ein 20 x 13 Meter großes Foto der Rolling Stones aufziehen und versah es mit seiner neuesten Werbelyrik: «Der Sound, das Gesicht und der Geist von heute haben mehr mit der Hoffnung von morgen und der realen Zerstörung zu tun als jene Blinden, die ihre Kinder vor lauter Angst und Trennung nicht sehen können. Hier ist etwas nachgewachsen, das sich jetzt zu Wort meldet. Fünf Bilder der Kinder von heute. Die Rolling Stones.»

Es sollte noch einige Zeit dauern, bis die Rolling Stones nicht bloß die härteste Rock 'n' Roll-Band waren, sondern auch eine Bande harter Geschäftsleute.

5. In Another Land

«Well, it seems to me that you have seen too much in too few years...»
Mick Jagger / Keith Richards (1966)

Die Tourneen mussten weitergehen, aber die Band zeigte 1966, kaum dass sie ganz oben war, die ersten Auflösungserscheinungen. Die Musiker strebten in alle Richtungen auseinander. Oldham hatte sie an Allen Klein übergeben und war längst mehr an der Pflege seiner Neurosen als dem Image seiner Jungs interessiert. Brian Jones, der seine Gruppe einst an Oldham verloren hatte, bekam die Rolling Stones jetzt keineswegs zurück. Noch war Mick Jagger nicht so weit, um sie ganz und gar zu übernehmen, noch interessierte er sich für die schöne weite Welt und natürlich für Marianne Faithfull. Mick Jagger konnte sich vorstellen, in Filmen aufzutreten, Brian Jones hielt sich, ganz im Banne von Anita Pallenberg, für ein Model, nur Keith Richards spielte weiter Gitarre, suchte vertraute Riffs, träumte neue Hits. Keiner wusste, wie es weitergehen sollte.
Brian Jones setzte das Modeprogramm Oldhams auf seine Art fort. Er begann sich aristokratisch zu kleiden, oder vielmehr nach dem Vorbild der Damen, die beim Pferderennen in Ascot Wagenräder als Hüte ausführten. Zum androgynen Stil Mick Jaggers kam jetzt das Tuntenhafte, und der unzweideutige Heterosexuelle Brian war in dieser Disziplin kaum zu übertreffen. Er mochte seine Band langsam verlieren, für die Fotografen war er neben Mick Jaggers Lippen noch immer der Mittelpunkt.
Ein Kostümzirkus setzte ein, lange bevor das Transvestitentum allgemeine Mode wurde. Marianne Faithfull ging einkaufen auf dem Flohmarkt in Chelsea und brachte von Pluderhosen bis zu

Robin-Hood-Bruder-Tuck-Wämsern allerlei Plunder für Mick, Brian und Keith mit. Dazu kam das Assortiment, das sie aus Marokko importierten: Teppiche, Lampen, Hockmöbel, Schmuck, den ganzen Haschisch-Krimskrams. Die Rolling Stones bauten zu Hause die Carnaby Street nach. Mode bestätigt den Narzissmus; und der beschäftigte bei Mick Jagger wie bei Brian Jones den ganzen Mann. Brian und Anita spielten Zwilling, zwei blonde, böse Engel, und gern zog Brian auch gleich Anitas Sachen an.

Mick Jagger befreundete sich bald mit den in England zahlreichen Erben einer Aristokratie, die sich selbst als Teil der künstlerischen Avantgarde verstand und deshalb die Nähe der richtigen Künstler suchte. Homosexuelle gehörten dazu, und natürlich wurde hier auch früher als sonst in der Londoner Gesellschaft Rauschgift genommen. «I read the news today, oh boy», singt John Lennon in «A Day In The Life» auf «Sgt. Pepper's Lonely Hearts Club Band» (erschienen am 1. Juni 1967), «about a lucky man who made the grade (…) he blew his mind out in a car / He didn't know that the lights had changed / A crowd of people stood and stared / They'd seen his face before / Nobody was really sure if he was from the House of Lords …» Nein, Abgeordneter war er nicht, sondern Tara Browne, ein Guinness-Erbe und gut Freund mit den Beatles wie mit den Rolling Stones. Brian Jones übernahm später sogar seine Freundin. Anita Pallenberg brachte neue Freunde mit: Robert Fraser, der eine Kunstgalerie führte, gehörte zu dem Kreis, der Antiquitätenhändler Christopher Gibbs sowie Prinz Stanislaus Klossowski de Rola, genannt Stash, der Sohn des Malers Balthus und bereits im Hauptberuf Bohemien.

Dem Druck von Plattenaufnahmen, Konzerten und Presseterminen war nur mehr mit Drogen standzuhalten, und nirgends waren sie so leicht zu haben wie in Marokko. Für die englischen Musiker war Marokko Luxus ohne die Polizei. Die Exotik dort überforderte niemanden, und Kif rauchen war im Zweifel gesünder als ein Besuch beim Maharishi, dem doch die Beatles so schnell erlegen waren.

Amerikanische Matrosen hatten die nordafrikanische Küste im

Brian Jones und Anita Pallenberg lustwandelten zwei Jahre lang und immer unisex durch London.

Zweiten Weltkrieg entdeckt und brachten unglaubliche Geschichten von dem Rauschgift nach Hause, das da in aller Öffentlichkeit verkauft und geraucht werde. Dann zogen Schriftsteller und Maler hin, denn nicht nur das Haschisch war billig dort, sondern auch die schönen Knaben. Paul Bowles kehrte den USA den Rücken und ließ sich ganz in Tanger nieder. Er nahm in den Bergen die Musik der Araber auf, komponierte selber, schrieb über die Wüste, in die er sich unvorsichtigerweise vorgewagt hatte, und erwarb sich unter den Arabern den Ruf eines mysteriösen Fremden. Christopher Gibbs und Robert Fraser brachten die

Rolling Stones auf dieses Wunderland Marokko, und zwei Jahre lang fuhren sie immer wieder hin, hörten die fremde Musik, rauchten und stritten sich am Swimmingpool.

Dort am Swimmingpool endete schließlich auch das enge Zusammenspiel der Gitarristen Keith Richards und Brian Jones. Keith fand hier seine neue Frau, Brian entdeckte die Musik der JouJouka, und Mick Jagger begann sich an seinen neuen Freunden zu orientieren und seine androgyne Ausstrahlung bewusst einzusetzen.

Marianne Faithfull erlebte Jagger 1966 in Bristol. «Praktisch mit den ersten Tönen erklang ein unirdisches Heulen von Tausenden wahnsinniger Teenager. Mädchen fingen an, sich die Haare auszureißen, stellten sich auf die Stühle, schüttelten sich wie verrückt. Pupillen weiteten sich. Es war, als befänden sich die Leute auf einer seltsamen Droge, die sie antrieb und in synchrone Bewegungen versetzte. Die Halle geriet in Trance. Überall brach eine beinahe klinische dionysische Massenhysterie aus. Nicht mich wollten sie in Stücke reißen, sondern Mick. Während die anderen Stones einzeln und unbeweglich wie Osterinselstatuen dastanden, wirbelte Mick über die Bühne. Mit seinen Verrenkungen übermittelte er makellos die ganze Attitüde der Stones – das dunkel Bedrohliche, die Arroganz, das Androgyne. Das lief alles nur über Micks Tanzen, denn die Band war kaum zu hören, weil die Mädchen tierisch heulten.»

Sie waren nicht allein. Pete Townshend, der seine Who Aufstellung nehmen ließ und nur darauf wartete, seinerseits die Bühne zu verwüsten und alle Groupies ins Bett zu bekommen, ist noch immer voller Ehrfurcht vor Oldhams genialer Erfindung: «Jagger war sexy. Die Mädchen liebten ihn, aber er sprach den homosexuellen Jungen in mir an, denn er war sehr, sehr androgyn. Er besaß etwas, bei dem man als Junge in ihn hineinkriechen und sein wollte wie er.» Einmal moderierten die Rolling Stones eine ganze Sendung von «Ready Steady Go!», und Mick Jagger trat zusammen mit Andrew Loog Oldham auf, während «I Got You Babe»

«Seine Haut ist weiß wie eine Hühnerbrust und von besonderer Beschaffenheit. Er besitzt eine natürliche Eleganz», notiert der Fotograf Cecil Beaton in seinem Tagebuch zu Mick Jagger.

gespielt wurde. Sie öffneten die Lippen zu der Liebesschnulze, tanzten umeinander herum und strichen sich gegenseitig übers Haar.

1967 erhielt der berühmte Fotograf Cecil Beaton den Auftrag, die Rolling Stones und vor allem Mick Jagger zu begleiten. Er flog nach Marokko und war sogleich abgestoßen, als er die Musiker mit ihren Frauen am Swimmingpool antraf: schmutzig, verschlafen, ungehobelt, schlecht gekleidet, aber in den «engsten Hosen». Als kunstverständiger Dandy findet er sie natürlich voll proll. Was sie anziehen, kommt ihm vulgär vor, schlecht vernäht, stillos. «Doch bei ihrer wunderbar flachen, schmalen, kompakten Figur, ohne Bauch oder Hinterbacken, sieht beinahe alles an ihnen gut aus.» Beaton ist homosexuell und hin und her gerissen zwischen Attraktion und Abscheu. Mick Jagger, bemerkt er, spreizt beim Rauchen die Finger ab und hält die Zigarette nach oben. «Seine Haut ist weiß wie eine Hühnerbrust und von besonderer Beschaffenheit. Er besitzt eine natürliche Eleganz.» Sie rauchen, trinken, fahren mit dem Auto herum, gehen essen, reden über Drogen, nehmen Drogen, kippen um und schlafen, ohne sich erst auszuziehen. Am nächsten Morgen ist Jagger aufgedunsen, die Augen sind ganz klein, «seine Hände und Arme, alles an ihm wirkt sehr feminin». Endlich kann Beaton ihn fotografieren. «Er ist sexy, aber völlig geschlechtslos. Er könnte fast ein Eunuch sein.» Cecil Beaton wird die Bilder machen, die Mick Jagger der Welt als androgynen Gott zeigen, ein Angebot für beide Geschlechter.

In Marokko bereitet sich auch jener milde Teufelskult vor, der die Rolling Stones und ihre Musik während der nächsten Jahre beschäftigen sollte. Tony Sanchez, Mädchen für alles, Chauffeur und vor allem Drogenbeschaffer am Hofe Ihrer satanischen Majestäten, erzählt eine merkwürdige Geschichte: Zwischen Fes und Marrakesch war ein Mann, der seinen Esel die Straße entlangführte, von einem Lastwagen angefahren worden. Er lag im roten Staub und verblutete. Während sich die hinzugekommenen Araber oder Berber über den Unfallhergang und die Schuld strit-

Die Touris sind aus Marokko zurückgekommen ins nasse, kalte Europa. Der Außerirdische rechts neben Anita Pallenberg ist übrigens Keith Richards.

ten, näherte sich unbeachtet eine schwarze Limousine. Der Chauffeur blieb sitzen, und dem Auto entstieg eine auffallend blonde, schöne Frau im Minikleid. Die Frau drängte sich durch die Menge nach vorn zu dem Sterbenden. Sie wollte ihm nicht helfen, ihm auch keinen Trost zusprechen, vielmehr tupfte sie ihm die Stirn mit ihrem selbstverständlich parfümierten Taschentuch und nahm das Blut auf, das aus der Wunde troff. Dann stieg sie wieder in das Auto und ließ sich davonfahren.

Bei der weißen Frau handelte es sich, das war nicht schwer zu erraten, um Anita Pallenberg. Sie hatte sich über einen jungen Mann geärgert, behauptet ihr Aufwärter und Gesellschafter Sanchez, und mit Hilfe des blutgetränkten Taschentuchs sowie einem wohlformulierten Fluch brachte sie diesen ungenannten Mann telepathisch ums Leben. Angeblich – wieder ist «Spanish Tony» die einzige Quelle – hatte ihr Kenneth Anger von dem Hexenmittel erzählt. Es brauchte neben dem geheimnisvollen Fluch das Blut eines gewaltsam getöteten Menschen, und der Voodoo-Zauber war fertig. Kenneth Anger, der als Kind in Max Reinhardts Verfilmung des «Mittsommernachtstraums» (1935) mitspielen durfte, war ein Hohepriester der in Kalifornien so gern gefeierten schwarzen Messen. Er hatte den Hippiefilm «Scorpio Rising» gedreht, einen Undergroundklassiker. Jetzt hoffte er darauf, dass er mit den Rolling Stones ein halbwegs kommerzielles Projekt zustande bringen könnte. Sie waren, das wusste er genau, für den Satanismus prädestiniert: Brian Jones trug die erforderliche überzählige Hexentitte, und Mick Jagger, der kam doch für alles Mögliche infrage. Natürlich wurde nichts daraus, aber eine Zeit lang konnte Anger vor allem die Frauen der Rolling Stones mit seinem Voodoo-Schnickschnack bezaubern. Man erzählt sich die seltsamsten Geschichten über den großen Hexenmeister, der verschwinden und plötzlich wieder erscheinen konnte, wie er da war und dann wieder fort. Munter prophezeite er drauflos und wusste allzeit rätselhafte Rätselsprüche für den Hausgebrauch. Warum also sollte er nicht auch jemanden mit einem blutgetränkten Taschentuch ermorden können?

«Voodoo Chile»: Kenneth Anger zeigt dem Sexualforscher Alfred Kinsey die italienische Abtei, in der der Satanist Aleister Crowley seine Sekte gründete.

«Es gibt Schwarzmagier», wird Anger später behaupten, «die glauben, dass wir ohne eigenes Zutun als Agenten Luzifers wirken. Für andere wiederum sind wir selber Luzifer.» Und das sagt der Mann, der jeden Abend zuschaute, wie Mick Jagger den Teufel, sehr effektvoll zwar, nur spielte. Jagger interessierte sich nicht schrecklich für das Teufelszeug, er verstand sich lieber als Schauspieler. Aber ja, wenn es sein musste, wenn es sich anbot und dabei ein neuer, großer Auftritt in Aussicht stand, gab er gern auch den Gottseibeiuns. In einem Film von Anger mitspielen wollte er dennoch nicht, aber er schrieb die Musik für dessen neues Kunstwerk «Invocation Of My Demon Brother», und Marianne trat als eine Art Frau in Weiß auf, allerdings getarnt als Schleiereule. Gleich, ob die Mädchen kreischten oder die Londoner Boheme nach ihm lüstete, es war, fand Jagger, doch alles nicht so ernst. «Ich weiß wohl, dass ich manchmal Urtriebe anspreche. Aber das verbindet mich mit den meisten Männern. Bei mir geht es halt gleich um mehrere tausend Menschen. Es ist alles nur ein Spiel.»

Brian Jones

«Brian was a strange child.»

Louisa Jones, seine Mutter (1970)

Es dämmerte bereits, als Brian Jones eines Morgens aus einem Londoner Nachtclub trat, und plötzlich, aus dem düsteren Himmel über ihm oder aus dem bedröhnten und bestirnten Verstand in ihm, materialisierte sich vor seinen Augen eine Vision: Er sah einen Engel da droben, und der Engel, golden wie Brian selber, doch, anders als Brian, von edelster Wohlgestalt, verkündigte ihm, dass er inskünftig für nichts anderes mehr als für das Wohl der Menschheit arbeiten solle. Dem wollte er sich keineswegs entziehen, nur welche Form dieses Engagement für die Menschheit annehmen sollte, wusste er noch nicht. Früher einmal war es die Musik gewesen; der Blues und nichts sonst als der Blues hatte ihn interessiert.

Brian Jones kam am 28. Februar 1942 in Cheltenham zur Welt. Ingenieur war sein Vater, streng, Waliser. Von Cheltenham heißt es, dass man abends statt der Grillen die Scheren hören kann, mit denen die Hecken zugeschnitten werden. Schnipp-schnipp, und da noch, und da auch noch, schnipp. Marineoffiziere im Ruhestand ließen sich hier einst nieder, die letzten Stützen des Empires, und nach wie vor hat der Ort etwas Kurorchester- und Kurschattenhaftes. «Brian hätte ein großer Journalist werden können», wird sein Vater später sagen, und beim Schach habe er jeden geschlagen, aber es wurde nichts aus dem Jungen. Was hätte auch aus ihm werden sollen, wenn er schon als Kind seine Katze erst «Rolobur» taufte und sie dann blau einfärbte?

Die Psychologie mag manches erklären – und doch hilft sie einem letztlich nicht weiter. Brian hatte nämlich eine Schwester, die als kleines Kind starb. Brian glaubte, sie sei von den Eltern weggegeben worden, und fürchtete für sich ein ähnliches Schicksal. In der Schule entwickelte er früh eine allen unverständliche Widerborstigkeit, die sämtliche Bildungsaspirationen der Eltern zunichte machte. Dafür brillierte er mit seinem Hobby: Brian war erst sechzehn, als eine Freundin ein Kind von ihm bekam, und ehe er 1961 Cheltenham verließ, um als «Elmo Lewis» in London Blues zu spielen, hatte er eine weitere junge Frau geschwängert. In London lebte er dann eine Zeit lang bei den Eltern seiner neuen Freundin Linda. Linda wurde ebenfalls schwanger, brachte das Kind zur Welt – und Brian verließ sie. Als sie später mit ihrem Vater vor dem Haus stand, in dem Brian mit Anita Pallenberg wohnte, half es nicht einmal, dass sie das Kind hochhoben und ihm entgegenstreckten; er wollte keinen Unterhalt bezahlen. «Brian und Anita starrten auf sie herunter, als wären sie eine niedere Spezies», erinnert sich Marianne Faithfull. «Stutzerhafte Aristokraten in ihren Staatsgewändern verhöhnten die Sansculotten unten auf der Straße.»

Er wollte schon immer raus aus Cheltenham, wollte nach London und dort seine Musik machen, wenn auch nicht unbedingt zum Besten der Menschheit. Noch heute ist Brian Jones als dekadenter Roué ein unerreichtes Idol: ein Frauenverderber, der jede Droge ausprobierte und vor aller Augen kaputtging. Vor allem aber war er ein Musiker, der die Welt nicht mehr kannte, wenn er doch einmal spielte.
Innerhalb kürzester Zeit konnte dieses Wunderkind jedes beliebige Instrument erlernen, das es nur fand. Charlie Watts erzählt, dass sich Brian Jones die Griffe auf der Sitar beibrachte, ganz ohne Ravi Shankar und indische Workshops, dass er die Sitar spielte für «Paint It, Black» und sie dann nie wieder anrührte. Auf dem Weg nach Marokko mussten sie einmal in Gibraltar umsteigen. Brian Jones hatte zuvor in London einen Soundtrack kompo-

«Manche Gruppen geben Konzerte, wir erleben nur immer Ausschreitungen.»
Brian Jones gab sich auch alle Mühe.

niert und aufgenommen. Diese Musik, seit Tagen sprach er schon von nichts anderem mehr, wollte er jetzt den Affen auf dem Felsen von Gibraltar vorspielen. Begleitet von den Hofdamen Anita und Marianne näherte er sich ihnen. Er verbeugte sich, hielt eine Ansprache, damit die Viecher sich auf den Hörgenuss einstimmen konnten, und schaltete dann das Band ein. Es war kein Witz, er glaubte wirklich, den Tieren eine Freude zu machen mit seiner Musik. Die Affen aber, als sie hörten, was er ihnen mitgebracht hatte, liefen kreischend davon. Brian weinte hemmungslos, weil sie seine Musik nicht mochten. Mit dem Blues war es ihm todernst.

Doch da war bald noch etwas anderes als die Mädchen und der Blues: Brian Jones begann, heftig in die Drogenwelt einzutauchen. Schon 1964 hatte er in einem Fragebogen die Existenz einer marokkanischen Halbschwester namens «Hashish» bekannt gegeben. Das war noch ein Spaß, aber es sollte nicht mehr lange dauern, da nahm Brian alles, was auf den Markt kam. Als die Polizei nach der legendären Razzia bei Keith Richards in Redlands wieder abgezogen war, klingelte das Telefon. Brian wollte mit Anita dazukommen und wunderte sich dann, dass es die anderen und nicht ihn erwischt hatte. Aber natürlich wurde er nicht vergessen. Die Polizei überraschte ihn immer wieder, und stets fand sie etwas. Wiederholt stand er vor Gericht, hatte jedoch, anders als Jagger und Richards, einen milden Richter, der einmal sogar das Urteil der Geschworenen ablehnte und ihn freiließ. Die Gutachter erwähnten seine Empfindlichkeit, seine suizidalen Neigungen, den Vorsatz, sich in Behandlung zu begeben. Vor Gericht kam er so gerade durch, aber er forderte es ein ums andere Mal heraus, wurde neuerlich verhaftet, musste versuchen, Polizisten zu bestechen, die ihm eine Falle gestellt hatten und nur auf das Bestechungsgeld aus waren, musste wieder einen Richter um Gnade anbetteln.
Irgendwann ging Brian Jones tatsächlich zum Psychiater. Einmal wies er sich sogar selber in die Klinik ein, natürlich standesgemäß: Mit Chauffeur und Geliebter meldete er sich in der Londoner Priory und beanspruchte ein Doppelzimmer. «Ich brauche Behandlung», hatte er seinem Arzt gesagt. «Ich bin krank. Ich kann so nicht mehr.» Drei Wochen hielt er es aus, dann entließ er sich selber und fing draußen wieder von vorne an.

Als sein Einfluss auf die Band schwand, lernte er Anita Pallenberg kennen. Es war in München, am 14. September 1965. Anita hatte sich im Zirkus-Krone-Bau hinter die Bühne geschmuggelt, wollte den Chef der Band und erlebte einen Brian Jones, der mit den Tränen kämpfte. Er war längst nicht mehr der Kopf der Rolling Stones, stand daneben, versuchte die anderen auf offener

«The Spider And The Fly»: Die Stadt war einfach nicht groß genug für sie beide.

Bühne zu sabotieren. Die Rolling Stones, das war einmal seine Band gewesen, von ihm gegründet, aufgebaut, beworben, doch er hatte sie nicht ohne einen Promotor wie Oldham durchsetzen können. Und er konnte nicht singen, er war nicht der Sänger, der ganz vorn stand. Es geht aber, das haben sie ja später selber kundgetan, es geht im Blues um den Sänger und nicht um den Song, und deshalb verlor er seine Rolling Stones unweigerlich an Mick Jagger. Auch kämpfte Jones mit Depressionen. Die Fans, glaubte er, liebten ihn doch nur wegen seines guten Aussehens, nicht wegen seiner Musik. Das französische Model Zou Zou war seine Freundin damals, sie hatte in einem Film von Eric Rohmer mitgespielt. Er bat Anita, die Nacht bei ihm zu verbringen, und so wie sie es berichtet, hat er die halbe Nacht in ihren Armen geweint.

Anita Pallenberg ist eine Urenkelin des Malers Arnold Böcklin und deutsch-schwedisch-italienischer Herkunft. In Rom war sie geboren, wuchs in einem bayrischen Internat auf, wollte Bilder restaurieren und kam schon 1963 nach New York. Ein italienischer Fotograf namens Mario Schifano begleitete sie nach Amerika, sie lernte Andy Warhol und Jasper Johns kennen und wurde Model. Sie kommt herum in der Welt, erscheint auf den Titelseiten vieler Modemagazine, wird ein Star.

Sie gewöhnt sich an das schnelle Leben, reist, nur mit einem Rucksack und einer Kreditkarte ausgerüstet, um die Welt oder doch an Drehorte, die bekannt sind aus Fellinis «La Dolce Vita»

Zwei Engel, weiß wie Schnee: Brian Jones erläutert Anita Pallenberg, wie er sich den Soundtrack zu ihrem Leben vorstellt.

(1959) oder Antonionis «Blow Up» (1966). Der junge Regisseur Volker Schlöndorff sieht ein Foto von ihr, eine eisblonde Schönheit auf der Zugspitze, und fährt nach Paris, um sie für seinen neuen Film zu engagieren, «Mord und Totschlag» (1967). Es ist eine Schwabing-Geschichte, nur nicht so harmlos wie «Zur Sache, Schätzchen» (1969). Ganz schüchtern fragt sie Schlöndorff, ob ihr Freund nicht vielleicht die Musik zu dem Film machen könne. So kam Schlöndorff zu einem Soundtrack mit Sitar, Orgel, Mundharmonika und noch viel mehr Instrumenten, die Brian Jones zum großen Teil selber spielte.
An Brian faszinierte Anita Pallenberg, dass er so ruhig sein konnte, ein paar Worte Deutsch sprach und vor allem, dass er viel weiter war als die anderen. «Brian war eine Nervensäge und konnte auf alles furchtbar empfindlich reagieren, aber er war seiner Zeit um Jahre voraus.» Die übrigen Bandmitglieder starrten die blonde teutonische Erscheinung zunächst bloß feindselig an. Brian sorgte dafür, dass Anita zur Band gehörte wie Oldham auch, aber sie war anders als die bisherigen Stones-Frauen: mehrsprachig, gebildet und durch ihre Arbeit als Model unabhängig. Mick muss besonders bösartig gewesen sein, denn er warnte seine Freundin Chrissie Shrimpton vor Anita und nannte sie «Gift». Im Herzen der Rolling Stones war ein neues Kraftzentrum entstanden.
Brian Jones fühlte sich von Anita herausgefordert, und er folgte ihr auch, als sie sich für härtere Drogen interessierte. Angeblich war es bereits der erste LSD-Trip, der Brian endgültig ruinierte. Sie feierten den Abschluss der zweiten amerikanischen Tournee von 1965 und dass Keith Richards einen Stromschlag, den er auf der Bühne in Sacramento erhielt, überlebt hatte. Dann warf Brian zusammen mit Keith bei Ken Kesey und den Merry Pranksters den «Acid-Test» ein. Fremde Gestalten wuchsen aus der Wand, und die Wasserleitungen begannen zu sprechen und redeten ihn direkt an. Im Schrank hockten Gnome und Riesen. Als es ernst wurde, forderte Brian Anita auf, ihn als Françoise Hardy zu verkleiden.
Wegen seiner blonden Haare und weil er sie ständig wusch,

nannten ihn die anderen gern «Mr. Shampoo». Anita war ähnlich blond und färbte nach, damit die Haare noch auffälliger und sie einander noch ähnlicher wurden. Sie waren Zwillinge, zwei Menschen, die sich gegenseitig im anderen bewundern konnten. Sie zogen sich gleich an – mit allem, was der Kostümfundus hergab – und waren nicht mehr von dieser Welt. Und sie schlugen sich.
Brian Jones schlug seine Frauen gern. Manchmal verletzte er sich dabei, weil er, betrunken, zugedröhnt und unendlich zornig, daneben haute, gegen die Wand oder das Fenster. Oder er traf dann doch, und Anita Pallenberg trug stolz die blauen Flecken zur Schau. Sie mussten sich lieben.

Nach einer Schlägerei in Marokko hatte er sich das Handgelenk so schwer verletzt, dass er wochenlang nicht mehr Gitarre spielen konnte; sein Instrument langweilte ihn ohnehin. Sessionmusiker sprangen bei den Plattenaufnahmen für ihn ein, und er vergaß fast ganz und gar, wie man spielte. Ehe die Stones 1967 auf ihre letzte gemeinsame Tournee gingen, musste er wie ein Anfänger Stunden nehmen.
Das Wunderkind traute sich gar nichts mehr zu. Jagger und Richards schrieben die Songs, dann die Hits, während er auf dem Band regelmäßig löschte, was ihm eingefallen oder durch den Kopf gegangen war. Analog zu Lennon/McCartney hatte sich das Paar Jagger/Richards etabliert; für den Musiker Brian Jones war da kein Platz. Sein einzigartiges Blues-Gitarrenspiel, seine Beiträge zu «Ruby Tuesday» oder «Paint It, Black» oder «She's A Rainbow» wurden gern genommen, aber nicht gewürdigt.
Nach dem Beatles-Erfolg mit «Sgt. Pepper» wollten es auch die Rolling Stones mit Psychedelic versuchen, verrannten sich und nahmen die lachhafte Sonderbarkeit «Their Satanic Majesties Request» auf, die 1967 erschien. Obwohl die Produktion mit den so genannten bewusstseinserweiternden Drogen Brians neuesten musikalischen Interessen entsprach, war er kaum an der Platte beteiligt und erklärte sie schon vor Erscheinen zum Fiasko. Die

Mr. Shampoo: Wenn er deprimiert war, bat Brian Jones manchmal um eine gründliche Haarwäsche.

Rolling Stones wollten ihn nicht mehr, doch er hasste sie ohnehin längst.
Einmal stand Brian Jones nachts am Fenster seines Hotelzimmers in New York und schaute nach unten. Es war fast der 99. Stock, und die Welt drunten, sie war wirklich stehen geblieben. Da klopfte es an der Tür, und der Kerl, der hereindrängte, trug keinen Union Jack. Es war nur Bob Dylan mit seinem Faktotum Bob Neuwirth. Sie begannen miteinander zu jammen, und die Besucher ärgerten und reizten Brian ununterbrochen. Er tauge sowieso nichts, er habe keine Stimme, und bald flöge er sicher aus der Band. Aber keine Angst, sagte Dylan, «du kannst immer noch in meiner anfangen».
Brian freundete sich mit einem anderen Star der Londoner Szene an, mit Jimi Hendrix, und besuchte mit ihm das Monterey Pop Festival. Als eine Art Exil-Monarch, angetan mit dem neuesten Schrei aus der Altkleidersammlung Carnaby Street, spazierte er an den tausenden kalifornischen Hippies vorbei, vorsorglich zugedröhnt mit einem drei Tage wirkenden Spezial-LSD.

Auf die Wand hinter seinem Bett malte er mit viel Liebe einen Friedhof. Genau über dem Kissen stand ein Grabstein. Noch trug er keine Inschrift, aber wer sonst als er selbst sollte darauf zu stehen kommen?

Anita, die ihn einmal gerettet hatte, als er krank war, verließ ihn, als er wieder krank war, und das konnte er nicht mehr verwinden. Keith Richards, der bei Anita Pallenberg und Brian Jones wohnte, ließ Anfang 1967 alle in seinen Bentley einsteigen, und über Paris reisten sie nach Süden. In Toulouse muss Brian wegen Lungenentzündung ins Krankenhaus, drängt die anderen aber zur Weiterfahrt. Noch im Auto finden Keith und Anita zusammen. Brian schickt Telegramme, bittet, fordert, verlangt die Rückkehr. Anita und Keith fahren weiter nach Tanger, wo sie mit ihren Freunden verabredet sind. Dann kehrt sie doch wieder zurück nach Toulouse, bringt Brian nach London ins Krankenhaus, und gemeinsam fliegen sie über Gibraltar nach Tanger und reisen schließlich nach Marrakesch. Brian Jones schlägt seine Freundin. (Cecil Beaton hat erlebt, wie sie sich ihrer Veilchen rühmte und damit prahlte, dass sie in «Mord und Totschlag» eine Mörderin spielte.) Er gabelt zwei marokkanische Prostituierte auf und will sie Anita ins Bett legen. Er droht, sie umzubringen, und wird schließlich von den anderen auf einen Ausflug in die Berge geschickt, der ihn vor neugierigen Journalisten bewahren soll. Unterdessen setzt sich Keith mit Anita wieder in den Bentley und fährt nach Spanien. Keith rettet Anita vor ihrem brutalen Freund, Brian hat sie endgültig verloren.

Er war schon immer labil und hatte offenbar mehrere halbherzige Selbstmordversuche unternommen. Ende 1965 fuhren Anita Pallenberg und die Stones mit einem Motorboot von der Küste hinaus aufs Meer. Als sie zurückkamen, war Brian Jones fort. Er tauchte bald wieder auf, aber nur weil das Hotel ihm ein Boot zu Hilfe schickte; dem seinen war das Benzin ausgegangen. Brians Kommentar: «Ich wollte die Vögel jagen.» Er ging den anderen auf die Nerven mit seinem Selbstmitleid. Einmal stürzte er sich in den verschlammten Burggraben von Keiths Landhaus und blieb so lange unter Wasser, bis ihn Mick Jagger rettete. War nur Spaß gewesen – oder eben nicht.

Seit ihm sein bester Freund die Frau weggenommen hatte, wurde er endgültig zur Belastung für die anderen. Die Rolling Stones kehrten zum Blues zurück, an dem Brian Jones inzwischen jegliches Interesse verloren hatte. Was sollte er noch? Malen? Rauchen? Sie nehmen «Beggars Banquet» auf, er reist lieber wieder nach Marokko.

Der Maler Brion Gysin brachte Brian Jones Anfang 1967 mit den JouJouka zusammen, die sich als «Pan-Volk» verstehen. «Die Szene war sehr theatralisch. Wir saßen unterhalb der Veranda eines Hauses, das aus Lehm und Flechten gebaut war. Wie in der Loge eines klassischen Theaters hockten wir da, auf Polstern ausgebreitet. Die Vorstellung fand im Hof statt. Schon seit einiger Zeit war vom Essen die Rede gewesen, und allmählich traf man die Vorkehrungen dafür. Es sollte noch eine Stunde dauern. Licht kam von großen Acetylenlampen, die die Szene noch theatralischer erscheinen ließen und in grün-weißes Bühnenlicht tauchten. Plötzlich wurde der schönste Ziegenbock, den je einer zu se-

Eine französische Ausgabe von «Beggars Banquet» (1968). In Frankreich war Brian Jones der Star. Er revanchierte sich und verehrte die französischen Mädchen und vor allem Françoise Hardy.

hen bekam, über die Bühne geführt. Reines Weiß! Er kam durch die Gasse zwischen uns, die wir auf den Polstern lagerten, und den Musikern, die sich ungefähr drei Meter von uns weg befanden. Es passierte so rasch, dass einen Augenblick lang keiner recht bemerkte, was da eigentlich vor sich ging. Dann sprang Brian hoch und sagte: ‹Das bin ich! Das bin ich!› Schnell wurde er wieder niedergezogen und beruhigt, und die Musik spielte weiter.» Nach zwei Stunden gab es Ziegenbock zum Abendessen, und Brian Jones, schließlich befand er sich im Mutterland des Kiffens, wusste auch gleich das *mot juste*: «Es ist wie die Heilige Kommunion.»
Dem Manne war auf Erden nicht mehr zu helfen.

Es war nicht schön, aber es ging so nicht mehr weiter. Im Sommer 1969 entschlossen sich die anderen nach langem Zögern endlich, Brian Jones aus der Band zu werfen. Bei seinen Vorstrafen und bedingten Verurteilungen wegen Drogenmissbrauchs konnten sie keine Tourneen unternehmen, und an Plattenaufnahmen zeigte Brian schon gar kein Interesse mehr. Er nahm es gefasst, akzeptierte die 100 000 Pfund, mit denen sie ihn auszahlten, und vier Wochen später war er tot.
Dabei war es ihm nach allen Berichten inzwischen wieder besser gegangen. Cream hatte sich vor kurzem aufgelöst, Blind Faith war daraus entstanden, eine neue Gruppe aus lauter Spitzenmusikern, und Brian Jones hatte davon gesprochen, ebenfalls eine neue Band aufzubauen. Zuletzt hatte ihm die Musik von Creedence Clearwater Revival gefallen; auch John Fogerty, ihr Sänger, verehrte den Bluesmusiker Robert Johnson. Der hatte dem Vernehmen nach seine Seele dem Teufel verkauft, denn keiner konnte so Slide spielen wie er. 1937 hatte ihn der Teufel dann geholt, aber vielleicht war es auch ein eifersüchtiger Ehemann, und Mitte der Sechziger waren Aufnahmen von Johnson herausgekommen, die ein Blues-Revival von Kalifornien bis London beförderten. Brian Jones hätte wieder den Blues spielen können.
Und wenn es doch kein Unfall war? Anna Wohlin, seine letzte

Brian Jones machte die Mädchen vor der Bühne an. Ob sie überhaupt hörten, was er ihnen vorspielte?

Freundin, spricht vom «Mord an Brian Jones», und auch für Albert Goldman war es ganz klar «Mord». Er nahm fast keine Drogen mehr, freute sich seines Lebens als Gutsherr. Cotchford Farm hatte einmal A. A. Milne gehört, dem Autor von «Pu der Bär», und Brian Jones konnte zwischen den Schauplätzen der Kindergeschichte herumgehen. Wenn es aber Mord war, wer oder was hatte ihn dann umgebracht? Der allgemeine Druck, die Tourneen, die Drogen, der Umstand, dass es keine Tourneen mehr gab, die Polizei, Anita Pallenberg oder doch die anderen Rolling Stones? Es gibt die unglaublichsten Geschichten, die alle belegen sollen, was für ein erprobter und kräftiger Schwimmer er war, und ausgerechnet er sollte in einem angewärmten Swimmingpool ertrunken sein? War es Frank Thorogood, der als eine Art Hausmeister Reparaturarbeiten vornahm und Brian Gesellschaft leistete? Keith Richards hatte ihn geschickt, damit er sich um Brian kümmere. Thorogood nutzte seine Stellung aus und lebte, zusammen mit zufälligen Freunden, recht gut auf Kosten des hoch verschuldeten Besitzers. Bevor die Polizei alles untersuchen konnte, war das Haus – von wem immer – fast vollständig ausgeräumt, alle Instrumente, Möbel und Wertsachen waren fort.

Die Frauen, die am Abend des 2. Juli um Brian herum waren, wollten sich auch nicht ständig um ihn kümmern, konnten aber sehen, dass er mit Thorogood am Poolrand die Whiskeyvorräte dezimierte. Er war erkennbar betrunken, ließ sich aufs Springbrett helfen und schwamm mit seinem Hausmeister im warmen Wasser. Der stieg heraus, ging Zigaretten holen, und als er zurückkam, so seine Aussage, habe Brian Jones bereits tot im Pool gelegen. Seine Leber war, wie sich bei der Obduktion herausstellte, aufgedunsen wie sonst nur bei lebenslänglichen Kampftrinkern. Dazu hatte er Beruhigungs- und Schlafmittel geschluckt. Inzwischen haben genug andere ihr Geheimnis mit ins Grab genommen, sodass es für die schlimmsten Verschwörungstheorien reicht. Vielleicht ist er auch bloß sanft eingeschlafen. Noch lange nach seinem Tod bewahrte Anita Pallenberg in einer Art Herrgottswinkel Brians Bild in einem silbernen Rahmen auf.

Als die Todesnachricht kam, saßen seine alten Freunde im Studio, dort, wo sie sich seit Jahren kaum mehr hatten blicken lassen. Es war ein Schock, aber wirklich überrascht konnte keiner sein. Am 12. September 1969 brachten die Rolling Stones eine neue Platte mit den Greatest Hits heraus, «Through The Past, Darkly». Die Hülle, jeder weiß es noch aus dieser grauen Vorzeit, war an den Ecken beschnitten, und die Platte selber knallrot. Sie war Brian Jones gewidmet; auf der Innenseite bildeten sie, auf dem Boden liegend, zusammen einen fünfzackigen Stern. Die Widmung lautete wie eine Grabinschrift: «Wenn du das siehst, dann denk an mich. Soll die Welt doch reden, was sie mag, sprich du von mir, wie dir es richtig scheint.»

Der 10. Juli war ein besonders schöner Tag, und ganz Cheltenham säumte den Trauerzug für den verlorenen Sohn, der endlich heimgefunden hatte. Sogar die Schule, die Brian besucht hatte und die er immer nur hasste, erlaubte den Schülern, draußen zu stehen und sich die Prozession anzusehen. Sie starrten und schauten, und als der Blumenkorso vorüber war, gingen die Schüler wieder in die Schule und die Pensionäre auf die Promenade.

Sahen sie nicht wirklich aus wie die letzten Freaks? Die Platte erschien zum Gedächtnis an Brian. «Wenn du das siehst, dann denk an mich. Soll die Welt doch reden, was sie mag, sprich du von mir, wie dir es richtig scheint.»

An seinem Leichenbegängnis durften auch die Kinder aus Brian Jones' ehemaliger Schule teilnehmen. Ob sie was fürs Leben gelernt haben?

Bill Wyman, Charlie Watts, Keith Richards und Ian Stewart waren gekommen. Mick Jagger befand sich bereits in Australien, und Marianne Faithfull, ebenfalls am anderen Ende der Welt, war damit beschäftigt, ihm in den Tod nachzufolgen. Auch Linda Lawrence stand am Grab, neben sich einen seiner unehelichen Söhne. Wie lange war es her, dass sie dieses Kind vor der Londoner Wohnung in die Höhe gehoben und um Hilfe gebettelt hatte? «Es ist dein Kind, Brian. Uns geht's wirklich schlecht, wir brauchen dich!» Der Priester verlas bei der Trauerfeier nochmal das Telegramm, das Brian seinen Eltern am 11. Mai 1967 geschickt hatte, als er zum ersten Mal wegen einer Drogensache verhaftet wurde: «Urteilt nicht zu streng über mich.»

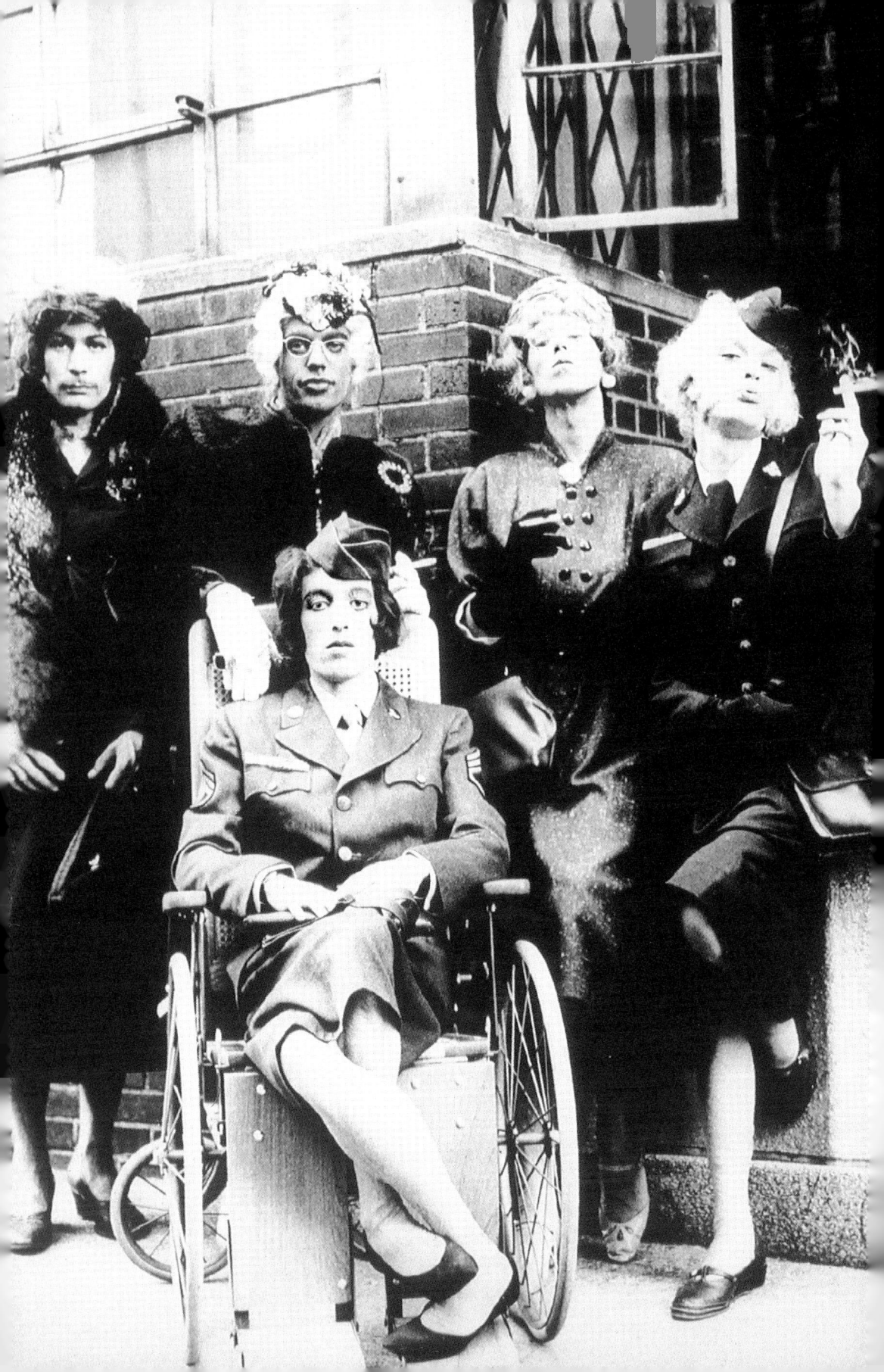

6. Play With Fire

«*Bei jedem Gerichtsverfahren geht es ums Leben.*»

Oscar Wilde

Es war im Februar 1895, nach der Premiere von «The Importance Of Being Earnest», dass sich der Marquess von Queensberry entschloss, gegen den Autor des Stückes, den Dichter Oscar Wilde, vorzugehen. Der Marquess wusste oder ahnte doch, dass sein Sohn, Bobbie genannt oder Bosie, ein intimes Verhältnis mit dem gefeierten Dichter pflog. Wilde seinerseits wusste, dass der Marquess auf eine Gelegenheit zur Bloßstellung lauerte, und war deshalb nicht zu erreichen. Schließlich wurde Wilde eine Visitenkarte zugestellt, auf der die Worte standen: «To Oscar Wilde posing Somdomite [sic!].» (Für Oscar Wilde, der sich wie ein Sodomit – also Homosexueller – aufführt.) Die Handschrift war nicht eindeutig, und das «posing» ließ sich auch als «ponce» (Knabenschänder) lesen. Obwohl ihm sein Anwalt davon abriet, ließ Wilde anspannen, fuhr zum Polizeirevier und erstattete gegen den Marquess Anzeige wegen Verleumdung.

Auch wenn der besorgte Vater den Sodomiten nicht einmal richtig schreiben konnte, war Homosexualität in diesen letzten viktorianischen Jahren ein schweres Vergehen wider die menschliche Natur. Wilde hatte, nicht zuletzt im «Bildnis des Dorian Gray», die Amoralität gefeiert, und deshalb musste sich die ehrenwerte Gesellschaft – ungeachtet der Tatsache, dass er der erfolgreichste Boulevardautor seiner Zeit war – jetzt an ihm rächen. Wilde beging nämlich den Fehler, den Marquess von Queensberry verhaften und vor Gericht ziehen zu lassen. Naturgemäß fiel es dem Gericht nicht schwer, Wildes Immoralität zu entlarven, und er wurde zu zwei Jahren Freiheitsentzug mit Zwangsarbeit verurteilt. Wilde war erledigt.

Die Zeitungen klatschten dem Urteil Beifall, und die *News of the World* jubilierte: «Der ästhetische Kult in seiner zotigen Form ist vorbei.» Gut siebzig Jahre später, Anfang 1967, erzählte Brian Jones einem Reporter der *News of the World*, der sich mit ihm in einem Club traf, dass er regelmäßig LSD einwerfe. Die Zeitung brachte eine denunziatorische Geschichte über die Verkommenheit der Rockmusiker und nannte als den, der den ästhetischen Kult so offensiv betrieb, aus welchen Gründen auch immer Mick Jagger. Die Unterschrift unter einem Bild Jaggers verkündete darüber hinaus, dass er Drogenparties mit der befreundeten Band Moody Blues feierte. Jagger rauchte wie die anderen Haschisch, doch er fürchtete sich vor LSD und hätte bestimmt nie in der Öffentlichkeit damit renommiert, dass er harte Drogen nehme. Nur eine Woche zuvor hatten Mick Jagger und die Rolling Stones die britischen Fernsehzuschauer beleidigt, weil sie bei der Sendung «Sunday Night at the London Palladium» zwar mit «Let's Spend The Night Together» auftraten, sich aber weigerten, mit den anderen zusammen im Abspann von einer Drehbühne zu winken.

Mick Jagger hielt es für richtig, die Zeitung wegen Verleumdung zu verklagen und brauchte deshalb nur darauf zu warten, dass sie ihm den Rauschmittelmissbrauch nachwiesen, den er bestreiten wollte.

Drogen waren 1967 lustig, manchmal auch Razzien. Als die Stones «Let's Spend The Night Together» mit Hilfe etlicher Joints aufnahmen, klopfte die Polizei an die Tür, und Andrew Loog Oldham will geistesgegenwärtig eingegriffen haben. Er lief auf die ersten Polizisten zu und fragte sie:

«Haben Sie Ihre Schlagstöcke dabei?»

Nicken.

«Schlagen Sie sie bitte gegeneinander.»

Tun sie.

«Perfekt, genau das, was wir brauchen. Wären Sie so freundlich

«Big Hits», die erste Kompilation von 1966 und überdeutlich die Anspielung auf Haschisch. Das Fischauge bringt die hässliche Schönheit der Stones erst richtig zur Geltung.

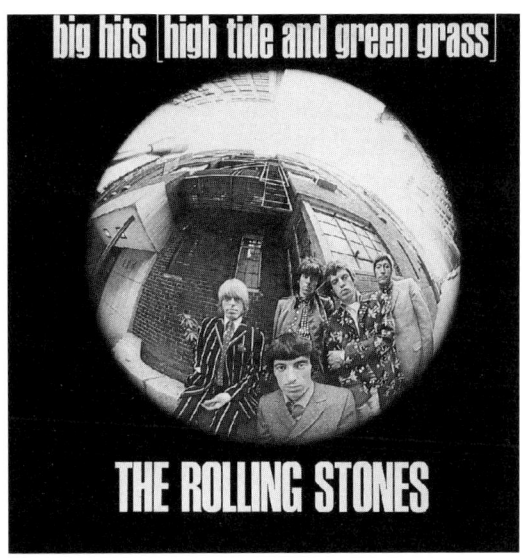

und würden sie gegeneinander schlagen, während wir aufnehmen?»

Und das machten sie dann und zogen hinterher wieder ab.

Spätestens seit den mörderischen Touren durch die nordenglischen Konzertsäle nahmen die Rolling Stones Pillen. Brian Jones war seit 1966 damit beschäftigt, sich mit Drogen umzubringen. Längst gab es Anspielungen auf den Platten. Die Best-of-Sammlung «Big Hits» trug den Untertitel «High Tide And Green Grass». Bill Wymans erste Eigenkomposition «In Another Land» hatte den Arbeitstitel «Acid In The Grass».

Aber das war die harmlose Zeit, und die Rolling Stones würden nicht wie die Beatles behandelt werden, dafür hatten sie für zu viel Aggression im Land gesorgt. Und außerdem: Sahen die nicht alle aus wie Schwuchteln? Die brauchten mal eine Lektion! Die Zeitung *News of the World* steckte dahinter, als die Polizei an jenem Wochenende zu Keith Richards' Haus kam und die völlig weggedröhnte Party aufstörte. Die Redaktion posaunte sogar stolz aus, dass sie die Polizei darauf hingewiesen hatte. Diese wartete, bis George Harrison und dessen Frau das Anwesen verlassen hatten, dann wurde geklopft. Die Rolling Stones hatten ihr

Image als Rebellen, als Anführer einer Kinder-Guerilla gegen die Erwachsenenwelt, viel zu gut gespielt, als dass die Erwachsenen nicht eines Tages doch zurückschlagen würden.

Möglicherweise war ein *agent provocateur* dabei, denn ein gewisser David Schneiderman, auch «Acid King» genannt, hatte aus Kalifornien LSD mitgebracht, das die Polizei nicht zu sehen begehrte; der Rauschgifthändler erhielt sogar Gelegenheit, sich aus dem Staub zu machen. Es war also Glück, dass die Beamten kein richtiges Rauschgift entdeckten, und Pech, dass der sonst so vorsichtige Mick Jagger bei seinem allerersten Trip aufgegriffen wurde. Es fanden sich Speed-Tabletten in Jaggers Jacke und Heroin bei Robert Fraser. Keith Richards hatte sich mitschuldig gemacht, weil in seinem Haus Rauschgift konsumiert wurde.

Tony Sanchez, der Kontaktmann zur Unterwelt, bot an, die Polizei zu bestechen. So sollte das Beweismaterial, die konfiszierten Pillen nämlich, verschwinden. Jagger, Richards und Fraser brachten dafür zusammen 7000 Pfund auf, und Sanchez will das Geld (etwa 30 000 Euro nach heutigem Wert) in einer Bar an einen korrupten Polizisten seines Vertrauens übergeben haben.

Eine Woche lang stand nichts in der Zeitung, es wurde kein Haftbefehl erlassen, keine Vorladung zugestellt. Die Geldspende für die Polizeikasse schien geholfen zu haben. Das Heroin Frasers hatte sich womöglich doch, wie er behauptet hatte, als die Glukose erwiesen, die er als Diabetiker einnehmen musste.

Aber dann brachte die *News of the World* am Sonntag darauf die ganze Geschichte in allen schönen Details. Die Rolling Stones waren als Verbrecher entlarvt, der ästhetische Kult war entzaubert.

Noch wusste keiner, wie die Sache ausgehen würde, doch bei versuchter Bestechung war mit einiger Härte zu rechnen. Vor der nächsten Tournee, vor dem Prozess wollten sie nochmal nach Marokko reisen. Der Fotograf Cecil Beaton war dabei, als sie alle erschöpft um den Pool herumlungerten, laute Musik hörten und rätselten, was sie tun sollten. Als sie nach England zurückkamen, waren die Zeitungen voll mit der Drogengeschichte. Die Rolling

Mick Jagger fing es einfach falsch an: Hätte er nicht inhaliert, dann hätten sie ihn 1967 nicht verhaftet und bestraft, und er wäre Präsident geworden oder Königin.

Stones mussten dennoch ihre kleine Tournee durch Nord-, Ost- und Südeuropa absolvieren und wurden auf jedem Flughafen durchsucht. In Warschau gab es einen Volksaufstand, als sie im Kulturpalast spielten, aber die Plätze vorwiegend für die Nomenklatura frei gehalten wurden. Die Polizei setzte Wasserwerfer ein, die Rolling Stones ließen Singles an die Fans verteilen, die nicht in den Saal gelangten. Noch heftigere Tumulte.
«Da liegt Gefahr in der Luft», erklärte Jagger. «Die Teenager kreischen nicht mehr wegen der Popmusik, es geht ihnen längst um mehr. Ich sehe, wie großer Ärger heraufdämmert.»
Am 10. Mai 1967 müssen Jagger, Richards und Fraser vor Gericht erscheinen und kommen zunächst gegen eine Kaution frei. Am selben Tag sucht die Polizei Brian Jones auf und findet Haschisch. Das Ende der Band rückt noch näher. An drei Tagen Ende Juni stehen Jagger, Richards und Fraser erneut vor Gericht. Jagger

und Fraser werden Handschellen angelegt, als man sie abführt. Mick Jagger verbringt drei Tage im Gefängnis, wo er angeblich «2000 Light Years From Home» schreibt und so verzweifelt ist, dass er, wie Marianne Faithfull berichtet, hemmungslos schluchzt. «Was soll ich bloß machen?», ruft er immer wieder. Schließlich muss sie ihn zusammenstauchen und auf seine wichtige Rolle in der Öffentlichkeit hinweisen, und außerdem: Was sollen die Polizisten von ihm denken, wenn er so schlapp ist? Das wirkte, und Mick Jagger war wieder der Alte. Frauen-Power. Dann ergeht das Urteil: Drei Monate für Jagger, sechs Monate für Fraser, ein Jahr für Richards; zusätzlich Geldstrafen. Jagger kämpft noch einmal mit den Tränen. Richards ist gefasst und beginnt mit der Arbeit an seiner Freibeuter-Gloriole. Als ihm der Richter vorhält, dass sich auch eine «nackte Dame» in Redlands befunden habe, entgegnet Keith: «Wir sind keine alten Männer. Wir machen uns keine Gedanken über die Moral der Spießer.» Nicht schlecht für den ersten Tag vom Rest seines Lebens.

Am Tag danach, es ist der 1. Juli 1967 und der Höhepunkt eines legendären Sommers der Liebe, erscheint unter der Überschrift «Who Breaks a Butterfly on a Wheel?» (Wer wird einen Schmetterling aufs Rad flechten?) ein Leitartikel in der *Times*, in dem die Frage gestellt wird: «Hat Mr. Jagger die Behandlung erfahren, die ihm zuteil geworden wäre, wenn er nicht berühmt wäre und ohne all die Kritik und das Ressentiment leben könnte, die mit seiner Berühmtheit einhergehen?» Wäre er ein einfacher Student gewesen, der aus dem Urlaub mit diesem leichten Aufputschmittel zurückkommt, «hätte man es dann für richtig befunden, seine Laufbahn zu zerstören, indem man ihn drei Monate ins Gefängnis sperrt? Und hätte man es dann auch für nötig befunden, ihn der Öffentlichkeit in Handschellen zu präsentieren?» Das sind natürlich rhetorische Fragen, aber die *Times*, damals noch viel mehr den Werten von Kirche und Staat verpflichtet, geht weiter und zieht eine schlagende Parallele: «Wenn der Erzbischof von Canterbury nach einem Besuch beim Papst am Flughafen in Rom Tabletten gegen Reisekrankheit gekauft und die nicht verwendeten

Die «Bravo» stellt beim Drogenprozess 1967 die existenzielle Frage: «Ist ihre Zukunft im Qualm der Marihuana-Zigaretten aufgegangen?»

Tabletten mit nach England gebracht hätte, dann hätte er sich womöglich des gleichen Vergehens schuldig gemacht.»
Es war William Rees-Mogg, der Chefredakteur der Times, der diese Gedanken formulierte und damit seinerseits ein Gerichtsverfahren riskierte, weil er in ein laufendes Verfahren eingriff. Rees-Mogg spricht deutlich an, was dem Establishment womöglich nicht gefällt an den Rolling Stones – ihr «anarchistisches Auftreten, ihre Songs, ihr Einfluss auf Teenager und ganz allgemein der Verdacht der Dekadenz» –, aber das seien außergerichtliche Emotionen, die in dem Prozess keine Rolle spielen dürften. «Wenn wir jeden Fall zum symbolischen Konflikt zwischen den gesunden traditionellen Werten Großbritanniens und dem neuen Hedonismus machen wollen, sollten wir auch sicher sein, dass

zu diesen gesunden traditionellen Werten Toleranz und Gleichheit gehören. Die britische Rechtssprechung sollte zuallererst dafür Sorge tragen, dass Mr. Jagger genau so behandelt wird wie jeder andere, nicht besser und nicht schlechter. In diesem Fall aber», endet der Leitartikel, «bleibt der Verdacht, dass Mr. Jagger eine wesentlich strengere Strafe erhalten hat, als sie für einen anonymen jungen Mann angemessen wäre.»
Dieses Plädoyer von ganz unerwarteter Seite war eine Sensation und befreite Mick Jagger letztlich aus dem Gefängnis. Jetzt hatte er auch ohne den MBE-Orden einen weltlichen Adel erlangt, war Gegenstand und sogar Schützling der *Times* geworden.
Auch sonst fehlte es nicht an Unterstützung. Im Radio wurden unermüdlich Stones-Songs gespielt, damit sie, Jagger und Richards, im Gefängnis der Solidarität ihrer Fans versichert waren. Die echten Knastbrüder schoben ihnen Zigaretten durch die Gitterstäbe und brachten ihnen alle Verehrung dar. Die Who nahmen «The Last Time» auf, um die «Rolling-Stones-Songs in der Öffentlichkeit zu halten», und John Lennon und Paul McCartney sangen im Chor bei «We Love You» mit, jener Single, die Jagger und Richards als Reminiszenz an die kurze Knasterfahrung herausbrachten. Die BBC sendete den dazu gedrehten Clip nicht, denn es sollte niemand einen Mick Jagger in Handschellen sehen, der abgeführt wird und dessen hallende Schritte dann zu Beginn von «We Love You» zu hören sind. Outlaws allerwege.

Aber da waren sie schon einige Zeit frei. Inzwischen gab es «Jagger Links», Handschellen für den Hausgebrauch, und Mick Jagger, längst wieder der Zukunft zugewandt, trug ein T-Shirt mit der Aufschrift «MICK IS SEX». In der *Times* erschien eine Anzeige, bezahlt unter anderem von den Beatles, aber auch von Graham Greene, in der auf das schreiende Unrecht hingewiesen wurde, das man vor aller Augen Mr. Jagger und doch gewiss nicht zum Besten des Landes zugefügt hatte.
Solcherart gestärkt und von Mariannes Boheme-Chic-Radikalität befeuert, konnte sich das Opfer von Staat, Polizei und Justiz rich-

So streng das alte System auch war, einen Schmetterling wollte doch keiner aufs Rad flechten: Mick Jagger und Keith Richards verlassen das Gerichtsgebäude.

tig aufregen und losschimpfen: «Jetzt laufen sie endlich vor uns davon. Wir müssen zu Ende bringen, was wir begonnen haben. Die Zeit ist da, die Zeit für Revolution. Die Kids warten nur darauf, die Mietskasernen und die stinkenden Fabriken niederzubrennen, in denen sie ihr Leben verschwitzen. Ich will alles tun, alles, was getan werden muss, um ein Teil dessen zu sein, was da vor sich geht.» Genau genommen bestand sein Teil an der Fabrikarbeiterbefreiung dann doch nur darin, nach dem «Factory Girl» zu lechzen, um sich mit ihr zusammen am Freitagabend zu betrinken. Aber warum nicht? Kein schlechter Song.

Während Oscar Wilde seinen Prozess nicht lange überlebt hat, wurde Mick Jagger durch die öffentliche Demütigung, die er im Zuge des Gerichtsverfahrens erfuhr, paradoxerweise gesellschaftsfähig. Am 31. Juli wird seine Strafe vorläufig aufgehoben, allerdings gegen eine Bewährungsfrist von einem Jahr, wie das Berufungsgericht entscheidet. Mick und Keith stoßen darauf in einer Bar mit einem Glas Whiskey an. Aufs Haus, wie der Wirt versichert, denn jetzt sind sie, auch wenn die *News of the World*-Leser sie mit knapper Mehrheit lieber im Gefängnis schmachten lassen wollten, keine Ästheten mit zweifelhaftem Lebenswandel mehr, sondern Volkshelden. Abends nimmt Mick Jagger dann an einer Diskussion mit dem Chefredakteur der *Times*, einem Jesuitenpater, einem Bischof und dem ehemaligen Innenminister Lord Stow Hill teil. Es muss eine herrliche Veranstaltung gewesen sein. Mick, musterschülerhaft: «Ich habe mich nie zu einem Führer in unserer Gesellschaft aufgeworfen. Die Gesellschaft war es, die mich in diese Rolle gedrängt hat.»

Der ehemalige Innenminister, voller Verständnis: «So, wie Sie Musik verstehen – Rhythmus und so weiter –, wie würden Sie da gern verstanden sein wollen?»

Mick: «Durch meine Musik. Nur durch die Musik, die ich spiele. Darum geht es mir. Und darum, wie jedem anderen auch, dass ich es mir möglichst gut gehen lasse.»

Das Gespräch wendet sich, wie könnte es anders sein, dem Drogenkonsum zu, der, wie man nicht vergessen sollte, 1967 noch eher ein Hobby der besseren Kreise war. Lord Stow Hill, pädagogisch: «Ein echtes Verbrechen gegen die Gesellschaft sollte aber doch wohl auch als Verbrechen bestraft werden.»

Mick, triumphierend: «Die Leute sollten für Verbrechen bestraft werden, nicht für die möglicherweise unbegründeten Ängste einer Gesellschaft.» Wirklich schön gesagt.

Als alles vorbei war, spielten Mick Jagger, Keith Richards und Marianne Faithfull den Prozess als Parodie des Oscar-Wilde-Prozesses von 1895 nach. Mick gab, was sonst, den Angeklagten Wilde, der allerdings zwei Jahre in Reading schmachtete, einen Teil sei-

Das rechts ist Bosie, der Buhlknabe, der Oscar Wilde (links) ins Gefängnis brachte.

ner Zähne verlor, nach Verbüßung seiner Haftstrafe England verließ und bald darauf in Paris starb. Seine Söhne nahmen wegen der allgemeinen Ächtung den Namen «Holland» an, und «die Liebe, die sich nicht so nennen darf», wurde in den folgenden Jahrzehnten von niemandem schärfer attackiert als vom kleinen süßen Bosie. Aber das ist wieder eine andere Geschichte.

7. Street Fighting Man

«Schafft zwei, drei, viele Revolutionen!»

Volksmund (ca. 1968)

Die Revolution fand, wenn man den Zeitgenossen traut, überwiegend auf der Straße statt. 1968 brannten in Paris die Barrikaden, in Warschau, Berlin, in allen großen Städten der Welt ging die Polizei mit Tränengas und Wasserwerfern gegen den unerwarteten Aufstand der Jugend vor, und überall hörte man «Jumpin' Jack Flash» kreischen, und wie viel Spaß es mache. Spaß, aber was für einer eigentlich? Steine schmeißen? Barrikaden anzünden? Mit Uschi Obermaier einen Joint rauchen? «Ah waahas boaaaawwwwn in a crossfa hurricaiiiinnn ...» Das hörte sich gut an, allein, da war keine Botschaft, nur Sound.
Eine Zeit lang spielte Mick Jagger ernsthaft mit dem Gedanken, mit der Musik, der er keine wesentlich längere Lebensdauer zusprach als sein Entdecker Oldham, irgendwann doch aufzuhören und sich einer nicht weniger strahlenden Tätigkeit hinzugeben, dann aber mit allen bürgerlichen Attributen. Der Parlamentsabgeordnete Tom Driberg, reich, homosexuell und Sozialist, hatte sich schon während der Gerichtsfarce für Jagger eingesetzt. Anschließend machte er ihm monatelang den Hof und bot ihm einen Wahlkreis an. Man saß bei Jaggers gemütlich zu Hause auf marokkanischen Kissen und kiffte und plauderte und kiffte, bis Driberg nicht mehr an sich halten konnte und vor Jaggers gespreizten Beinen ins Schwärmen geriet: «Was haben Sie für ein enormes Gemächt!»
Jagger war zwar überrascht, aber noch mehr geschmeichelt. «Mein lieber Junge», wechselte der Abgeordnete Driberg das

Thema, «wir erwarten keineswegs von Ihnen, dass Sie sich mit dem täglichen Kleinkram im Unterhaus befassen. Wir sehen Sie eher als, hm, als Repräsentationsfigur, wissen Sie, wie ...»
«Die Königin?», schlug Jagger vor.
«Genau!», meinte der Abgeordnete.
Mick Jagger, eine «Queen», also eine Tunte, das musste Tom Driberg MP einfach gefallen. «Die Politik», hatte Jagger in einem Interview verkündet, «befindet sich wie das Rechtssystem in der Hand alter Männer. Und die Gesetze sind veraltet und nicht mehr anwendbar auf den Einzelfall. Politiker», fuhr er fort, wo er schon mal dabei war, «sind für die Katz, und einen Premierminister brauchen wir schon gar nicht.» Der Abgeordnete Driberg mochte diese Ansichten. Das war die Stimme der Jugend, und die Jugend sollte doch für Labour gewonnen werden. Aber sosehr ihn das Angebot zum Nachdenken brachte, Mick Jagger kam dann schnell von der Idee ab. Sei es, dass er, wie Marianne Faithfull glaubt, an Politik eigentlich nicht interessiert war, «schon gar nicht an linker Politik», sei es, dass ihm der schlichter gestrickte Keith Richards wieder Verstand beibrachte, indem er ihn einfach auslachte. «Wären die Avancen in einer weniger kreativen Phase wie später bei ‹Goat's Head Soup› erfolgt», meint Marianne Faithfull allerdings, «dann hätte die Sache schon wieder anders ausgesehen.»

Die Rolling Stones sind politischer als andere Bands», hatte Jean-Luc Godard gesagt und zeigte sich später doch enttäuscht. «Aftermath» herrschte in Paris, der Barrikadenkampf im Mai 1968 war großartig geführt worden und ebenso grandios gescheitert. Jetzt saß der Regisseur in London herum und musste zusehen, wie seine Revolutionäre einfach nicht von der Stelle kamen. «Die neue Musik sollte die Revolution in Gang bringen, doch sie tut es nicht. Die Stones arbeiten noch immer an einem wissenschaftlichen Experiment, aber nicht für den Klassenkampf.» Schade eigentlich.
Jean-Luc Godard, heißt es, wollte zuerst einen Film mit den Bea-

«But it's alright now, in fact, it's a gas!», sang Jumpin' Jack Flash vor allem für die Studenten im Pariser Mai.

tles über die Abtreibungsdebatte drehen; daraus wurde leider nichts. Dann einen mit Jimi Hendrix über Amerika, daraus wurde leider auch nichts; schließlich verfiel er auf die Rolling Stones. Mick Jagger, er konnte ja gar nicht anders, bekannte sich sogleich als Godard-Fan: «Ich habe Godard gesehen, seit ich als junger Kerl in Paris war. Es ist wie eine ganz große Sache, wie, genau, wie etwas von deiner eigenen.» Wenn überhaupt, dann kannte Jagger «Außer Atem» mit Belmondo und Jean Seberg, und das war exakt der Stil, den Andrew Loog Oldham übertragen wollte auf seine Kinogeschöpfe: Mode und überdeutlich *band-à-porter*. 1968 war Oldham freilich längst ausgestiegen, und dass sich Allen Klein ausgerechnet einen Godard vorstellte als Filmausbeutung der Rolling Stones, ist doch eher zweifelhaft.

An vier Tagen im Juni 1968 nehmen die Rolling Stones in den unwirtlichen, aber vertrauten Olympic Studios in London «Sympathy For The Devil» auf. Godard hoffte auf ein politisches Statement der Rolling Stones und auf einen kleinen Abglanz ihres Ruhms für seinen Film. «Zuerst möchte ich die Kultur als Idee zerstören», verkündete er. «Kultur ist das Alibi für den Imperialismus. Es gibt ein Kriegsministerium. Es gibt auch ein Kulturministerium. Also bedeutet Kultur Krieg» – und hatte ihn auch schon verloren. Ja mei, so war die Zeit halt.

Mick Jagger meinte später, Godard habe zufällig einige besonders inspirierte Abende erlebt, und da die Rolling Stones danach nie wieder jemandem einen so ausführlichen Blick auf ihre Arbeitsweise gestatteten, ist «One plus One» wirklich ein einmaliges Dokument geworden. Eher versehentlich kann Godard zeigen, wie Mick Jagger und Keith Richards hartnäckig auf der Gitarre probieren und versuchen, einen Song zu schreiben. Sie klampfen vor sich hin, sind über Kopfhörer mit dem Tontechniker verbunden, fangen an, brechen ab, fangen nochmal an und brechen wieder ab. Anita Pallenberg, Keith Richards, Suki Potier und Brian Jones singen die Mauersegler-Hu-uhus. Brian Jones war noch anwesend, aber nicht mehr dabei. Manchmal soll er im Studio kollabiert sein, die Gitarre auf den Rücken geschnallt; erledigt. Die Kamera zeigt ihn ganz allein in seiner Box, wo er auf seiner Akustikgitarre herumhaut. Angeblich hat man ihn vorsichtshalber gar nicht mehr eingestöpselt. Aber seine goldenen Haare sind immer wieder im Bild, ein strahlendes Zentrum für Godard.

Zwischen die Probeaufnahmen schnitt Godard schwarze Aktivisten, die auf Schrottplätzen herumstehen, mit Waffen hantieren und böse Sätze der Black Panthers aufsagen. Ein Kioskbesitzer verkauft nur Pornographie und liest aus «Mein Kampf» vor. Eve

Vorbereitungen für eine Revolution in Paris und London: Der Regisseur Jean-Luc Godard begrüßt Bill Wyman, Mick Jagger lernt Gitarre.

Democracy hüpft durch eine Art Sherwood Forest und weiß nicht mehr weiter. Revolution, aber alles im grünen Bereich. Er sei, singt Mick Jagger als Teufel, er sei ein Mann von Welt und auch nicht arm, und wenn man's genau wissen wolle, schu-hu, so sei am Ende doch er an allem schuld, an allem Mord und Totschlag, seit Christus am Kreuz gestorben ist. Nur, Leute, damit wir uns recht verstehen, die Kraft, die stets das Böse will und es sogar noch schafft, «das bin ich und das seid ihr». Vielen Dank auch!
Der Film kam in zwei Fassungen ins Kino, einmal als «One plus One» (Godard) und einmal als «Sympathy For The Devil» (der Produzent), und die zweite Fassung enthält im Soundtrack die endgültige Songversion. Bei der Vorstellung von «Sympathy For

The Devil» wurde Godard deshalb so böse, dass er dem Produzenten vor Publikum eins auf die Nase gab («Zuerst möchte ich die Kultur als Idee zerstören») und es anschließend aufforderte, sich das Geld für die Eintrittskarten zurückerstatten zu lassen. Wer sich weigere, sei ein «bourgeoiser Faschist». Ah, die gute alte Zeit!

Was immer der Titel, dann der ganze Song zu bedeuten hatte, er ist bis heute Anlass für entsetzlich schlichte Wortspiele, und der Teufel darin wird naturgemäß von Herrn Jagger gegeben. Der junge Filmkritiker Wim Wenders erklärt den Black-Panthers-Unsinn, in dem Godard schwelgt, wenn er die Kamera nicht auf die Rolling Stones hält, für Krampf beziehungsweise – ja, so schrieben die damals alle – für «Demonstrierungen einer *Methode*, einer von Godard mit diesem Film zu *Ende* gebrachten Methode, einer *toten* Methode». Um so mehr fällt ihm ein, wenn Mick Jagger, Keith Richards, Charlie Watts, Bill Wyman und Brian Jones, unterstützt von Nicky Hopkins am Klavier, «Sympathy For The Devil» proben. Der Kritiker darf endlich schwelgen: «Der Kopf von Brian Jones zieht in einer Ruhe durch das Bild, wie man sich nur einmal etwas gesehen zu haben erinnert: Das Raumschiff in ‹2001›, das an einem Bildrand auftaucht und in der Stille einer Galaxis über das ganze Gesichtsfeld wandert.» «Sympathy For The Devil», so Wenders vollkommen enthusiastisch, sei «nicht aufgrund von Mühe oder Anstrengung» entstanden, «sondern aufgrund einer unglaublichen Kommunikation, eines völlig unwahrscheinlichen, mühelosen Verständnisses, weil man einer Utopie zuschauen kann», na ja, wenn er meint, und deshalb würden «aus den ruhigen Kamerafahrten durchs Studio Weltraumfahrten und [wird] aus einem Dokumentarfilm ein Zukunftsfilm».

Die Rolling Stones wollten da Brian Jones, ihren Gründer und Erfinder, längst loswerden, und die von Godard dokumentierten Plattenaufnahmen lassen ahnen, dass sie nicht mehr harmonierten, falls dies überhaupt je der Fall gewesen war. «Immer herrschte eine Spannung unter ihnen – man hatte immer das Ge-

«And the guitar player, he looks damaged», singt Jagger auf «Beggars Banquet» über ihn, aber Brian Jone spielt da immer noch seine magische Gitarre.

fühl, dass im Hintergrund die Möglichkeit einer öffentlichen Verbrennung lauerte», hatte Nik Cohn ein wenig lüstern beobachtet. «Aber genau das machte sie so aufregend.» (Leider nicht im Film ist die Szene, wie in den Olympic Studios an einem Morgen tatsächlich Feuer ausbricht und alles in Panik davonläuft.) «One plus One» kam erst nach Brian Jones' Tod ins Kino. Als er den Film 1969 auf der Berlinale sah, fiel Peter Handke auf, dass Jones meist als «der Todgeweihte» gezeigt wird. «Und vom Gitarrenkopf sieht man die Enden der Gitarrensaiten so weit abstehen, dass man sie zuerst für Haare hält. ‹One plus One› ist schon jetzt ein legendärer Film.»

Am 30. August 1968 erschien die Stones-Single «Street Fighting Man» in den USA. Das Cover zeigt drei behelmte Polizisten, die offensichtlich gerade einen jungen Mann zusammengeschlagen haben. Einer setzt dem am Boden Liegenden bereits den Fuß auf die Seite; es ist eine Szene aus der Großwildjagd. Eine Frau kümmert sich um den Mann. Das Bild erinnert ein wenig an den Studenten Benno Ohnesorg, den ein Berliner Polizist am 2. Juni 1967, als der persische Schah Berlin besuchte, zum Besten der Frontstadt und im Interesse der öffentlichen Sicherheit erschossen hatte. Der Kampf ging weiter, in Berlin und andernorts. Das Springer-Hochhaus wurde angegriffen, schließlich kamen einige Aktivisten darauf, dass sie Revolutionäre wären, die nur mehr die Massen aufstacheln müssten, damit der Aufstand losbräche. Die Polizei war überfordert von der gewalttätigen Jugend, schlug im Auftrag und mit dem nachgereichten Segen der Politik drein.
Schon 1965 hatten die Rolling Stones in Berlin den Pflasterboden bereitet. Aber wer war zuerst da? Die Musik oder die Studenten? Im Sommer 1968 schien es manchmal, als bedauerten die Musiker, dass sie in ihren Studios sitzen mussten und nicht mitmachen konnten. Wenigstens mit ihrer Musik wollten sie den Mutigeren da draußen zu Hilfe kommen.
Am 26. Juli 1968, Jaggers 25. Geburtstag, eröffnete Tony Sanchez, der Drogenbeschaffer der Rolling Stones, den Vesuvio Club an

Der Outlaw, der sich mit dem «Vermächtnis des Geächteten» herumschlägt, ist der australische Bandit Ned Kelly (Mitte), hier als Mick Jagger verkleidet.

der Tottenham Court Road. Er war nach dem Geschmack der Zeit als Opiumhöhle und arabisches Beduinenzelt eingerichtet. Ein Klavier stand drin, an dem Mick Jagger und Keith Richards während der Renovierungsarbeiten angeblich die ersten Akkorde für «Honky Tonk Women» gefunden hatten. Die Rolling Stones waren eben aus Los Angeles zurückgekommen, wo sie ihr Album «Beggars Banquet» in den Sunset Sound Studios in Los Angeles abgemischt hatten. Es gab alles zu rauchen, was der Markt bot, und für den raffinierteren Geschmack hatte Tony Sanchez einen Haschkuchen backen lassen.

Die Geburtstagsgäste durften hören, was sonst noch niemand kannte, die Platte, mit der die Rolling Stones nach dem Fiasko mit «Their Satanic Majesties Request» wieder als Blues-Band auftauchten. Alles war begeistert von der neuen Platte, und der Haschkuchen steigerte die Euphorie noch. Mit «Sympathy For The Devil» begann es und dann, das erste Stück auf der Rückseite, die hochgezogene Gitarre, die sich sofort verdoppelt, der treibende Rhythmus, das mechanische Schrillen, die Sitar, und Mick Jagger, der sich über das verschlafene London beklagt, wo es für den Straßenkämpfer nichts Rechtes zu kämpfen gebe. Allgemeine Bewunderung, bis Paul McCartney Tony Sanchez eine Probepressung der neuesten Beatles-Platte überreicht: «Hey Jude» mit seinem endlosen Fade Out und auf der Rückseite: «Revolution». Die Gitarren jaulen, der Verzerrer dröhnt durch die Lautsprecher, und John Lennon singt die Worte: «You say you want a revolution / Well, you know / we all want to change the world ...» Aber wahrscheinlich hat wieder keiner so genau auf die Formulierung geachtet, denn die Botschaft war der Splittersound der Gitarre, die John Lennon da krachen ließ, und Mick Jagger, der arme Junge mit seiner Rock 'n' Roll-Band, soll sehr, sehr bleich ausgesehen haben. Jagger singt «Street Fighting Man» noch immer gern, es zündet jedes Mal wie eine Rakete (wenn es auf der Bühne auch nicht diese schöne, wirre Instrumentenmischung gibt), «aber ich mag es eigentlich gar nicht». Unbegreiflich.

Von all den luxurierenden Revolutionären in London war Jagger der einzige, der sich überhaupt auf die Straße traute. Am 18. März 1968 fand in London eine Demonstration gegen den Vietnamkrieg statt. Tariq Ali hatte sie organisiert. Ungefähr zehntausend Teilnehmer versammelten sich am Grosvenor Square, wo Vanessa Redgrave die Labour-Regierung mit Harold Wilson an der Spitze der Unterstützung der USA anklagte. Der Zug ging dann durch die Oxford Street nach Belgravia, wo man sich, links und rechts eingerahmt von Fahnen des Vietcong, vor der amerikanischen Botschaft einfand. Mick Jagger hatte sich stadtfein gemacht und marschierte so lange mit den anderen, die Arme eingehakt, bis er fotografiert und um Autogramme gebeten worden war. Ganz in der Nähe der Demonstration wartete der Chauffeur mit dem Wagen. Jagger verschwand wieder. So blieb ihm der Ernst

Die große Vietnamdemonstration am 18. März 1968 auf dem Londoner Grosvenor Square. Mick Jagger war dabei, beklagte sich aber später, dass es die Teilnehmer an der richtigen Militanz fehlen ließen.

erspart: Ein Hippie, der den Wachtposten Blumen überreichen wollte, wurde niedergeschlagen. Demonstranten rollten Schusser unter die Polizeipferde und reizten sie mit brennenden Zigaretten. Dann flogen Steine, aber es ging noch einigermaßen gut. Mick Jagger, fort aus der Gefahrenzone, meinte später, dass die Friedensdemonstranten zu wenig Kampfeslust gezeigt hätten. «Niemand würde mich in eine Uniform stecken und nach Jemen schicken, damit ich dort Leute umbringe, die ich gar nicht kenne und gegen die ich auch nichts habe», hatte er in einem Interview erklärt. «Eine winzige Hoffnung besteht in der Anarchie. Nicht das Klischee, das man davon hat, sondern ich meine die Freiheit eines jeden Menschen, für sich selber verantwortlich zu sein. Deshalb sollte es auch kein Privateigentum geben.» Im April 1968, einen Monat nach seinem antiimperialistischen Auftritt vor der amerikanischen Botschaft, erwarb Mick Jagger ein kleines Privateigentum, das Haus Cheyne Walk 48 in Chelsea.

Revolution, und sei es eine im Palast, da hätten die Rolling Stones womöglich mitgemacht, doch außer dem komischen kleinen Godard fragte niemand danach. So blieb ihnen die Musik als Rückzugs- und Ruheraum, und «Street Fighting Man» wurde neben «Jumpin' Jack Flash» die Marschmusik im Straßenkampf. Die Welt bewegte sich bestürzend schnell weiter: Robert Kennedy wurde erschossen, Martin Luther King, die Polizei prügelte die Studenten, und in Chicago beim Wahlparteitag der Demokraten ließ der Bürgermeister die Demonstranten zusammenschlagen. Wie genau die Stones mit dem «Street Fighting Man» die Stimmung in jenem wilden Sommer trafen, zeigte sich daran, dass das plakative Cover schnell wieder vom Markt genommen wurde. In Chicago durfte die Platte im Rundfunk nicht gespielt werden, und die meisten anderen US-Sender schlossen sich diesem Boykott sogleich an. Eilig zog London, die amerikanische Plattenfirma der Rolling Stones, die Single zurück, die es nur bis auf Platz 48 der Hitparade geschafft hatte. Die Jugendverderber drohten jetzt auch noch die Politik zu unterminieren. Eigentlich ein Erfolg: In Warschau vor dem Kulturpalast wäre im Jahr zuvor beinahe der Aufstand losgebrochen, in den USA konnte man ihn durch das Verbot gerade noch aufhalten. Der Sound war überall. Schöne Zeiten.

«Angeblich ist ‹Street Fighting Man› subversiv», meinte Keith Richards gelassen. «Natürlich sind wir subversiv. Aber man muss schon ziemlich dumm sein, um zu glauben, dass man mit einer Platte eine gewaltsame Revolution anstoßen kann. Schön wär's. Auf der Bühne sind wir viel subversiver.» Das stimmt sogar.

Nach dem künstlerischen Einbruch, der so großartig «Their Satanic Majesties Request» heißen musste, nach den Verhaftungen, den Prozessen und dem Frauentausch endlich wieder eine erfolgreiche Platte.

8. You Got The Silver

«Everybody is making love / Or else expecting rain.»

Bob Dylan (1966)

Zum Aufwärmen spielten die Beatles im Studio immer die Klassiker, begannen mit «Long Tall Sally» oder «Twenty Flight Rock», und unter Anleitung ihres Musikmeisters George Martin entstanden dann allmählich neue Songs. Die Rolling Stones machten es nicht wesentlich anders, allerdings fehlte ihnen ein Produzent wie Martin, der ihre Musik zunächst einmal nur misstrauisch angehört hätte. Erstaunlicherweise gelangen ihnen trotz des musikalisch bloß dilettierenden Andrew Oldham schnell Klassiker wie «The Last Time», «Under My Thumb» und «Paint It, Black» (das absurde Komma stammte natürlich von Oldham).
Gerade weil sie ohne den klassischen Rhythm & Blues nicht sein konnten, lebte Keith Richards in der ständigen Furcht, einen alten Song unbewusst zu plagiieren. Wie alle anderen britischen und amerikanischen Gitarristen übernahm er bewusst die lang nach dessen Tod veröffentlichten Stücke von Robert Johnson, die gemein- und also tantiemenfrei waren, aber für immer neue Platten war das zu wenig. Deshalb luden die Stones sich gern Gäste ins Studio ein, die neue Ideen mitbrachten. Mit ihrem endlosen Jammen konnten sie jeden Toningenieur zur Verzweiflung treiben, weil die Arbeit nicht von der Stelle ging. Nie kamen sie mit fertigen Songs zur Aufnahme, sondern probierten im Studio so lange herum, bis sich eine Zeile oder ein Griff als spielbar festsetzte.
Auf dem Cover der Platte «Metamorphosis» (1975), die kaum jemand besonders zu schätzen scheint, danken die Rolling Stones allen Freunden und Bekannten, mit denen sie von 1962 bis 1970

gespielt hatten. Einer davon war Ry Cooder. 1969 hatte noch niemand von Wim Wenders oder gar von kubanischer Seniorenmusik gehört. Ry Cooder war einfach ein Studiomusiker, der Bottleneck und Slide spielen konnte. Die Rolling Stones holten ihn nach London, damit er ihnen half, «Let It Bleed», dem ersten Album ohne Brian Jones, mehr Klangfülle zu geben. Cooder war entsetzt über diese fröhlichen Amateure. Als er zu spielen anfing, verließ Keith Richards das Studio. Cooder dachte schon, er würde ihn nicht mögen, aber es wurde alles aufgenommen. Später konnte der amerikanische Freund dann seine Phrasierungen von einem anderen Band hören – die Gitarristen Mick Taylor und Keith Richards hatten alles von ihm übernommen. «Das sind Blutsauger», sagte er und reiste wieder ab.

Für LPs hatten die Rolling Stones am Anfang nicht die nötige Geduld und auch keine Zeit. Die Platten wurden meist irgendwie zusammengestoppelt, weshalb sich die amerikanischen und die britischen Fassungen lange so stark unterschieden. Der Ruhm der Stones entstand mit den aggressiven Konzerten und später den Singles, die wenigstens einen Teil dieser Aggressivität mit-

Die Beatles melancholisierten auf «Let It Be» und besangen die Hl. Maria. Die Rolling Stones plädierten 1969 für die mit Gin abgefüllte Tresenschlampe von Memphis.

teilten. Die LPs dagegen fielen sehr unterschiedlich aus. Gelang dann unvermutet ein kleines Kunstwerk wie «Between The Buttons» (1967), standen sie wie vom Donner gerührt davor und mochten es vorsichtshalber selbst nicht leiden. Kann schon sein, dass bei den Aufnahmen allzu viel Haschisch geraucht wurde, aber wenn das so schöne Ergebnisse wie «She Smiled Sweetly» zeitigt, warum nicht?

Seit 1968 beschäftigten die Rolling Stones den Produzenten Jimmy Miller, dem die LP-Serie von «Beggars Banquet» bis «Exile On Main Street» zu verdanken ist. Vor allem die erste LP zeigt sie als konkurrenzlose Virtuosen: Brian Jones spielt zum letzten Mal auf seiner alten Höhe, quält die Slidegitarre wie in seinen wilden, manischen Tagen im Marquee, während Mick Jagger groteske Dylan-Assoziationen zusammensingt: «Oh the gangster looks so fright'ning / With his Luger in his hand», aber hat er dann, so heißt es weiter, seine Arbeit erledigt, steckt er die Knarre weg, geht nach Hause wie alle anderen und legt die Beine hoch. Wenn's doch Ernst wird, dann lässt er auch mal sein Messer niedersausen. Ja, er wirkt eigentlich sogar fromm, denn, und das ist eine sehr hübsche Fügung: «He's been an outlaw all his life.» Was uns das bedeuten will? Die Verbrecher, also die Rolling Stones, sind die Heiligen der letzten Tage. So verbissen ihre Musik sonst oft wirkt, so eifrig bemüht, Härte und Primitivität zu demonstrieren, hier erlauben sie sich ausnahmsweise ein wenig Ironie. Die Liebeserklärung an den Teufel ist noch auf dieser unvergleichlichen Platte und der Straßenkämpfer, aber noch viel schöner als diese ewigen Hymnen ist dann ein kleines Lied wie «No Expectations». Brian Jones tauchte nur noch selten aus seinem Tran auf. Oft lag er einfach am Boden oder saß in der Ecke und schluchzte vor sich hin. Bei der Aufnahme von «No Expectations» saßen sie im Mai 1968 nochmal alle im Kreis, die Akustikgitarre klingt ganz arm, und dann kommt Brian Jones mit der Slidegitarre dazu. Was Mick Jagger dazu singt, könnte bereits der letzte Gruß sein: «Our love is like our music / It's here and theeehen it's go-honne.» Bei «Salt Of The Earth», und beim «Jigsaw Puzzle» veranstalten die Gitarren dieses jaulend-jammernde Getöse, Bass und Schlagzeug treiben den Rhythmus voran, und wie Mick Jagger seine freunde- und weltverachtenden Zeilen singt, greift auch dem gefühlsertaubtesten Hörer ans Herz. Besser sind sie nie gewesen. Die Botschaft, die John Lennon und Mick Jagger gemeinsam in die Welt hinaussandten, dass die Revolution zwar schwer in Ordnung sei, dass man auch ruhig schon mal mit ihr anfangen könne, sie aber bitte nicht damit behelligen möchte, wird hier etwas poetischer und wieder wie bei Dylan formuliert: «Me I'm waiting so patiently lying on the floor / I'm tryin' to do my jigsaw puzzle / before it rains anymore» – kann man es denn schöner sagen? Auch wenn er ihn beizeiten verspotten konnte: Bob Dylan verehrte den so wenig selbstbewussten Brian Jones, und was hätten die beiden zusammen auf die Beine stellen können! Cela.

In dieser Zeit entstand auch ein Film, «Performance» (1971), in dem Mick Jagger, betreut von seinem Freund David Cammell, den dekadenten Rockstar Turner spielt. In dessen vorruheständliches Luxusdasein bricht ein Gangster auf der Flucht ein. Jagger trägt viel Schminke in dieser Rolle und sieht manchmal wie eine früh gealterte Tunte aus. Es kommt zu verschiedenen sexuellen Aktivitäten; der flüchtige Gangster soll doch erfahren, wie es zugeht in der Boheme. Kenner wollen wissen, dass die live aufgenommenen Szenen mit Anita Pallenberg und Mick Jagger auf dem Pornomarkt verhökert wurden. Für alle nicht Initiierten ist «Performance» ein mühsames Exerzitium mit angestrengtem Diabolismus, und die eingestreuten satanistischen oder sonst esoterischen Signale locken heute keinen Höllenhund mehr hinterm Ofen vor.
Mick Jagger, das ist richtig, konnte sich noch manche weitere Filmrolle vorstellen, aber die Band drohte erneut zu zerfallen. Sobald Jagger seinen Auftritt in «Performance» absolviert hatte, wollten die Stones deshalb mit einem selbstverordneten Verjüngungsprogramm an die Arbeit gehen. Erst sollte der Film «Rock And Roll Circus» entstehen, dann, mit Carlo Ponti als Produzent,

«Maxigasm» in Nordafrika. Der 22. März 1969 war als Termin für ein Großkonzert im New Yorker Madison Square Garden bereits vorgemerkt, und davor wollten sie in einem Wanderzirkus die halbe bewohnte Welt abklappern.

Der Plan war so größenwahnsinnig wie in der Mischung aus Konzerten und dem Aufsaugen lokaler Musikstile klug berechnet: Zuerst nach Südamerika, um brasilianische Rhythmen aufzuzeichnen (eine Brian-Idee eigentlich, und bei «Sympathy For The Devil» hatte sich der Samba bereits bewährt); die brasilianische Luftwaffe sollte die Musiker zusammen mit einem Kamerateam über dem Dschungel abwerfen, wo sie dann gemeinsam mit den Indios Musik machen, rauchen und trinken wollten. Im Hintergrund zirpten die Zikaden, schlängelten sich Anakondas, schwiegen die Berge und bröckelten die Inka-Tempel (die allerdings

Weil ihnen angeblich niemand Zimmer vermieten wollte, mussten sie 1966 in New York auf einem Schiff übernachten.

Being for the benefit of Mr. Jagger: Pete Townshend (Mitte) beteiligte sich selbstverständlich auch am «Rock And Roll Circus» und träumte wahrscheinlich schon von «Tommy».

nicht in Brasilien, sondern in Peru stehen). Von New York aus hätte man in zehn Tagen Nordamerika zurückerobert, dann eine neue Platte aufgenommen, hätte übergesetzt nach Japan, das auch nur darauf wartete, erobert zu werden. Anschließend wäre man mit einem Bummelzug durch Kambodscha, Laos, Thailand, Vietnam (!), die Mongolei, Afghanistan und Indien gereist, um die Weltentdeckungstournee schließlich krönend mit einem Konzert in der Londoner Royal Albert Hall zu beschließen.

Wurde leider nichts draus, und Brian Jones konnte ausnahmsweise nichts dafür. Wieder einmal zickte die Plattenfirma.

«Beggars Banquet» war fertig, aber die Platte konnte nicht, wie

geplant, im August 1968 erscheinen. Barry Feinstein hatte fürs Cover eine ausgesucht dreckige Werkstatttoilette fotografiert und die Rückwand mit allerlei netten Anspielungen versehen. Platten- und Songtitel sowie die Credits sind unter Graffiti versteckt wie: «Peter is a faggot» (Peter ist 'ne Schwuchtel); «Lyndon (B. Johnson, der amerikanische Präsident) loves Mao»; «God rolls his own» (Gott dreht sich den größten Joint); «John luvs (liebt) Yoko»; «Maharishi was here» (der Guru, der die Beatles an der Nase herumführte); «Ronald Reagan (damals Gouverneur von Kalifornien) is a sissy» (eine Schwuchtel); «Rent-a-cop» (Polizisten sind käuflich); «Strawberry Bob (Robert Fraser) for President»; «St. Christopher (Gibbs)»; «Zappa is in the cistern» (Frank Zappa ist im Wasserbehälter); «Bob Dylans Dream» (Bob Dylans Traum, geschrieben an den Toilettenabzug); und ganz links auf dem Abflussrohr steht «Spanish Tony where are you?» (Tony Sanchez, wo bist du?), ein Hilferuf des längst drogenabhängigen Keith Richards, wie der Adressat behauptet, der sich aber leider auf einem längeren Urlaub in Spanien befand.
Decca jedenfalls wollte die Platte mit diesem Cover nicht herausbringen. Das Erscheinen wurde um einen, dann noch einen weiteren Monat verschoben. Jagger schlug als Alternativumschlag eine braune Tüte vor mit der ironischen Aufschrift «Für Kinder nicht geeignet». Das war richtig prophetisch, denn dieses Signet ziert heute auf Betreiben von Mrs. Al Gore («Tipper») in den USA alle Platten mit «expliziten Liedtexten», sodass die Jugendlichen, die damit vor drastischen Songs geschützt werden sollen, erst recht auf interessante Dinge hingewiesen werden.
«Ich finde das Cover überhaupt nicht anstößig», erklärte Jagger, zumal Decca eben eine Platte von Tom Jones herausgebracht hatte («A-tomic Jones»), deren Umschlag eine explodierende Atombombe zeigte. Decca, stellte sich in der Zwischenzeit heraus, war finanziell an der Grundlagenforschung für Radargeräte beteiligt, die im Krieg gegen Vietnam eingesetzt wurden. Schließlich musste Jagger doch nachgeben, und «Beggars Banquet» erschien am 6. Dezember 1968, das Cover säuberlich gerändelt und

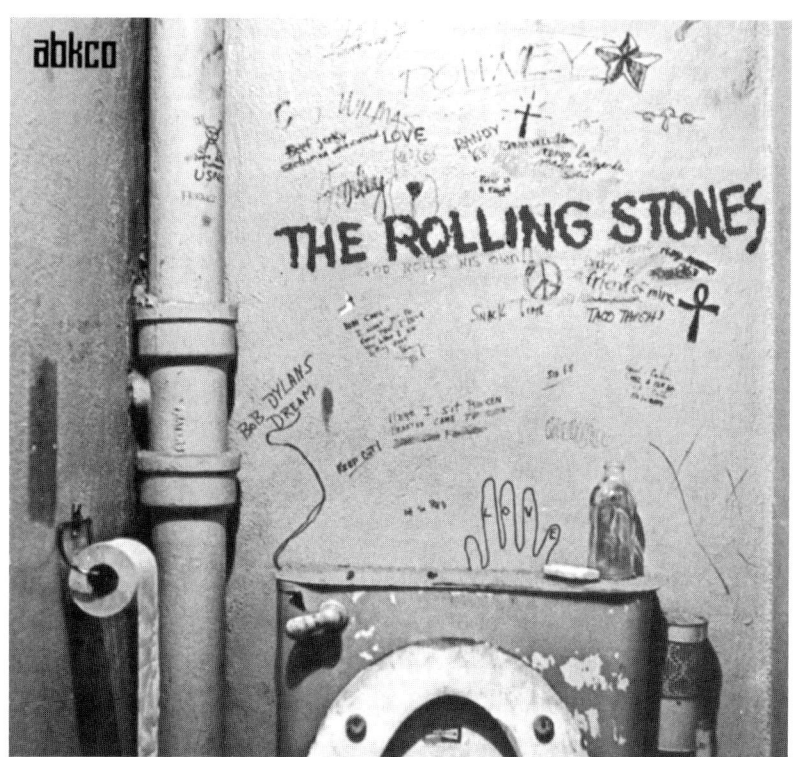
Die Plattenfirma Decca wollte dieses Cover unter keinen Umständen für «Beggars Banquet» haben. Stehen auch zu nette Sachen drauf.

mit feinster Schweifschrift versehen, als handele es sich um die Einladung zu einer Gartenparty. Die Gruppe feierte sich und die Platte im Zirkuskostüm und tatsächlich mit einer Party im Londoner Gore-Hotel, bei der die Bandmitglieder sich gegenseitig und anschließend die Journalisten und die Vertreter ihrer Plattenfirma mit Torten beklatschten. Brian Jones soll bei dieser Gelegenheit Mick Jagger mit Schmackes eine Torte ins Gesicht gedrückt haben. Keith Richards war schlau genug, sich ein bisschen zu verspäten.

Kaum machen wir etwas, vergeht kein halbes Jahr, und die Rolling Stones machen es uns nach», sagte John Lennon einmal. «Rock And Roll Circus» sollte, so hoffte zumindest Jagger, die

Irgendwann wurde es ihnen auf der Straße zu langweilig, und die Rolling Stones gingen in den Zirkus. John Lennon, Eric Clapton, Jethro Tull und andere Feuerschlucker kamen gerne mit.

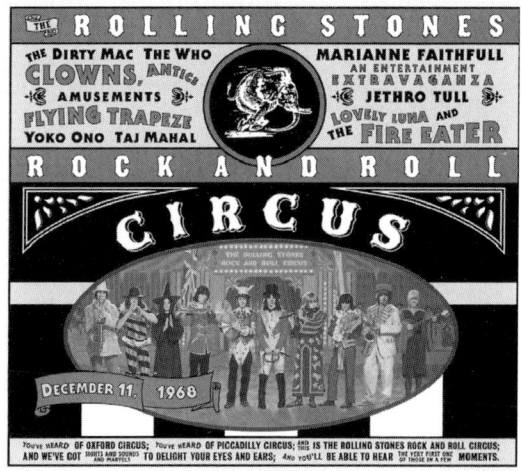

Stones endlich zu den Beatles aufschließen lassen, und in der Tat gelang es ihnen, das Fiasko, das Paul McCartney mit der «Magical Mystery Tour» (1967) gelungen war, gleich noch zu übertreffen. Der Film, der 1968 im Fernsehen laufen sollte, kam erst im Oktober 1996 heraus. Der ganze Aufwand mit Zirkus und Artisten ist eine übermäßig aufgeblähte Illustration zur dritten Strophe des «Jigsaw Puzzle», in der Jagger sich als Manegenmärtyrer inszeniert: «Ah, der Sänger schaut so böse, weil er den Löwen zum Fraß vorgeworfen wird. Der Bassist ist nervös wegen der Mädchen, die draußen kreischen, und der Drummer ist komplett durcheinander und versucht den Takt zu halten. Der Gitarrist sieht einfach fertig aus, und alle waren sie ihr Leben lang Außenseiter.»

Yoko Ono trat als (was sonst) Hexe auf, John Lennon war Jongleur, Keith Richards Platzanweiser, Brian Jones trug teuflische Hörner oben an seinem Zylinder und machte eine überirdisch böse Miene, und Mick Jagger war der Zirkusdirektor, dem das Schauspiel bald entglitt. Keith Richards, Eric Clapton, Mitch Mitchell von der Jimi Hendrix Experience und Keith Moon von den Who begleiteten John Lennon bei seinem Klagegesang «Yer Blues». Es war ein gelungenes Fest unter Freunden und der letzte Auftritt von Brian Jones.

Keith Richards

«Was wäre aus mir geworden, wenn ich mich nicht den Rolling Stones angeschlossen hätte? Ein Penner, aber auf hohem Niveau.»

Keith Richards (1964)

Keith Richards heißt bei den Credits oft noch «Richard», weil das einfach griffiger war. Außerdem sollte er sich wenigstens im Namen wie Groß-, Schwieger- und Stiefmutters Liebling Cliff Richard anhören. Keith Richards also kam am 18. Dezember 1943 zur Welt. Sein Großvater Theodore Augustus Dupree hatte in den dreißiger Jahren eine Combo geleitet und stand noch bis in die Sechziger auf der Bühne. Er spielte mehrere Instrumente und bewahrte im Wohnzimmer eine Gitarre auf. Als kleines Kind schlich sich Keith manchmal an sie heran und strich mit den Fingern vorsichtig über die Saiten.
Keiths Mutter hatte ein wenig Ukulele gelernt und ließ ihn wahrscheinlich deshalb auf der Gitarre gewähren, auch wenn er nur finsteres Zeug zusammenspielte. Merkwürdigerweise zeigte der jugendliche Keith nie den geringsten Ehrgeiz auf eine halbwegs bürgerliche Karriere. Jagger war der typische begabte und deshalb nicht übertrieben fleißige Schüler; er schaffte das Examen und ging dann nach London. Richards hatte schon früh einen Ruf zu verlieren und schwänzte darum die Schule lieber gleich oder drückte sich in der Toilette herum, wo er stundenlang seine Gitarre bearbeitete.
Als Kind hatte er den schönsten Sopran und durfte sogar in Westminster Abbey singen. Nach dem Stimmbruch konnten sie ihn nicht mehr brauchen. Aus dieser Zurückweisung erklärt sich der weitere, immer nur abschüssige Lebensweg, meint jedenfalls der Küchenpsychologe Dr. Richards: «Ich glaube, da wollte ich nicht

mehr der liebe Junge sein und wurde ein Rüpel.» Aber ohne diesen Blues-Boy hätte es die Rolling Stones niemals gegeben.
Der Rüpel, der er später wurde, der Rocker, der gern alles beleidigte, was ihm bürgerlich kommen wollte, war nicht anders als sein Freund Mick ein Muttersöhnchen. Die seine brachte ihm noch lange Sandwiches in den Club und wusch wie eine Wochenendheimfahrermutter die schmutzige Wäsche. Sie verstand ihn auch, wenn niemand mehr begreifen wollte, was diese Langhaarigen anstellten, und als Keith und Anita in der permanenten Junkie-Hölle zu verschwinden drohten, nahm sie ihre Enkelin Dandelion zu sich, benannte sie in Angela um und gab dem armen Mädchen ein halbwegs normales Leben.

Entgegen der Legende von Sex & Drugs & Rock 'n' Roll war Keith Richards furchtbar schüchtern. Die Gitarre war sein bester Freund und die Freundin gleich dazu. Als fürsorglicher Manager brachte ihn Oldham Anfang 1964 mit Linda Keith zusammen, einer Freundin seiner Frau, weil er fand, es sei an der «Zeit, dass Keith mit jemand anderem ausging als mit seiner Gitarre».
Für Sex war in der Aufgabenverteilung der Band eigentlich der große Mädchenverderber Mick Jagger zuständig. Vielleicht muss hier die Popgeschichte korrigiert werden, denn die fabulösen Plaster Casters schrieben Richards 1965, nachdem sie ihn im Fernsehen bestaunt hatten: «Wenn man nach dem urteilt, wie sich deine Hose am Reißverschluss wölbt, musst du ja ein ganz besonders schönes Gerät haben.»
Seine eigentliche Stärke in der Popmythologie erreichte er aber erst als Junkie. 1969, in New York, bietet Keith Richards seinem späteren Biographen Stanley Booth ein neues Rauschgift an und versäumt nicht, die orientierungslose Jugend zu warnen: «Das ist Heroin. Ich nehm's nicht oft, nur wenn es grad da ist. Wenn man es hortet, wird man süchtig.»
Nachdem er seinem Freund Brian die Freundin ausgespannt hatte, eben Anita Pallenberg, überrollten ihn die Drogen: Anita fixte Keith an. «Plötzlich schienen alle heroinabhängig zu sein»,

Man glaubt ja gar nicht, wie viel Arbeit die ganze Fanpost macht! Aber die schimmernden Zwillinge sind nimmermüd dabei, und ein Autogramm gibt das andere.

schreibt Tony Sanchez bereits für das Jahr 1969. Drogen nahmen schon die alten Jazzmusiker, Drogen nahmen die Beatles in Hamburg, und zu Beginn der sechziger Jahre war das synthetisch erzeugte LSD zumindest in den USA noch frei verfügbar. Cary Grant nahm es, auch Timothy Leary oder Ken Kesey. Ebenfalls aus den USA kam das Marihuana, das in London gern als Party-Rauschmittel konsumiert wurde. Die *cognoscenti* wussten, was gemeint war, als sich die Beatles auf dem Cover von «Sgt. Pepper» vor einer Sammlung seltsamer Stauden aufbauten: Mitten im Bild stehen da in aller Unschuld Cannabispflanzen.
Irgendwann nahmen alle Kokain, um bei den Tourneen und Plattenaufnahmen durchzuhalten, und irgendwann ließ sich die Dauererregung nur mehr durch Heroin ausgleichen. «Heroin befreit einen von allen Sorgen», wird Richards später erzählen, als er genug drogeninduzierte Sorgen ausgestanden hatte. Eric Clapton, Pete Townshend, John Lennon, Janis Joplin, Jimi Hendrix und Jim Morrison waren alle mehr oder weniger lang abhängig. Die

Ersten begannen daran zu sterben. Mick Jagger, der den «Naked Lunch» verfilmen wollte, befragte für seine Freunde ausgerechnet den Autor des Buches, William Burroughs, wie man sich am schmerzlosesten vom Heroin befreien könne. Burroughs empfahl einen Dr. Feelgood, und bevor sie 1971 nach Frankreich umzogen, versuchten Anita und Keith einen Entzug.

In Frankreich nahmen sie desto mehr, gerieten in die Fänge der korsischen Mafia, mussten sich mit Bodyguards, Chauffeuren, Pushern und den üblichen Schnorrern umgeben. Da wurde er dann zum Freibeuter, ein rechter Korsar, den immer eine imaginäre Piratenflagge umwehte. «Der Schwarzmarkt ist sehr gefährlich», wusste Richards später zu berichten, als er gelassener auf seine übelste Zeit zurückschaute, «und natürlich geht man irgendwann nur noch mit einer Pistole auf die Straße, weil einen die Pusher gern auch ausrauben und mit der vereinbarten Lieferung und dem Geld wieder abziehen.» Wie schon in London, fuhr er an der Côte d'Azur ein Auto nach dem anderen kaputt und hatte ständig Streit mit der örtlichen Polizei. Er führte die dekadente Existenz, die Brian ihm vorgelebt hatte. Richards war, und alle sollten es wissen, ein Bandit. Das war amtlich, denn er durfte, noch vor Mick Jagger, einen Filmschurken spielen. Anita Pallenberg trat in «Michael Kohlhaas» (1969) von Volker Schlöndorff auf, und als Richards sie bei den Dreharbeiten in der Tschechoslowakei besuchte, schrieb ihm der Regisseur einen kleinen Auftritt als Straßenräuber ins Buch. Nachdem ihn die Behörden oft genug vor Gericht zitiert und mit Geldstrafen belegt hatten, schaffte er es schließlich, dass er Frankreich zwei Jahre nicht mehr betreten durfte. Er zog sich in die Schweiz zurück, wo noch nichts gegen ihn vorlag, aber die Drogen gab er vorerst nicht auf. Dazu war das wilde Leben zu aufregend, ein einziger Nervenkitzel.

Am 19. September 1973 starb sein Freund Gram Parsons, Mitglied der Byrds, Sänger der Flying Burrito Brothers, an einer Überdosis. Parsons hatte Richards in die Countrymusik eingeführt. Philip Kaufman, Parsons' Mitarbeiter, folgte dem wahnsin-

«My sweet Lady Jane / When I see you again / Your servant am I /
And will humbly remain»: Mick Jagger und Keith Richards begleiten
Anita Pallenberg zum Flughafen (1968).

nigen Wunsch des Toten, stahl den Sarg vom Flughafen in Los Angeles und verbrannte ihn am Joshua Tree National Monument in der Wüste, wo sie einmal einen gewaltigen Trip erlebt hatten. Keith Richards war schockiert, aber sein Selbstrettungsversuch muss länger vorbereitet gewesen sein: Im besagten September 1973, während einer Stones-Tournee durch Europa, suchte er eine Schweizer Klinik auf und unterzog sich einer Dialyse, die das Heroin aus seinem Blut holte. Tony Sanchez, der die Klinik aufgetan hatte, behauptet, dass dieser Blutaustausch von einem eigens aus Florida eingeflogenen Arzt für fünftausend Dollar plus Spesen vorgenommen wurde und dem Patienten sämtliche Entzugsschmerzen ersparte. Keith habe danach «frisch und gesund wie ein Schuljunge» ausgesehen, allerdings sofort wieder mit dem Heroin angefangen. «Es macht nichts, wenn ich erneut abhängig werde. Ich kann es ja jederzeit ohne Probleme aufgeben», nämlich durch einen Entzug mittels Blutaustausch. Keith Richards bestreitet diese Darstellung. Als die Stones 1975 in die USA wollten, verlangte die Botschaft für das Visum eine Blutprobe, und das Blut musste rückstandsfrei clean sein. Damals durfte er, schuljungenfrisch, wie er war, einreisen, aber süchtig, das zeigten die Bilder, für die er in den kommenden Jahren immer wieder als Mr. Death posierte, süchtig blieb er noch wenigstens bis 1980.

Auch die Drogen bringen Ruhm: Im Juli 1974 nannte ihn der *New Musical Express* den «am elegantesten kaputtgegangenen Menschen der Welt». Doch Richards war mit dieser kaputten Karriere noch längst nicht am Ende. Inzwischen verehrte ihn eine neue Generation, denn die Punks konnten schlecht einen «alten Sack» verachten, der sich vor aller Augen umbrachte. Patti Smith zum Beispiel betete ihn an (und war später mit einem Mann geschlagen, der sich an ihrer Seite zu Tode trank).
Schließlich war es der Staat, der böse, und im weitesten Sinne gar die britische Krone, die ihn vor dem Untergang bewahrten. Im Februar 1977 wollen sich die Stones in Toronto treffen, ein wenig üben und dann in einem Nachtclub auftreten, damit sie genug Material für eine Live-LP zusammenbekommen. Richards sitzt zu Hause in England und weiß nicht, wie er seine Drogenlaufbahn fortsetzen soll. Es muss zu unschönen Szenen zwischen den Junkies Anita und Keith gekommen sein. Jagger und die anderen schicken ihm täglich Telegramme: «Wo bleibst du?» Nach einigem Hin und Her packen er und Anita achtundzwanzig Koffer und den Sohn Marlon und fliegen von London nach Toronto. Bei der Zollkontrolle entdecken die Beamten in Anitas Gepäck einen Löffel, in dem Keith noch im Flugzeug Heroin erhitzt hatte, ein Quantum Haschisch und weitere Spuren, die auf Rauschgift deuten. Sie

Auch langhaarige Gitarristen lieben ihre Kinder. Marlon, der Sohn von Keith und Anita, beherrschte als erstes Wort «Zimmerservice».

wird gegen Kaution ins gemeinsame Hotel entlassen. Drei Tage darauf finden kanadische Beamte in Richards' Suite so viel Stoff, dass es zu einer Anklage wegen Drogenhandels reicht; darauf steht in Kanada lebenslänglich, Mindeststrafe sieben Jahre.

In den zehn Jahren davor war er sechsmal wegen Rauschgiftbesitzes verhaftet worden, und jetzt wieder – allmählich wird es ernst. Die anderen fürchten um die LP, um ihn, um die Band.

Richards kommt gegen Kaution frei, spielt im El Mocambo, probiert den Entzug in Selbstmedikation, braucht Heroin gegen die Schmerzen. Es ist der bekannte Kreislauf, und wie soll er ihn durchbrechen, solange Anita nicht weniger abhängig ist als er? Die Sache verschlimmert sich, weil Margaret Trudeau, die Frau des kanadischen Premiers, mit den Stones herumhängt. Nun verderben sie endlich nicht mehr nur die unwissende Jugend, sondern richtige Erwachsene. Es kommt zu einer kleinen Staatskrise, und angeblich sinkt dabei sogar der Kurs des kanadischen Dollars. Margaret Trudeau wird eine Affäre mit Mick Jagger angedichtet; sie hat eine mit Ron Wood. Zwar ist Andrew Loog Oldham längst Geschichte, aber der neue Pressemann der Stones ist auch nicht faul und steckt den Journalisten, dass Frau Premierminister im Schlafanzug gesehen wurde, und das ausgerechnet in dem Hotel, in dem die bösen Rolling Stones wohnen.

Mick Jagger ist der einen oder andern Dekadenz nicht abgeneigt, bezeigt der Obrigkeit jedoch mehr Respekt und lässt sich lieber auf der Clubbühne von freundlichen Groupies zwischen den Songs und zwischen den Beinen massieren, während Mrs. Trudeau die Operation fotografiert. «Es war gar nicht so schlecht», wird er einer ehrfurchtsvoll erschütterten Öffentlichkeit mitteilen, «aber das Singen wurde allmählich schwierig.»

In Toronto wurde aus Keith der unverwüstliche «Keef», der, um sich das, was die Amerikaner «Lifestyle» nennen, in aller Pracht zu bewahren, gern seine Schneidezähne drangab. («Sie sind mir wie durch ein Wunder über Nacht nachgewachsen.») Nach einem gewaltigen juristischen Aufwand durfte das Junkie-Paar schließlich ausreisen, allerdings mit der Auflage, sich ungesäumt in die nächste Entzugsklinik zu begeben.

Richards ist kaum als geheilt zu betrachten, als er mit den Rolling Stones auf eine weitere Comeback-Tournee durch die USA geht. Aber er hat eine eiserne Konstitution und spielt wie ein Junger, oder vielmehr wie ein Junkie, der genug Nachschub bekommt. Am 23. Oktober 1978 wird in Toronto die Verhandlung über den Drogendealer Keith Richards fortgesetzt. Der Beamte, der ihn im

Jahr zuvor verhaftet hatte, ist inzwischen bei einem Unfall ums Leben gekommen, die Öffentlichkeit ist die Geschichte schon wieder leid, der Fall sollte nach all dem internationalen Aufsehen endlich abgeschlossen werden. Und der Richter fällt ein erstaunlich mildes Urteil. Statt lebenslänglich gibt es nur ein Jahr auf Bewährung. Der Deal, den die Anwälte mit der Staatsanwaltschaft zustande gebracht hatten, schloss natürlich die Übernahme der Gerichtskosten sowie eine Million Dollar als Spende mit ein, Keith Richards musste sich einer weiteren Drogentherapie unterziehen, und dann war ein Benefizkonzert für das Kanadische Blindeninstitut fällig. – Wie bitte?

«Da war doch dieses kleine blinde Mädchen», beginnt das Andersen'sche Märchen, nur dass Hans Christian diesmal Keef heißt, «das uns auf der Tournee folgte. Ich bat die Roadies, ein Auge auf sie zu haben. Wie sich herausstellt, kennt sie den Richter oder ist mit ihm verwandt. Ohne mein Wissen geht sie zu diesem Richter nach Hause und erzählt ihm eine einfache Geschichte: Wie ich auf sie aufpasste und alles. Es läuft dann darauf hinaus, dass wir als Hauptstrafe für das Vergehen ein kostenloses Konzert an dieser Blindenschule geben müssen. Mein blinder Engel hat sich eingesetzt, Gott vergelte es ihm.» Diesmal aber bleibt der Verdacht, nicht wahr, dass Mr. Richards eine wesentlich mildere Strafe erhalten hat, als es bei einem gewöhnlichen jungen Mann der Fall gewesen wäre.

Das Konzert fand am 22. April 1979 in Oshawa statt, einem Vorort von Toronto. Der alte Tourneehengst Keith Richards hatte sich mittlerweile mit seinem Freund Ron Wood zusammengetan, und gemeinsam traten sie als «The New Barbarians» auf. John Belushi (er sollte bald an einer Überdosis sterben) und Dan Ackroyd von der Fernsehshow «Saturday Night Live» kündigten die Band an (in der auch Bobby Keys, Ian McLagan und Zigaboo Modeliste spielten, die in den Monaten zuvor mit ein bisschen Unterstützung der Freunde Kokain und Heroin eifrig geprobt hatten), und dann kam als «Überraschungsgast» Mick Jagger auf die Bühne. Keith spielte und Mick sang «Prodigal Son», Reverend Wilkens'

Blues, den sie 1968 für «Beggars Banquet» aufgenommen hatten; noch immer eine der besten Nummern im Repertoire. Anschließend kamen die übrigen Mitglieder der Stones nach vorn, und so gab es noch ein kleines Rockkonzert. «Gott segne die Mounties», wird Keith später sagen, denn die kanadische Polizei hat ihm das Leben und damit die Rolling Stones gerettet.

Mit Keith Richards war auch Anita Pallenberg verhaftet worden, und hier folgt das traurigste Kapitel dieser endlosen Drogenaffäre. Gemeinsam unterzogen sie sich einer Art Elektroschock-Akupunktur, die den Entzug unterstützen und ihnen Schmerzen ersparen sollte. Zumindest bei Anita Pallenberg half es nichts.
Am 20. Juli 1979 erschießt sich in Keiths Haus in South Salem im Bundesstaat New York ein siebzehnjähriger Junge in Anitas Bett. Wieder Mord und Totschlag. Die Waffe, ein 38er-Revolver, ist als gestohlen gemeldet und wurde ein Jahr zuvor von, Sie haben es erraten: Keith Richards in Ft. Lauderdale in Florida gekauft. Er kann sich, da er nur auf Bewährung frei ist, kein weiteres Vergehen leisten, und so bleibt die Verantwortung dafür bei Anita, die im Jahr darauf, die Gerichte sind milder geworden seit den Sechzigern, mit einer Geldstrafe in Höhe von tausend Dollar davonkommt. Es bleibt der Verdacht ... aber das hatten wir schon.
Anita Pallenberg wurde aus der Band, für die sie einmal so wichtig gewesen war, vollständig ausradiert. Zehn Jahre davor hatte es die drogensüchtige Marianne Faithfull getroffen, die die Stones auf keinen Fall an der nach Brians Tod überfälligen Amerika-Tournee hindern durfte. Jetzt hatte Anita zu verschwinden. Sie war nie verheiratet mit Keith und konnte deshalb keine Ansprüche an ihn richten. Sie hatte ihn einst angefixt, und nun setzte sie seine und wahrscheinlich auch noch Brians Drogenkarriere fort. Anita machte Therapien, wurde dick, zerschlug sich die Hüfte, verlor wie Keith die Zähne und dazu fast allen hexischen Glanz, der sie Jahre zuvor auf die Titelseiten gebracht hatte. Nicht mal um ihre Kinder durfte sie sich mehr kümmern.
Am 18. Dezember 1979, seinem sechsunddreißigsten Geburtstag,

Keith Richards, 1981 auf dem Cover von **Rolling Stone**, *geheilt und auf dem Weg der Besserung: «Immerhin kann ich jetzt gelegentlich ein Buch lesen.»*

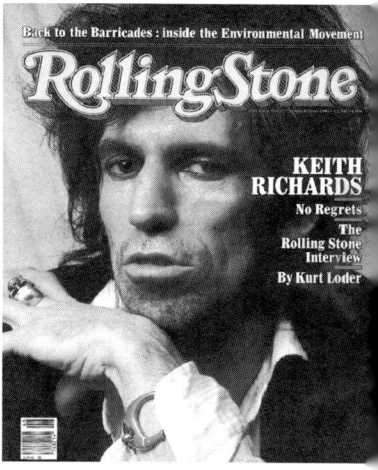

lernte Keith Richards in New York Patti Hansen kennen. Sie war blond, Model natürlich, fromme Amerikanerin und offenbar genau das, was er für einen Neubeginn brauchte. Auf seine älteren Tage wurde er noch einmal Vater. Ein offenbar liebevoller Vater. Zum Fürchten sieht er manchmal aus, aber wenn er nach Hause kommt, ist er ein Familienmensch und legt die Beine hoch. Solange seine Töchter noch zur Schule gingen, schwang er sich mittags mühsam aus dem Bett und kochte für sie. Er hat es überstanden. Anita Pallenberg auch. Sie ist wieder aufgenommen in den Familienclan. Monatelang hat sie in der Suchtberatung gearbeitet, danach Textildesign studiert und eine Boutique in London eröffnet. Heute lebt sie mindestens so gesund wie Mick Jagger. Auch für sie ist die Geschichte noch einigermaßen glimpflich ausgegangen. Oldham denkt nur mit größter Zuneigung an die blonde Hexe zurück. «Wenn sie auch noch Gitarre gespielt hätte!»
Keith Richards nimmt offenbar immer noch manchmal Heroin, vermutlich auch Kokain, aber vor allem trinkt er. Das dürfte auch der Grund dafür sein, dass sie ihre 1997 begonnene Welttournee «Bridges To Babylon» unterbrechen mussten: Angeblich bestieg Richards die Leiter in seiner Bibliothek und stürzte, von einem der kostbaren Folianten getroffen, wie (na wie?) ein Stein zu Boden. «Immerhin kann ich jetzt gelegentlich ein Buch lesen»,

meinte Richards, nachdem er endlich von der Sucht geheilt war, aber hier muss ein grundsätzliches Missverständnis vorliegen. Wer kauft schon Keefs Platten, damit der es sich in seiner Bibliothek gemütlich einrichten kann?

Bleibt also das Urteil, das neulich der *Independent* über den alten Rock 'n' Roller fällte: «Er ist die einzige überlebende Sechziger-Jahre-Legende, der es gelang, in Unehren zu altern.»

9. Dancing With Mr. D

«Ein Rätsel will ich bleiben, mir und den Menschen.»

Ludwig II. von Bayern (ca. 1886)

Brian Jones hieß jetzt Mick Taylor. Der neue Brian ist blonder denn je, ein Virtuose auf der Gitarre. Er ist der Jüngste in der Band, am 17. Januar 1948 geboren, ein Unschuldsengel, auch weil er Vegetarier und sogar Abstinenzler ist. Binnen zwei Jahren wird er auf alles, was er bei John Mayall an Blues gelernt hat, verzichten können. Außerdem wird er nach Keith Richards' Vorbild heroinabhängig sein (wie seine Frau auch). Am schlimmsten aber, denn so ist der Rock 'n' Roll, wirkt das Vergessen: Niemand kennt den Stones-Gitarristen Mick Taylor heute noch. Er ist vollständig verschwunden, als wäre er nicht fünf Jahre Teil der Band und bei ihren größten Tourneen dabeigewesen. Manchmal zieht er noch durch die Clubs, tritt gelegentlich mit dem Rentner Bill Wyman auf, ist aber wieder das, was er vor den Rolling Stones war, ein «Session Man», ein Virtuose, dessen Kunstfertigkeit eine Band mit wattstarker Stadionwirkung gar nicht braucht.

Auf der Cover-Innenseite von «It's Only Rock 'n' Roll» (1974) sitzt er wie die anderen in einem Matrosenanzüglein da, angetan mit Mascara und Lidschatten, und er sieht so Tadzio-artig aus, als spiele er nicht die Leadgitarre der Rolling Stones, sondern müsste den anderen in den Spielpausen als Buhlknabe dienen. John Mayall hatte ihn aus seinen Bluesbreakers vertrieben, weil er ihm zu gut wurde, und lieber weiterempfohlen. Und so war er arbeitslos, als ihn die Rolling Stones am 30. Mai 1969 in die Olympic Studios bestellten. Gern hätte man sich Eric Clapton geholt, aber der war nicht verfügbar. Eine dieser unüberprüfbaren Anekdoten will sogar wissen, dass Mick Jagger damals bei den Faces angerufen und Ron Wood den Job des Gitarristen angeboten habe. Ronnie Lane, der den Hörer abnahm, will Ron Wood erst fünf Jahre später von dem Angebot erzählt haben. Die Band, mit der Eric Clapton lieber spielte als mit den Rolling Stones, hieß Blind Faith und bestand neben ihm aus Ginger Baker, Steve Winwood und Rick Grech.

Im Juni 1969, als der Presse mitgeteilt wurde, dass Brian Jones die Rolling Stones «wegen musikalischer Differenzen» verlasse, trat diese neue Supergruppe bei freiem Eintritt im Londoner Hyde Park auf. 150 000 Zuschauer kamen zu dem Ereignis, darunter Mick Jagger und Marianne Faithfull. Hier entstand die Idee, dass auch die Rolling Stones ein kostenloses Großkonzert geben und bei dieser Gelegenheit gleich ihren neuen Gitarristen vorstellen könnten. Zwei Tage vor dem Konzert kommt die Nachricht, dass Brian Jones den von da an klassischen Tod der Moderne gestorben ist: nach Rauschmittelmissbrauch (typisch Rockmusiker) im Pool (und auch noch *décadent*) ertrunken (recht geschieht's ihm). Die Situation konnte peinlich werden: Kaum hatten sie sich von dem ewig unzuverlässigen Brian befreit, verfolgte er sie als Gespenst und drohte, ihren Neubeginn als Liveband zu verhindern. Längst waren die Lastwagen in den Hyde Park unterwegs, das Fernsehen für die Aufzeichnung war bestellt, nicht zu reden von den Tausenden, die doch bestimmt gespannt darauf warteten, wie sich die Rolling Stones nach fast dreijähriger Abstinenz von London und nach den ganzen weniger musikalischen Divertissements halten würden. Müssten sie das Konzert nicht absagen, schon aus Pietät? Schließlich hatte Charlie Watts den rettenden Gedanken: «Sollten wir es nicht einfach als Gedenkkonzert für Brian machen?»

Und so geschah's.

Was für ein Totenfest! Die Rockmusik hatte noch stets das Leben gefeiert, die Vitalität, gern auch Krach veranstaltet, um auf sich aufmerksam zu machen. Die Musik war zu jung, als dass sie sich

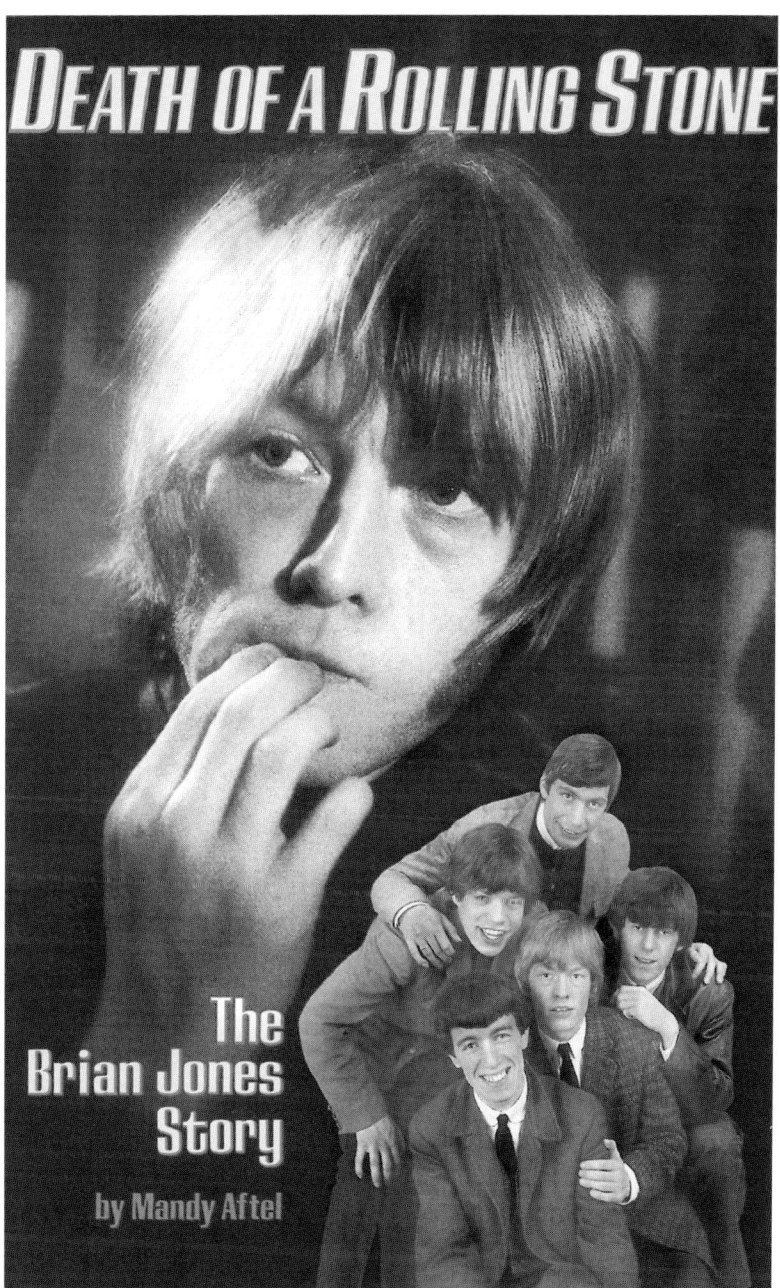

Denn er schläft nur … Seit Brian Jones gestorben ist, wollen die Gerüchte nicht verstummen. War es nicht doch Mord? Aber wer sollte das getan haben?

im Ernst mit etwas so Altem wie dem Tod beschäftigt hätte. Aber natürlich trug sie immer schon den Keim des Moribunden in sich, zelebrierte sie doch die Vergänglichkeit, das reine Jetzt, ohne groß Gedanken an das Morgen zu verschwenden. Viele Jahre später würden die Kritiker Mick Jagger einen Romantiker nennen und ihn mit Percy Bysshe Shelley vergleichen.

An jenem 5. Juli 1969 kamen 300 000 Zuhörer in den Hyde Park, hörten sich an, wie Mick Jagger in Erinnerung an den gerade ertrunkenen Brian Jones zwei Oden von Shelley vortrug, sahen vor allem, dass er einen weißen Rock anhatte. Einen Rock! Aber es blieb alles ruhig. Mick Jagger wurde in seinem neuesten Outfit bestaunt, die Band spielte so einigermaßen, und den größten Schaden richteten die Schmetterlinge an, die zu Ehren des Toten freigelassen wurden. Fünftausend von ihnen erhoben sich und fraßen in selbstloser Tag- und Nachtarbeit den ganzen Hyde Park kahl. Der Park, einst als künstliche Natur für den müßiggängerischen Großstädter eingerichtet, war an die Natur zurückgefallen.

Der romantische Dichter Jagger las Shelley für die Massen, las aus «Adonais», die Totenklage für John Keats:

«Peace, peace! He is not dead, he doth not sleep –
He hath awakened from the dream of life –
'Tis we, who lost in stormy visions, keep
With phantoms an unprofitable strife,
And in mad trance, strike with our spirits's knife
Invulnerable nothings. – *We* decay
Like corpses in a charnel; fear and grief
Convulse us and consume us day by day,
And cold hopes swarm like worms within our living clay.»

Still, still! Er ist nicht tot, nur aufgewacht vom Traum des Lebens. Wir sind's, die, verloren in wilden Bildern, sinnlos mit Gespenstern ringen. Das war würdig und recht und auch noch richtig, nämlich dass Brian vor Angst und Kummer zuckte und zuletzt völlig zerfressen davon war. Lebendig machte ihn das auch nicht mehr, aber schöner ließ sich Brian Jones kaum ins Ewige Poesiealbum der Rolling Stones pressen.

Mick Jagger

«*I used to be cocky, but I ain't anymore.*»

Mick Jagger (1969)

Es hätte natürlich alles auch ganz anders kommen können, und wenn es nach dem Turnlehrer Basil Joseph Jagger und seiner Frau Eva gegangen wäre, dann hätte aus ihrem Sohn Michael Philip sogar etwas werden können. Lehrer zum Beispiel. Oder Finanzmakler. Manager bestimmt auch. 1962, im Jahr, als die Rolling Stones zum ersten Mal als Band auftraten, veröffentlichte Joe Jagger, immerhin bei T. S. Eliots Verlag Faber & Faber, ein Buch über Basketball. Das war eine eher amerikanische Sportart, und Jagger *père* unternahm alles, um sie in England einzubürgern. Während sein Sohn auf Tournee ging und die amerikanischen Teenager vorübergehend um Sinn und Verstand brachte, trieb es den Verbandssportler Jagger ebenfalls in die USA; er hielt Vorträge über – was denn sonst: Basketball. Nur von Übergriffen der Fans wird nichts berichtet.

Mick Jagger wurde am 26. Juli 1943 in Dartford geboren. Das ist ein Vorort von London, liegt aber schon in Kent. Mittelstand also, mit Aussicht auf bessere Zeiten. Der Knabe Michael war brav, ein unauffälliger Schüler mit Neigung zum Sport und immer voller Eifer, es dem Lehrer recht zu machen. Die beste Voraussetzung für eine große Karriere, wenn auch eher im klassischen Bereich. Doch wie so viele in seiner Generation hörte Mick Jagger Buddy Holly und «Not Fade Away» und war für die wirkliche Welt, war für Dartford, für die Börse und das Lehramt an weiterführenden Schulen verloren.

Er befreundete sich mit Dick Taylor aus Bexleyheath, einem benachbarten Vorort, und der führte ihn in die Mysterien der wahren Blueshelden ein: Muddy Waters, Howlin' Wolf, Jimmy Reid und Dale Hawkins. Irgendwann sahen sie den Dokumentarfilm «Jazz On A Summer's Day», der das bekannte amerikanische Jazzfestival in Newport zeigte. Gesittet ging es da zu, denn Jazz war gerade dabei, sich auch bei den Weißen als gepflegte Unterhaltungsmusik durchzusetzen, und deshalb durfte nichts den guten Eindruck stören. Gegen Ende aber trat ein unverkennbar dunkelhäutiger Mann auf, der sogar Furcht erregend schwarz aussah, heftig mit den Knien schlenkerte und seine Gitarre im wilden Rhythmus mittanzen ließ: Chuck Berry. Sein Blues passte nicht in diesen adretten Sommerabend, er war adoleszent, frech, rhythmisch, sexuell. Am Ende, als ihn die Fotografen mit ihren Blitzlichtern bedrängten, hielt er sich die Gitarre vors Gesicht, seine Waffe, sein Schutz. Das war die richtige Musik, da waren sich Taylor und Jagger sofort einig, das war sogar etwas noch viel Besseres: Ruhm, wenn auch erlangt durch den Abscheu der banausischen und ahnungslos dämlichen Zuschauer.

Die beiden gründeten eine Band und nannten sich «Little Boy Blue and the Blue Boys». Der blaue Sänger war natürlich Jagger. Eines Tages biss er sich beim Turnen auf die Zungenspitze und musste um seine weitere Sängerkarriere fürchten. Von der war allerdings noch nicht die Rede; sie spielten zu Hause im Wohnzimmer bei Dick Taylor, nur so angeblich, bloß zum Spaß. Aber die Zunge, ob nun abgebissen oder nicht, sollte wichtig werden. Die anderen versicherten ihm denn auch eifrig, dass er sich jetzt noch viel besser, noch bluesiger anhöre. Das nennt man dann wahrscheinlich Prädestination.

Noch freilich regierten die Eltern, denn der Blue Boy war erst achtzehn Jahre alt. Er schloss die Schule ab und schrieb sich an der London School of Economics ein. Wenn alles anders gekommen wäre, wer weiß, vielleicht hätte eines Tages nicht Ralf Dahrendorf, sondern Michael Ph. Jagger die Hochschule geleitet. Aber dann wurde er zur rechten Zeit vom rechten Weg abgelenkt. «In der Mitte der Bühne ein kleiner dünner Junge mit einem Tri-

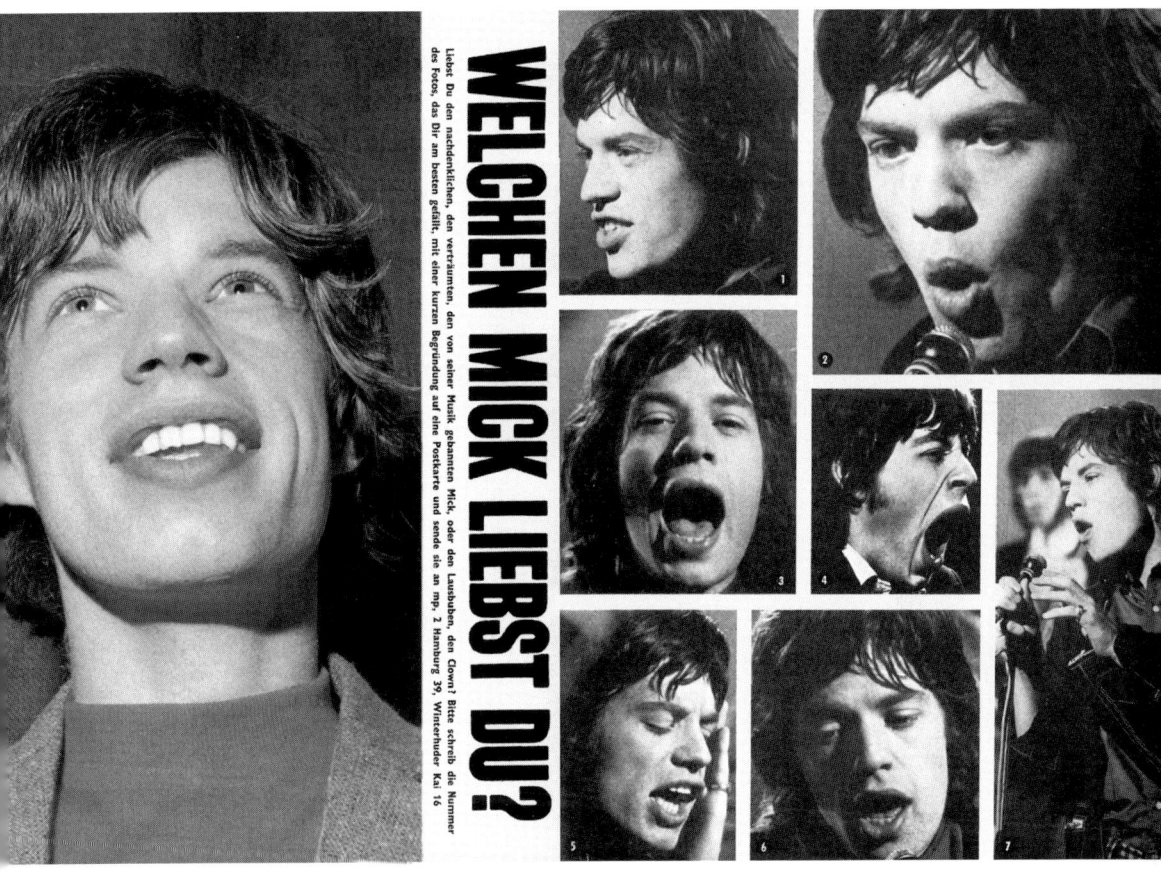

WELCHEN MICK LIEBST DU?

Liebst Du den nachdenklichen, den verträumten, den von seiner Musik gebannten Mick, oder den Lausbuben, den Clown? Bitte schreib die Nummer des Fotos, das Dir am besten gefällt, mit einer kurzen Begründung auf eine Postkarte und sende sie an mp, 2 Hamburg 39, Winterhuder Kai 16

Ja, welchen? Den nachdenklichen, den verträumten, den von seiner Musik gebannten Mick oder den Lausbuben, den Clown? Welche Frage: den Lausbuben natürlich!

kothemd, dessen Halsausschnitt fast über seine Schultern fällt, sie sind so schmal und alles ist überdeckt von diesem – enormen Haupt ... Das Haar fällt über Stirn und Ohren, und dieser Junge hat außergewöhnliche Lippen», beginnt Tom Wolfe seine so schwärmerische wie lüsterne Beschreibung des ganz, ganz jungen Jagger. Er ist gefährlich, ein Tier. Das Tier aus Dartford, aus dem fernen Delta, in dem die ganze Negerei anfing. «Er hat zwei wulstige und ungewöhnlich rote Lippen. Sie hängen aus seinem Gesicht wie Gänseklein. Langsam und weich wie Karo-Sirup glei-

Einmal (links) sieht er aus, wie frisch den Regensburger Domspatzen entwachsen, dann wieder (rechts) ist er der «Midnight Rambler».

ten seine Augen über die Horde entflammter Knospen und schließen sich dann, und die Lippen schürzen sich zu dem trägsten, vertraulichsten, feuchtesten und lippigsten Beischlaf-Grinsen, das man sich vorstellen kann. Nirwana! Die Knospen fangen an zu kreischen und drängeln sich zur Bühne. Iiiiiiiiiiiiiiiiiiii ...!»
Wie aber ist das möglich? Der Hätschelhans, der eben noch brav zum Unterricht ging und selbst zur Vertragsunterzeichnung mit den Schulbüchern unterm Arm erschien, hat sich plötzlich in ein Sexsymbol verwandelt, nach dem sich Männer und Frauen gleichermaßen verzehren.
Pete Townshend sah ihn sehr früh auf der Bühne, noch im Club in Richmond, und fand den Sänger nicht besonders. Aber wie der Kerl sich bewegen konnte! Er verrenkte sämtliche Glieder, als

wäre er aus Gummi, spielte mit dem Publikum, triezte, reizte, ärgerte die Leute und schaffte es immer, der Mittelpunkt zu sein, der Sänger, den eine Band umstand wie eine Schar unbeweglicher Leibwächter. Eine Gefahr für seine Mitmenschen, eine ständige Versuchung. Er zieht den Hass auf sich.
In irgendwelchen Archiven schlummert ein Film, den sein Freund David Bailey 1966 mit finanzieller Unterstützung von Roman Polanski gedreht hat, «G. G. Passion». Hier geht es um einen Sänger, der von seinen Fans in den Tod getrieben wird. Der Film sollte ursprünglich «Die Ermordung Mick Jaggers» heißen. 1977 erschien dann eine bessere *dime-novel* von einem David Littlejohn: «The Man Who Killed Mick Jagger». Jagger wird darin – im Jahr des Unheils natürlich, 1969 – im Coliseum in Oakland ermordet. Jagger wollte die Veröffentlichung des Buches verhindern, weil so nur Psychopathen auf Ideen kämen ... Das Buch erschien und blieb bisher folgenlos. Doch bei jedem Tourneeauftakt wird Jagger gefragt, ob er nicht manchmal Angst habe, wenn er vor 50 000 oder mehr Menschen steht, winzig zwar in dem riesigen Stadion, aber durch die Scheinwerfer eine ideale Zielscheibe. Er hat Glück gehabt, vielleicht weil die Aggression, die er mit den Rolling Stones anzuzetteln versteht, am Ende wieder in seiner merkwürdigen sexuellen Attraktion aufgeht. Nein, er fürchte sich nicht, erklärt er regelmäßig und bezaubert einmal mehr die aufgepeitschten Massen.

Wiederholt hat Mick Jagger sich auch als Schauspieler versucht. So theatralisch er auf der Bühne agiert, so geliehen seine Posen sind, so künstlich seine verschiedenen Sprechweisen, so geschickt er darin ist, andere zu parodieren, so wenig überzeugte er als Schauspieler. Seine Auftritte in «Performance» und «Ned Kelly» fielen irgendwann dem gnädigen Vergessen anheim. Warner Brothers, Produzent des ersten Films, hatten sogar Bedenken, Jagger zu engagieren, weil man sich nicht vorstellen konnte, dass er den Rockstar Turner bloß spielte. Für sie war er als Mitglied einer langhaarigen, offensichtlich rauschgiftsüchti-

Bewaffnet und gefährlich: 1969 spielte Mick Jagger den australischen Räuberhauptmann Ned Kelly, der 1880 von der Obrigkeit aufgeknüpft wurde.

gen Bande Musiker nicht einmal für den jugendlichen Markt von Interesse.

Erst Werner Herzog versprach sich wieder etwas von Mick Jaggers eigentümlicher Präsenz. In dem merkwürdigen Fiebertraum «Fitzcarraldo» (1981) – wie schon «Ned Kelly» ein gewalttätiges Märchen aus den Kolonien – sollte er mitspielen. Die Probeaufnahmen zeigen einen eifrigen Jagger, der sich auf seine Rolle gründlich vorbereitet zu haben scheint. Aber so fit er sonst auf Tourneen ist, jetzt widerstrebte ihm der Druck, der da in Südamerika auf ihm gelastet hätte, und er gab die Rolle schließlich zurück. Herzog musste auf diesen Star verzichten und griff auf eine andere bewährte Kraft zurück, Klaus Kinski. «Wahrscheinlich war das der größte Verlust in meiner ganzen beruflichen Laufbahn, als wir mit Mick Jagger völlig umsonst gedreht haben», sagte Herzog später und lobte Jagger noch einmal: «Vor der Kamera ist er unglaublich diszipliniert.»

Jagger lehnte in den folgenden Jahren mehrere Angebote ab, kaufte selber Filmrechte, ließ sie wieder verfallen. Ein weiterer Versuch war «Freejack» (1992), doch auch dieser Film verschwand rasch vom Angesicht der Erde. Zuletzt hat er sich auf seine gewaltigen Mittel besonnen, und da bezweifelt niemand seine Möglichkeiten: Jagger finanzierte den Film «Enigma» (2001) mit Kate Winslet.

Auf der Bühne mag er winzig wirken (die riesigen Projektionswände machen ihn schon größer), aber er kann bis zum heutigen Tag Zehntausende zu Ausbrüchen provozieren, die beinahe an die Gewalttätigkeit früherer Jahrzehnte erinnern. Auf der Leinwand ist davon wenig zu spüren. Es muss doch die Musik sein; ohne sie wirkt der Mann mit dem zierlichen Körper einfach nicht. Wahrscheinlich ist Mick Jagger der einzige weiße Sänger, der wirklich ein Körpergefühl für die Musik mitbringt, die er vorträgt. Eric Burdon, Van Morrison oder Joe Cocker mögen die besseren Musiker sein, aber sie strahlen nicht das Geringste aus (allenfalls inzwischen eine gewisse Alterswürde).

Im Sommer 1967, dem Sommer der Liebe und der Verhaftungen, reist Mick Jagger wie Marianne Faithfull und die Beatles nach Bangor in Wales, weil auch er sich Erleuchtung vom Maharishi Mahesh Yogi erhofft. Das ist sein einziger bekannter Ausflug in den Irrationalismus. Über Anita Pallenbergs Voodoo-Blödsinn lachte er nur; Kenneth Anger fand er überhaupt nicht zum Fürchten, sondern bloß kasperlhaft. Gern wird er deshalb als «kalt» und, nahe liegend, als der Mann mit dem Herz aus Stein geschildert. Nur Marianne hat ihn öfter schluchzen und weinen sehen. Die drei Tage im Gefängnis 1967 haben ihm besonders zugesetzt, aber er hat die wilden Sechziger erstaunlich gut überstanden, so gut sogar, dass er inzwischen über das hohe Tempo der Gegenwart klagt und seinen Kindern als strenger Vater dient.
Lieber als mit fern- oder nahöstlicher Mystik beschäftigte er sich mit sich selbst, und das macht ihn bis heute so attraktiv. Die Damen haben sich nicht arg beklagt, oder nur so schmeichelhaft wie Carly Simon («You're So Vain»), der er das Kompliment gleich doppelt zurückgab, als er bei der Aufnahme dieses Songs über sich ungenannt im Chor mitsang. Bei den Groupies bekam er immer Bestnoten. Die Plaster Casters, die (vorher? nachher?) Gipsabdrücke der Geschlechtswerkzeuge ihrer Sexualpartner anfertigten, schrieben Hymnen auf Mick und Keith. Es kann also nicht alles Hasenpfote gewesen sein, was sich unter der hautengen und ebenso dünnen Hose abzeichnete.
Eine tröstliche Geschichte berichtet immerhin Stanley Booth. Kathy und Mary, zwei besonders eifrige Groupies, die bereits die Beatles und Led Zeppelin bedient hatten, waren seit zwei Jahren hinter Mick Jagger her. Wenn sie mit einem ins Bett gingen, lautete der Kommentar regelmäßig: «Er war gut, aber er ist kein Mick Jagger.» Als die Rolling Stones 1969 wieder nach Amerika kamen, stellten die beiden sich als Chauffeusen und für weitere Freizeitaktivitäten zur Verfügung. Mick Jagger nahm sie erwartungsgemäß mit nach oben, doch als sie anschließend um einen Kommentar gebeten wurden, zeigten sie sich enttäuscht. «Na, er war schon cool, aber er ist kein Mick Jagger.»

Mick Jagger und Paul McCartney reisen im August 1967 nach Bangor in Wales, um den Lehren des Maharishi Mahesh Yogi zu lauschen.

Mick Jagger (1973): «*I'm no schoolboy / But I know what I like / You should have heard me / Just around midnight.*»

«Es kommt einmal der Punkt», erklärte Jagger auf dieser 1969er-Tournee, die sich 1970 in Europa fortsetzte, «da muss man alles ändern, wenn das Geschäft es erfordert: das Aussehen, das Geld, das Geschlecht, die Frau.» Eine Geschlechtsoperation war vorläufig noch nicht im Gespräch, aber selbstverständlich passte sich Mick Jagger den neuesten Erfordernissen des Musikgeschäftes an, schminkte sich, wenn nötig, trennte sich von der Firma Decca, richtete ein eigenes Label ein und wechselte vor allem die Frau.
Marianne Faithfull hatte sich während der Wochen, die Mick Jagger in den USA verbrachte, mit Mario Schifano zusammengetan, dem Mann, mit dem Anita Pallenberg einst nach New York gegangen war. Noch immer lief die Scheidung Mariannes von John Dunbar, und noch immer war der Ehebruch mit Mick Jagger offizieller Scheidungsgrund. Mick versuchte eine Versöhnung, vertrieb *macho à mano* den Italiener vom Hühnerhof, vernachlässigte auch die «Hair»-Sängerin Marsha Hunt nicht und wurde schließlich am 2. September 1970, nach dem Konzert in Paris, der Nicaraguanerin Bianca Perez Morena de Macias vorgestellt, seiner Anita. Für «Performance» hatte er sich die Rolle von Brian Jones angeeignet, und wie Brian fand er jetzt endlich die perfekte Frau, sein eigenes Spiegelbild.
«Ich war nie verrückt vor Liebe. Ich bin nicht der emotionale Typ», wird er später erklären. Zumindest in den ersten Monaten muss er Bianca aber geliebt haben, denn «sie war er», wie Tony Sanchez aus nächster Nähe beobachtet hat. «Sie sah genau so aus, dachte genau so, und wenn er es mit ihr machte, kam er seinem Ideal am nächsten: Er konnte mit sich selber schlafen.» Anita geriet wegen der Rivalin in helle Aufregung, drängte Tony Sanchez, Klatsch über Bianca herauszufinden, hoffte auf den Beweis, dass sie ein Transvestit sei. Die Hexe wusste endlich keine Zaubermittel mehr.
Diese Frau war für ihn bestimmt. Gern hatten schon früher böse Zungen behauptet, er sei eine umoperierte Frau (die langen Haare und natürlich die Lippen legten diesen Verdacht im ahnungs-

losen Amerika ohnehin nahe). Jetzt konnte er sich auch außerhalb der Bühne in Szene setzen: Jeder Auftritt mit dem Zwilling war ein Glamour-Ereignis. Kurz vor ihrer Trennung hatten sich Brian Jones und Anita Pallenberg halb im Scherz als Model-Paar feilgeboten; Brian Jones zeigte sich sogar in einer SS-Uniform. Jagger mochte bei so viel *radical chic* nicht zurückstehen und ließ sich mit seinem Ebenbild für die *Sunday Times* fotografieren. Die Lichtbildnerin kam von sehr weit her und hatte vorzeiten ihre eigenen Erfahrungen mit Massenrausch und einem charismatischen Führer gemacht. Genau, es war Leni Riefenstahl, die das glückliche Paar zusammenspannte. Höchste Zeit für den Anbruch der Punkmusik.

Bianca entfernte Mick Jagger von den Rolling Stones. Während die anderen an der Côte d'Azur herumlungerten, immer drogensüchtiger wurden, sich notgedrungen mit der Halbwelt anfreundeten und Streit mit örtlichen Gewaltmonopolisten suchten, suchte Mick Jagger mit seiner neuen Begleiterin in Paris Anschluss an den Jetset.

In London hatte Marsha Hunt inzwischen die gemeinsame Tochter Karis zur Welt gebracht. Gern schaute der Vater vorbei, spielte mit dem Kind, aber dann beschäftigte ihn die neue Frau doch wieder mehr. Auch Bianca wurde schwanger, und diesmal schien es Mick Jagger an der Zeit, sich – Exil hin oder her – endlich niederzulassen mit der Familie. Er nahm ein bisschen Katechismusunterricht bei einem Abbé in St.-Tropez und lud die nächsten Freunde und die Weltpresse zu dem großen Ereignis ein. Es ging auch da nicht ohne Drogen, Tony musste aus London Kokain mitbringen, denn «ohne das», so Jagger, «stehe ich den Auftritt nicht durch».

Paul McCartney, Ringo Starr und Eric Clapton wurden Zeugen, wie Mick Jagger in heftigsten Streit mit der Braut geriet, weil er ihr vor der Trauung noch schnell einen Ehevertrag abnötigte. (Nach der Scheidung bekam sie denn auch nur 500 000 Pfund.) Mick sagte vor und nach der Zeremonie noch öfter «Fuck!» als Hugh Grant am Anfang von «Vier Hochzeiten und ein Todesfall»,

1971 heiratet Mick Jagger Frl. Bianca in St.-Tropez. Dazu erklingt die Titelmusik des Films «Love Story».

aber dafür waren die eifrigsten Fotografen dabei. Bianca trug ihr Herz offen und weinte. Mick und sie wurden aus der Kirche ausgesperrt, als ihr Presseagent die uneingeladenen Gäste fern halten wollte. Schließlich nahm die Zeremonie ihren Lauf, und von der Orgel tropfte die Filmmusik der «Love Story». Ruhm heißt, dass man nicht einmal dafür um Verzeihung bitten muss.

Wie vorher schon Chrissie Shrimpton und Marianne Faithfull verschwand irgendwann auch Bianca aus Micks Leben. Mitte der siebziger Jahre waren sie das Königspaar in der New Yorker Disco-Szene. Die Koks-volée traf sich nachts im Studio 54, wo

Andy Warhol und Truman Capote Hof hielten, sich bestaunen ließen und ihrerseits Prominente anstaunten. Zu einem ihrer Geburtstage ließ Mick Jagger sein Geschenk ins Studio 54 traben, ein makellos weißes Pferd. Ein echter Spaziergang auf der wilden Seite.

Nachdem Mick Jagger sich von Bianca getrennt hatte, blieb ihr zunächst nur die etwas fragwürdige Existenz als «Factory Girl» bei Andy Warhol. Für ihn und seine Zeitschrift *Interview* befragte sie andere Berühmtheiten, damit sich die New Yorker Nichtganzsoberühmten auf dem neuesten Klatschniveau befanden. Heute ist Bianca vor allem als Stifterin guter Werke unterwegs, taucht aber immer noch gern in den New Yorker Klatschspalten auf.

Mick hatte eine neue Eroberung gemacht; er spannte Bryan Ferry von Roxy Music die Freundin aus. Irgendwann tauchte sie in Andy Warhols Telefontagebuch auf, in dem Jagger regelmäßig verzeichnet ist: «Niemand kann Jerry Hall leiden, die meisten finden sie irgendwie steril. Doch ich mag sie. Sie ist reizend.» In den tiefen siebziger Jahren zierte sie das Cover der Roxy-Music-LP «Siren», eine vulgäre, sehnige, knochige, blonde Schönheit. Als sie von London zu Modeaufnahmen nach New York flog, fiel sie Mick Jagger in die Hände. Zwar gab es immer wieder Affären, aber die beiden blieben zwanzig Jahre zusammen, wesentlich länger als die meisten Ehepaare, und gemeinsam haben sie vier Kinder. Die älteste Tochter Elizabeth, die «klassische Schönheit mit Papas Lippen», ist gerade Model für Lancôme geworden.

Jedem, der es hören wollte, verriet Jerry das Geheimnis ihrer nie richtig legalisierten Ehe: «Eine gute Ehefrau muss in der Küche kochen, im Wohnzimmer aufwarten und im Schlafzimmer die Hure machen.» Andy Warhol, dem sie diese Perle an texanischer Lebensweisheit anvertraute (und der zum Dank dafür getreulich ihren aufregenden Körpergeruch verzeichnete), notierte 1978 ganz treuherzig: «Ich glaube, jetzt, wo Mick nicht mehr so viel unterwegs ist, wünscht er sich eine Frau, die zu Hause bleibt. Und

«Mick ist ein wunderbarer Mann», sagt die blonde Jerry über ihn, «aber ein furchtbarer Ehemann.» Man kann nicht alles haben.

Bei der Präsentation der neuen LP «Love You Live» lässt sich auch Andy Warhol ein Autogramm von Mick geben.

Jerry ist bereit, ihre Karriere aufzugeben.» Das hatte bei Chrissie Shrimpton wenig bewirkt.

1982 wurden vor einem Stones-Konzert radikalkritische Flugblätter verteilt. Die Überschrift war schon ziemlich drohend: «Wisst ihr eigentlich, wovon die Rolling Stones singen?» Wussten wir, oder ahnten es zumindest, aber wie konnte man als Liebhaber des reinen, schönen Lärms vermuten, dass es der reine Frauenhass war, der Mick Jagger zu seinen besten Leistungen befähigte? «Mick hat etwas durchaus Perverses», meint jemand, die es wissen muss – Marianne Faithfull –, «und nicht zufällig sind aus seinen qualvollen Beziehungen ein paar tolle Songs hervorgegangen.» Als er sich von seiner langjährigen Freundin Chrissie Shrimpton trennte, erlitt sie einen Zusammenbruch und unternahm einen Selbstmordversuch. Er spendierte ihr dafür «19th Nervous Breakdown».

Marianne Faithfull, die ihn vielleicht doch am besten verstanden hat, nämlich das Vampirische an ihm, kennt das Geheimnis seiner Produktivität: «Ich weiß, die Leute hören das nicht gern, aber wie jeder Künstler ist Mick ein richtiger Aasgeier, ein Lumpensammler. Dauernd hebt er Dinge auf und probiert, ob sie ihm passen. An die Konsequenzen denkt er nie.» Mariannes Abstieg in die härteste Drogenszene hat er als guter Selbsttherapeut natürlich ebenfalls verarbeitet. «Dancing With Mr. D» ist für ihn Koketterie, während sie nur knapp am Drogentod vorbeischrammte. «Dead Flowers» ist der reine Hohn, schon als Country-Travestie; man kann auch hier Marianne vermuten, wenn er singt: «Schick mir welke Blumen zu meiner Hochzeit, und ich werd nicht vergessen, dir rote Rosen aufs Grab zu legen.» Als sie in Sydney aus dem Selbstmordversuch und aus einem Traum erwachte, in dem sie beinahe Brian Jones gefolgt wäre, saß Mick Jagger an ihrem Bett und sagte ihr, dass ihn nicht einmal Wildpferde von ihr wegbringen könnten. «Wild Horses» wurde wieder ein sehr schönes Lied, nur geholfen hat es ihr nichts mehr. In den Neunzigern wollte sie bei einem Konzert in London mit

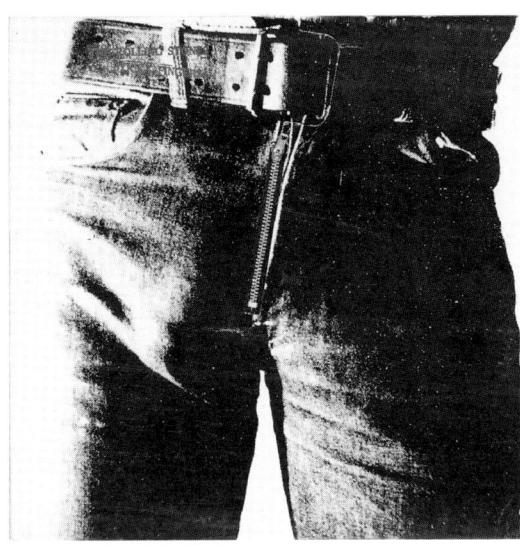

Welcome to the 3rd dimension! Denn das ist Rockmusik zum Anfassen, und der Reißverschluss funktioniert auch noch nach drei Jahrzehnten. Andy Warhol entwarf dieses Plattencover für «Sticky Fingers» (1971).

Jade, Mick Jaggers Tochter aus der Verbindung mit Bianca, hat ihn zum Großvater gemacht und entwirft Schmuck für die oberen Klassen.

ihm auf die Bühne und bei einem ihrer gemeinsam erlebten Lieder mitsingen; er ließ sie aber nicht. Der Sieger muss auf der ganzen Linie siegen.

Mick Jagger hat sich in den vier Jahrzehnten seiner Bühnenlaufbahn zum wahrscheinlich größten Experten für Lidschatten, Abschminkpinsel, für Fältchencreme und regenerative Gurkenmasken entwickelt. Dass er nicht gealtert wäre, wird niemand behaupten, und auch ohne das Große Freudianum lässt sich bei seinem Frauenkonsum vermuten, dass es den lebenslangen Elegant vor dem Älterwerden graut. Einmal wollte er in einer Dokumentation über die Geschichte der populären Musik der letzten fünfzig Jahre auftreten. Als er jedoch im Drehbuch zu lesen bekam, eine Szene beginne mit zwei alten Männern auf einer Parkbank, die sich kopfnickend und auch sonst etwas reduziert ihrer Jugend entsinnen, stieg er aus dem Vorhaben aus. Die beiden nostalgischen Herrschaften hätten er und Paul McCartney geben sollen.

In dem Dokumentarfilm «Being Mick», natürlich von Mick Jagger selber produziert und 2001 von der BBC zum Erscheinen seiner jüngsten Solo-LP «Goddess At The Doorway» ausgestrahlt, drängt ihn seine inzwischen dreißigjährige Tochter Jade, beim nächsten Mal sollte es doch bitte eine sein, die wenigstens nicht jünger ist als sie. Aber warum eigentlich nicht? Der Erfolg gibt ihm Recht, denn alle paar Jahre erwartet wieder eine junge Frau ein Kind von ihm. Der Spott der Neider ist ihm sicher, aber darüber hat er bereits vor Jahrzehnten alles Notwendige gesagt: «All of my friends at school grew up and settled down / Then they all mortgaged up their lives», singt der Mick Jagger von 1967 und höhnt weiter: «They just get married 'cause they've nothing else to do / So I'm just sittin' on a fence.»

Dazwischen erfreut er die in den Familienfrieden gezwungenen Zeitgenossen mit Bulletins über seine jungen Geliebten: Sophie Dahl, Uma Thurman, Bebe Buell, Nicole Kruk und alle anderen. Wie legendenhaft beziehungsweise selbstreferenziell diese Liebschaften schon sind, kann man an dem Fax ablesen, das ihm Carla Bruni schickte, aus Versehen aber Jerry Hall in die Hände fiel: «Let's spend the night together.» Gealtert ist er trotzdem und sieht manchmal kaum weniger zerstört aus als sein Blutsbruder Keith Richards, der den Weg durch die Drogenhölle barfuß gehen musste. Doch kann Mick Jagger immer noch singen und mit dem Hintern wackeln, dass zumindest den Frauen ganz anders wird. Nach den Exzessen der frühen Jahre ist er vernünftig geworden, und für so einen leidenschaftlichen Performance-Künstler war es sicher nicht ganz falsch, sich ins Grüne zu retten und komplett auf biologisch-dynamische Diät umzustellen.

Vielleicht aber ist es bei ihm nur deswegen so gut gegangen, weil er es nie zum Äußersten hat kommen lassen. Bei manchen Dingen ist der Traum davon noch besser. Einmal lag er mit Marianne im Bett, und sie beide spielten Sex. Keith Richards wohnte damals bei ihnen und befand sich im Nebenzimmer, wo er alles

«Making love and breaking hearts / It is a game for youth / But I'm not waiting on a lady / I'm just waiting on a friend», sang Mick Jagger später auf «Tattoo You».
Rolling Stone-Cover 1975.

hören konnte. «Wenn Keith jetzt hier wäre», dröhnte Jagger, «Gott, dann würde ich ihn von oben bis unten ablecken, und dann ... dann würde ich seinen Schwanz lutschen.» Marianne war sauer, weil er gar nichts von ihr wollte. Aber ob er deshalb unbedingt was von Keith wollte? «Mick hatte vielleicht nie vor, seine homoerotische Sehnsucht nach Keith auszuleben. Es war viel besser, dass seine Wünsche unerfüllt blieben. Denn das war die geheime Antriebskraft der Stones.»

Seiner alten Schule in Dartford hat Mick Jagger einen Neubau gestiftet, und auch ist er, nach den Jahren in Amerika und Frankreich, wieder brav nach England heimgekehrt. Wäre da nicht dieses Drogenvergehen von 1967, er wäre schon viel früher geadelt worden, gleichzeitig mit dem stets verbindlichen Paul McCartney. Jede Kritik an seinem sozialen Aufsteigertum hat er längst vorweggenommen in dem selbstironischen «Respectable»: Wir sind so ehrbar und so reizend. Mit dem Präsidenten sprechen wir sogar über Heroin: «It's a problem, sir, but it can be bent!» Das war 1978 natürlich noch ein echtes Problem, weniger für Mick Jagger als für Keith Richards, mit dem er das Lied im Duett singt. Mit dem Alter, wie konnte es anders sein, ist er so was von anständig geworden, ein englischer Gentleman, der Cricket-

Die Familie Jagger (1979): Mick, Chris, Eva und Joe. Als er im Frühjahr 2002 erfuhr, dass die Queen ihn zum Ritter schlagen wollte, rief Mick Jagger als erstes seinen Vater an.

Matches besucht und wie ein stolzer Großvater das Baby im Park spazieren schiebt – nur dass es im Zweifel kein Enkel, sondern eher ein eigenes Kind ist, das ihm wieder jemand unaufgefordert geschenkt hat.

Und wenn sie sich dann doch wieder aufraffen, die Rolling Stones, vorübergehend alle Feindschaften vergessen und ein letztes Mal die Welt mit ihrer brutalen, mit der einzig wahren Musik verheeren wollen, schlägt bei Mick Jagger doch etwas von der alten Bösartigkeit durch: «Entweder wir bleiben daheim und werden lokale Stützen der Gesellschaft, oder wir gehen auf Tour», sagte Mick Jagger am 7. Mai 2002 bei der Ankündigung ihrer jüngsten Tournee. «Aber dann konnten wir keine Gemeinde finden, die solche Stützen braucht.»

Schwarz ist er noch immer nicht, aber tanzen kann er wie der Teufel, wie Luzifer, wie Satan oder, fand jedenfalls John Lennon, wie der «Charlie Chaplin des Rock 'n' Roll». Sein nicht weniger großes Talent als Geschäftsmann hat ihn erst recht zum Engländer gemacht, und die Gesellschaft, der er sich einmal entziehen wollte, hat ihn mit offenen Armen als einen der ihren aufgenommen.

Bei der Einreise in die USA musste man bis vor gar nicht allzu langer Zeit angeben, zu welcher «Rasse» man gehört. Jagger, ein bisschen kokett, wusste nie, was er eintragen sollte. Am liebsten wäre ihm «englischer Gentleman» gewesen. «Interessanterweise erwies sich Jagger später als Liberaler, ein entschiedener Gegner des Fürsorgestaates», wie ein Beobachter feststellte. «Er hielt sich an die klassische Lehre John Stuart Mills, nach der jeder tun können soll, was immer er will, so lange er damit keinem anderen Schmerz zufügt. Erst dann habe der Staat einzuschreiten. Diese Meinung vertrat Jagger eloquent, und das schon zu einer Zeit, als sie keineswegs Gemeingut war. Sie tauchte dann natürlich wieder in Margaret Thatchers Konservativismus auf.»

Aber nicht Maggie Thatcher war es, sondern Tony Blair, der ihn der Königin anempfahl. Der britische Premier hatte in seiner Jugend eine Band namens Ugly Rumours (Böse Gerüchte) und spielte wie jeder gute englische Junge die Songs der Rolling Stones nach. Im Juni 2002 zeigte die Queen endlich ein Einsehen und erhob das ehemalige «zottelhaarige Monster», das einst die anderen Stones mit dem schönen Satz «Wir pissen überall, Mann!» zu einem schweren Vergehen wider Sitte und Anstand verleitete, an ihrem Geburtstag zum Ritter Ihrer Majestät. Und wenn er ihr dann noch eins seiner schönsten Lieder vorsingt, «Till The Next Time We Say Goodbye», wenn er für Lizzie intoniert: «A movie house on Forty-second Street / Ain't a very likely place for you and I to meet / Watching the snow swirl around your hair and around your feet / And I'm thinking to myself you surely look a treat», dann, ja dann kann Sir Walter Raleigh echt einpacken.

10. Paint It, Black

> *«I'd rather have had cops.»*
>
> Mick Jagger, 1969, nach
> dem Konzert in Altamont

Es hätte auch schon früher passieren können, in Woodstock oder auf der Isle of Wight, aber Altamont lieferte die besten Voraussetzungen für Altamont: Die gewaltbereiten Hell's Angels mit einer «Weltanschauung knapp rechts von Adolf Hitler» (Tony Sanchez), die völlig zugedröhnten Fans, finster entschlossen, etwas nachzufeiern, was sie versäumt hatten, und die Rolling Stones, die nach Amerika kamen, um zu beweisen, dass sie immer noch die Bösesten waren. Es sollte ein Fest werden, das man sich leistete, weil es gut in den Film passte, der zur Tour gedreht wurde. Ein Mord war der Höhepunkt, mit dem niemand gerechnet hatte, den aber kein Dramaturg besser hätte inszenieren können.

Sommer 1969. Mondlandung und ein großer Schritt für die Menschheit. Schön gesagt, doch so weit waren die Menschen auf der Erde noch nicht. Aus Vietnam kamen täglich mehr Tote zurück nach Amerika. Die Schwarzen drohten mit Aufstand. Im August: Woodstock.
Woodstock hatte die Eltern beruhigt. Die Kinder waren Kinder. Sie wollten im Dreck spielen, sich ein bisschen verkleiden und Krach machen. Die Haare wuchsen ihnen vielleicht über den Kragen, und die Töchter, was fanden die bloß an den gebatikten Kleidern? Aber die Blumen überall sahen eigentlich ganz süß aus. Drei Tage feierten die Kinder in Woodstock Kindergeburtstag, oder wie sie später behaupteten, «drei Tage Frieden, Liebe und Musik». Danach kamen sie brav wieder heim, stiegen in die

Woodstock 1969: drei Tage Blumenkinderfreizeit für ein ganzes Leben.

Badewanne, gingen zum Friseur und drei Wochen später zurück aufs College. Das Sommerlager endete so friedlich, dass sich die Eltern fragten, worüber sie sich eigentlich die ganze Zeit aufgeregt hatten. Die Musik? Die langen Haare?
Woodstock, das sollte man nicht vergessen, war als reguläres Konzert geplant, auf Plakaten angekündigt und mit richtigen Eintrittskarten. Bald aber wurde der Ansturm zu groß, die Einzäunung war schnell überwunden, niedergetreten, schließlich ganz beseitigt. Die Veranstalter gaben den Eintritt frei, was sie sich leisten konnten, weil ja ein Film gedreht werden sollte. Jimi Hendrix war gebucht, The Who, Crosby, Stills, Nash & Young, Joan Baez, Ten Years After, Carlos Santana, das Monterey Pop Festival von 1967 als Großkonzert kommerzialisiert. Erst das gemeinsame Schlammbad machte aus dem Konzert dann den legendären

Weltfriedensgottesdienst. Ein Mythos entstand, später eine ganze Generation (von Leuten, die gern dabei gewesen wären).

Es war eine bessere Kaffeefahrt damals, 1969, von New York herauf nach Woodstock, wo seit der Jahrhundertwende immer wieder neue Künstler alte Hütten gebaut hatten, malten, bildhauerten, komponierten, musizierten. Diesmal wollten sie sich, wie Joni Mitchell sang, «einer Rock 'n' Roll-Band anschließen». Aber Joni Mitchell blieb im Stau stecken, sie kam nicht bis Woodstock, schloss sich keiner Band an. Im Abspann des «Woodstock»-Films erklingt die Nationalhymne jener Generation, gespielt und gesungen von Crosby, Stills, Nash & Young: «We are stardust, we are golden ...» Nachdem der «dunkelhäutige Halbblutindianer» (wie eine Werbeagentur Jimi Hendrix netterweise einrasterte) «Purple Haze» und «Star Spangled Banner» über die besinnungslos zugekifften Massen geschickt hatte, wünschte der Conferencier den verdreckten Fans, die so tapfer durchgehalten hatten, «einen schönen Tag und ein schönes Leben». Das haben sie dann auch gekriegt. Das Leben machte Ernst mit ihnen, und dann wurden sie so reaktionär wie ihre Eltern, gingen in die Politik oder an die Börse.

Nicht Jimi Hendrix war die Kultfigur der Woodstock-Generation, sondern Richard Nixon. Im Schatten des großen paranoiden Finsterlings ließ es sich gut ausflippen und ein wenig gegen Vietnam sein. Joan Baez sang auch gleich das passende Lied auf seinen Nachfolger Ronald Reagan, damals noch Gouverneur von Kalifornien: «He's ahead of the Ku-Klux-Klan ... When summer comes rolling 'round, we better get out of town.»

Noch heute staunt man darüber, dass die drei Tage friedlich abliefen. Obwohl die sanitären Anlagen nicht einmal Oktoberfest-Standards genügten, die Besucher einander schier zertraten und die Tonqualität der Musik entsetzlich war, ging tatsächlich alles gut. Bisschen tanzen, bisschen kiffen, bisschen nackt baden, alles mit Blumen im Haar aus San Francisco – das hat nur leider gar nichts mit Rockmusik zu tun, das entspricht pfeilgrad dem, was sich die Eltern von lieben Kindern erwarten.

Rockmusik ist nie friedlich gewesen, sondern brutal, gemein, böse (und mit viel Glück nicht komplett ironiefrei). Von Anfang an musste Gewalt dabei sein. Auch die Rolling Stones wollten bedrohlich wirken, und sie übten mit ihrer Musik Gewalt gegen die Jazz-Puristen, gegen die Eltern, die Polizei, die Gerichte. Der Lärm, der verschleppte, immer etwas dissonante Raumklang, stachelte Gewalt an, die sich dann gegen das Gestühl in den Konzertsälen entlud, gegen die Polizisten, gegen Autos, manchmal auch gegen die Bandmitglieder, die nicht schnell genug davonkamen. Diese Gewalt explodierte in Altamont.

Seit sie in Mick Taylor einen Gitarristen hatten, der sich mehr fürs Spielen als für Drogen interessierte, konnten die Rolling Stones wieder an eine Tournee denken. In den mehr als drei Jahren ihrer Amerika-Abstinenz hatte sich Bob Dylan aus dem Musikgeschäft zurückgezogen, war Jimi Hendrix berühmt geworden, gab es neue Bands wie die Doors und, am erfolgreichsten von allen, Creedence Clearwater Revival. Von der britischen Invasion 1964/65 war fast niemand übrig geblieben: Die Beatles gab es praktisch nicht mehr, die Animals hatten sich wegen der Flugangst von Alan Price auflösen müssen, die Hollies, die Kinks waren zersprengt. Übrig geblieben waren trotz ihrer Streitlust und ihres polizeiauffälligen Verhaltens die Rolling Stones. Sie stammten noch aus der vorpsychedelischen Zeit, vor der Flower Power, vor der politischen Erhitzung auf dem amerikanischen Campus. Sie waren schlicht von gestern.

Beim letzten Mal fürchteten die Eltern beim Auftreten dieser ungewaschenen Langhaarigen noch um ihre Töchter. «Let's Spend The Night Together» sangen die Rolling Stones, und natürlich wollten die kreischenden Mädchen nichts lieber als das. Dass Rock 'n' Roll Gewalt womöglich nicht bloß ausdrückt, sondern sogar fördert, daran mochten die besorgten Eltern besser nicht denken. Schließlich war alles nur eine Show, und wenn die Kinder nachher wieder normal weiterlebten, konnte nichts falsch daran sein.

Die Fans waren älter geworden, womöglich schon erwachsen.

*Es wird ein schwerer Regen kommen:
«Mm the flood is threat'ning my very life today / Gimme, gimme shelter or I'm gonna fade away.»*

Außerdem hatte sich inzwischen das ganze Land gegen die offizielle Vietnampolitik gewandt. Die Polizei schlug deshalb zurück und steigerte das Selbstbewusstsein dieser Jugend noch, die von den Rolling Stones wenn kein Fanal, so doch die Marschmusik für die kommende Revolution erwartete.

Mit Woodstock erhielt die Jugendkultur plötzlich Cinemascope-Format. Der Film zum Konzert war gedreht, wurde aufwendig geschnitten und sollte im April 1970 anlaufen. Mick Jagger wollte auch einen Film, «The Rolling Stones On Tour», und deshalb brauchte man Schwenkfutter, die menschliche Kulisse. Vom Woodstock-Film wusste man nur, dass The Who ganz groß herauskommen sollten. Die Who hatten die Sechziger ebenfalls überstanden, und als Liveband waren sie immer noch die schärfste Konkurrenz der Rolling Stones. Pete Townshend hatte Keith Richards die Art abgeschaut, auf die Gitarre einzudreschen. Jagger war schlicht eifersüchtig. Schon einmal hatten sie ihm die Show gestohlen, als sie beim «Rock And Roll Circus» besser spielten als die damals etwas müden Stones. Jetzt mussten sie den Who zuvorkommen.

Jagger bestellte sich also die Maysles-Brüder, die Erfahrung mit Dokumentarfilmen hatten und ihm versprachen, den Rolling-Stones-Film noch einen Monat vor «Woodstock» in die Kinos zu bringen. Jerry Garcia, der Gitarrist der Grateful Dead, hatte den richtigen Vorschlag: «Warum machst du nicht am Ende der Tournee ein kostenloses Konzert in San Francisco? Da kommen doch mindestens eine Million Menschen, und du hast den Höhepunkt für deinen Film.»

Die Rolling Stones waren nicht bloß die härteste Rock 'n' Roll-Band, sondern inzwischen auch eine Bande harter Geschäftsleute. Sie kamen 1969 nach Amerika zurück und erhöhten als Erstes die Ticketpreise. Sie brauchten das Geld, schließlich waren sie pleite. Allen Klein hatte ihnen zwar einen größeren Anteil an den Plattenverkäufen versprochen, die von Decca erstrittene Nachzahlung aber offenbar sofort und ungekürzt auf eins seiner eigenen Konten transferiert und damit Chrysler-Aktien gekauft. Fünfzig Pfund Taschengeld pro Mann und Woche gewährte er ihnen, und wenn sie mehr brauchten, ein Auto kaufen wollten oder ein Haus, mussten sie bei ihm betteln.

Gleichzeitig forderte das Finanzamt Nachzahlungen in der Größenordnung von mehreren hunderttausend Pfund. Selbstverständlich hatten die Rolling Stones immer auf ihre jeweiligen Manager vertraut und nie Steuern bezahlt. Warum auch? Dafür waren sie doch nicht Musiker geworden. Und wie sollten sie etwas zurücklegen, wenn sie von dem Handgeld in den Mund lebten, das ihnen erst Oldham und dann Klein mit herzlichen Grüßen der Plattenfirma zugestanden.

Überraschenderweise gelang es ihnen, sich von Allen Klein loszumachen. Er war mit der Abwicklung der Beatles beschäftigt,

Während Jagger seinen Revolutionsgesang vom «Jumpin' Jack Flash» anstimmte, dachte Watts an seine Frau zu Hause und an Benny Goodman.

die er noch mehr schädigte als die Rolling Stones, und überließ die Stones seinem Neffen Ronnie Schneider. Die Tournee war fast so schlimm zusammengestümpert wie ihre erste hier 1964, denn selbst die einzelnen Auftritte sollten möglichst noch von den Rolling Stones und nicht von einem lokalen Veranstalter organisiert werden. Vor lauter Geldgier vernachlässigte man alle Vorsichtsmaßnahmen. Das kostenlose Konzert, das Garcia angeregt hatte, unweigerlich sofort als «Woodstock des Westens» annonciert, sollte eine Art Entschädigung sein, kam aber, wie sich zeigte, letztlich nicht ganz gratis.

Nach einigem Hin und Her entschied man sich für Altamont. Altamont wurde jedoch kein zweites Woodstock. Es hätte, schließlich war man in Kalifornien, viel besser ausfallen müssen, aber die unfreundliche Wirklichkeit war hier so grauenhaft, dass sich keine Generation einreden konnte, sie sei bei einem mystischen Massenereignis dabei gewesen und müsse jetzt für Kinder und Enkel bis ins n-te Glied Zeugnis davon ablegen. Doch dazu später.

In New York geben sie vor dem Auftritt im Madison Square Garden eine Pressekonferenz, auf der die unvermeidliche Frage gestellt wird: «Sind Sie jetzt mehr befriedigt als bei Ihrer letzten Amerika-Tournee?» Mick Jagger hat seinen Auftritt, spielt seinen britischen Akzent aus und sein Talent, die gewollte Zweideutigkeit sofort zu vereindeutigen: «Meinen Sie finanziell? Sexuell? Philosophisch?» Die Journalistin weiß, für wen sie schreibt, und schränkt ein: «Finanziell und philosophisch befriedigt.» Mick Jagger genießt die Situation, und natürlich beantwortet er mehr, als er soll. «Finanziell – knapp befriedigt. Sexuell – ach, Sie wissen schon. Philosophisch – geben wir uns Mühe.»

Kaum eine Tournee ist so gut dokumentiert wie jene vier Wochen am Ende des Jahres 1969, die die Rolling Stones als wilde Jagd durch die Vereinigten Staaten und schließlich auf die Autorennbahn von Altamont trieb. Zahllose Mitarbeiter, Frauen, Groupies (darunter auch Journalisten) begleiteten den Zug und haben ihre

«Grüße und ein herzliches Willkommen für die Rolling Stones, unsere Genossen im verzweifelten Kampf gegen die Irren, die an der Macht sind», stand auf einem Flugblatt, das 1969 von revolutionären Kräften an der amerikanischen Westküste verteilt wurde.

je verschiedenen Erlebnisse, die oft nur vage Erinnerungen sind, aufgezeichnet.

Bill Graham, der legendäre Konzertveranstalter an der Westküste, beschimpfte Mick Jagger nachher öffentlich (und vergaß selbstverständlich zu erwähnen, dass die Rolling Stones bewusst seine Dienste nicht in Anspruch genommen hatten): «Ich frage Sie, Mr. Jagger, mit welchem Recht Sie dieses kostenlose Konzert durchgepeitscht haben? Und kommen Sie mir nicht damit, dass

Sie nicht wussten, was da auf Sie zukommt! Mit welchem Recht mussten Sie jedem für die herrliche Zeit und den Hell's Angels auch noch dafür danken, dass sie so hilfreich waren? Bei jedem Auftritt kamen Sie zu spät, und jedes Mal mussten die Veranstalter und das Publikum bluten. Ich sage es mit großem Vergnügen, dass Mick Jagger nicht der Gottessohn ist...»
Aber vielleicht der Teufel?
«Sympathy For The Devil», sang er doch und stellte sich auch als der klumpfüßige Geschwänzte vor. Wer war der Teufel? Der Teufel war nicht richtig böse, sondern nur für die Weißen aller Länder zu fürchten, die nichts zu verlieren hatten als ihre Ketten. Jagger, der Politik vernünftigerweise abhold, aber immer auf der Suche nach einem neuen theatralischen Auftritt, fand den Teufel super. Marianne Faithfull hatte ihrem Freund Michail Bulgakows Roman «Der Meister und Margarita» geschenkt, eine moderne Faust-Geschichte. Die Neigung zum Okkulten, zum Satanischen war sowieso hip und ein Party-Spiel. Als Zauberer verkleidet hockten die Rolling Stones auf dem Cover eines rätselhaften Albums: «Their Satanic Majesties Request». Sollte man sich nicht doch lieber fürchten?

«Their Satanic Majesties Request» (1967), aber was wollten sie eigentlich haben? Uns zu ihrem Kindergeburtstag einladen? Fasching feiern? Oder dass jetzt alle zusammen dieses Lied singen?

In Kalifornien gab es schon länger ein paar religionsenttäuschte Frömmler, die meinten, nach der Anleitung des Satanisten Aleister Crowley den behuften Anti-Gott anbeten zu müssen. Keith Richards und seine neue Freundin Anita Pallenberg interessierten sich plötzlich für Tarot und solchen Weiberfirlefanz. Voodoo passte gut dazu. Der Teufel kam ganz groß in Mode.
Mick Jagger stürmt in Los Angeles auf die Bühne, luziferisch gewandet und mit einem lächerlichen Uncle-Sam-Zylinder auf dem Kopf. Diese Parodie ist auch schon das einzige Zugeständnis an die Politisierung. Der alte Uncle Sam wollte die jungen Männer für die Army, dieser neue braucht sie als seine Jünger. Bei Tourneebeginn hat man ihn gewarnt, dass die Leute nicht richtig begeisterungsfähig seien. Sind sie auch nicht, sie drehen durch.
Für die *New York Times* schreibt darüber Albert Goldman, der später berüchtigt wurde mit seinen Büchern über das Ende von Elvis und das verlogene Leben John Lennons. Goldman ist der Killer unter den Journalisten, und deshalb hat er seine Zeitungsartikel auch passend unter dem Label «Shpritzgun Productions» herausgebracht. Als das Konzert dem Ende zutreibt und die Stones ein Medley ihrer größten Hits spielen, als sie von «Satisfaction» plötzlich zum «Street Fighting Man» wechseln, bricht der Wahnsinn bei den Zuhörern durch. «Das gesamte Publikum erhebt sich. Jeder Mann, jede Frau, jedes Blumenkind steigt auf den Stuhl, reißt den rechten Arm über den Kopf und macht die größte, schwärzeste, härteste Faust! Was für ein Höhepunkt! Welche Geste! Was für ein Nürnberg!»
Goldmans Begeisterung über seinen gut vorbereiteten Vergleich kennt keine Grenzen mehr, und er unterrichtet die Leser der *New York Times* in einem Charlie-Chaplin-Roger-Corman-«Hogan's Heroes»-Deutsch davon, dass er Zeuge einer faschistischen Explosion geworden sei: «Jawohl! Mein friends, dot's right! Dot good ole rock 'n' roll [und jetzt weiter in klassischem Englisch:] wärmt dem alten SS-Mann das Hakenkreuz auf der Brust. Der Führer hätte sich vor Begeisterung in die Hosen gemacht, wenn er die Szene im Forum miterlebt hätte. Der größte Superstar aller

Wenn ich mich kurz vorstellen darf: Ich bin nicht gerade arm und weiß mich zu benehmen. Zur Freude seiner amerikanischen Fans trat Mick Jagger 1969 als Uncle Sam auf.

Zeiten, der einzige Star, für den die Fans gleich millionenweise gestorben sind, hat das natürlich alles vorausgesehen.» Nazi chic, und damit haben Mick Jagger und seine Stones auch gelegentlich kokettiert: Nach seinem Tod sollte auf diese Weise das Foto überleben, das Brian Jones auf Drängen von Anita Pallenberg hat machen lassen: der blonde Jüngling in der schwarzen Uniform, der auf einer Puppe herumtrampelt.

Goldman spinnt natürlich mit seinem Hitler-Vergleich, aber 1969 geht es tatsächlich um mehr als ein bisschen Musik an einem lauen Sommerabend. In Oakland wird ein Manifest verteilt: «Grüße und ein herzliches Willkommen für die Rolling Stones, unsere Genossen im verzweifelten Kampf gegen die Irren, die an der Macht sind. Die revolutionäre Jugend der Welt hört eure Musik und wird davon zu noch mehr tödlichen Handlungen inspiriert. Wir werden eure Musik in Rock 'n' Roll-Musikkapellen spielen, wenn wir die Gefängnisse stürmen, um die Häftlinge zu befreien, und die staatlichen Schulen, um die Studenten zu befreien, wenn wir die Militärbasen stürmen und die Armen bewaffnen, wenn wir den Aufsehern und Generälen BURN BABY BURN! auf den Bauch tätowieren und aus der Asche unseres Feuers eine neue Gesellschaft schaffen.»

Mick Jagger äußert sich gelegentlich dazu, ist natürlich auf der Seite der Jugend und (wo sonst fände man «Jumpin' Jack Flash»?) der Revolution, aber dann, in Boston, am 29. November 1969, beim vorletzten regulären Termin ihrer Nordamerikatournee, kommt er doch ins Grübeln. Jagger beklagt sich über die hohen Steuern und dass sie ihn in England mehrfach verhaftet und eingesperrt haben. Er will weg von zu Hause und eine Zeit lang in Südeuropa leben und reisen. «Ich muss über meine Zukunft nachdenken, weil ich so einfach nicht weiterleben kann. Wir sind so schrecklich alt – wir machen das jetzt seit acht Jahren und können nicht nochmal acht Jahre so weitermachen. Wir sind schon so alt – Bill ist dreiunddreißig.» Auch die Rolling Stones sind einmal jung gewesen.

Ob in London oder Altamont: Die Höllenengel zeigen sich erstaunlich beschlagen in Zeitgeschichte.

Es fehlte nur der Abschluss, ein richtiger Kracher, ein Feuerwerk. In der Nacht vor dem Konzert in Altamont fahren Richards und Jagger hinaus. Die Szene ist, trotz Vorwinter, biblisch: Mehr als 300 000 Zuschauer sind an den Ort des Geschehens gepilgert, und wieder – wie schon in Woodstock – blieben viele im Stau stecken. Die sanitäre Situation: wie gehabt, auch wenn es diesmal hundert mobile Toiletten gibt. Als sie um drei Uhr morgens ankommen, blaken Lagerfeuer, um die sich die Hippies versammelt haben. Jemand bietet Jagger einen Joint an, der lässt die Kameras abschalten, zieht, dankt, findet alles ganz toll. Richards findet es noch schöner, denkt an Marokko, an die arabische Musik, die Jou-Jouka, und beschließt, die Nacht gleich hier bei den Fans zu verbringen, mit kalifornischem Wein und etlichen Joints. Ein Fall von mangelnder Professionalität; sie glauben an den Mythos, den sie mitgeschaffen haben. Jagger kehrt nach San Francisco zurück, schläft ein paar Stunden im Hotel.

Am nächsten Nachmittag fliegen sie im Hubschrauber ein. Jagger steigt aus, und ein Fan oder was immer er ist schlägt auf ihn ein, schreit, dass er ihn hassehassehasse. Drogen kursieren im Publikum und das Gerücht, die CIA oder wahlweise das FBI habe das Marihuana oder vielleicht auch das LSD vergiftet. Gefahr liegt in der Luft, die doch nur süß sein sollte. Die bereits im Londoner Hyde Park bewährte Firma, Hell's Angels Ltd., empfiehlt sich und entsendet ihre besten Leute. Ken Kesey und Hunter S. Thompson hatten die «Engel» in die Literatur eingebracht. Aus nicht recht begreiflichen Gründen galten sie als Helden der Subkultur, wahrscheinlich weil auch sie ihr Leben lang Außenseiter waren. Jerry Garcia stellte ihnen eine Referenz aus, denn bei den Grateful Dead hatten sie ebenfalls als Ordnungskraft fungieren dürfen. Besser, hieß es in San Francisco, man lud sie ein und gab ihnen was zu tun, als dass sie sich ohne Einladung breit machten und sich dann selber Arbeit suchten. Die Rolling Stones ließen sich nicht lumpen und spendierten für 500 Dollar Bier, und die Hell's Angels waren sofort angetrunken. Die LSD-Tabletten schaufelten sie handvollweise in den Mund. Ihrer Aufgabe kamen sie übereifrig nach, prügelten auf jeden ein, der sich in die Nähe der Bühne oder des Garderobenwagens wagte. Hei, wie schnell die Leute angerempelt waren! Hei, wie sie ihre bleiverstärkten Billardstöcke durch die Luft sausen ließen! Marty Balin, der Sänger von Jefferson Airplane, will dazwischen gehen und wird bewusstlos geschlagen.

Carlos Santana tritt auf, Jefferson Airplane, Grateful Dead und die Flying Burrito Brothers folgen, alles sehr San Francisco und hippiemäßig, aber es wird bereits systematisch geprügelt, als Crosby, Stills, Nash & Young ihren fast unhörbaren Gesang anstimmen. Die Rolling Stones warten auf den Sonnenuntergang, wegen der besseren Bilder für ihren Film. Die Leute sind inzwischen betrunken, ungeduldig, bekifft, auf einem Trip ohne Ende. Der Manager vertreibt alle von der Bühne, sonst würden die Rolling Stones nicht auftreten; die Hell's Angels ziehen sich fürs Erste zurück und nehmen den Auftrag als Befehl zum Säubern im Publikum.

Mick Jagger, wieder ganz Luzifer, kommt mit «Jumpin' Jack Flash» aus dem Dunkel. Er kann sich kaum bewegen. Die Hell's Angels sorgen noch immer für Ordnung. Vor der kleinen Bühne, nur vier Stufen führen hinauf, staut sich die Masse. Einem gelingt es doch zu tanzen, sein Kopf schwingt wild hin und her, Jagger singt «Carol». Ein Motorrad der Hell's Angels explodiert, die Besitzer, der ganze Clan prügelt auf den tanzenden Jungen ein. «Warum kämpfen wir?», fragt Mick Jagger. Charlie Watts streicht nur über sein Schlagzeug, Keith Richards zupft hilflos an der Gitarre, sie spielen Intervallmusik, als würden sie sich im Studio auf neue Songs einstimmen. «Warum kämpfen wir?», fragt Mick Jagger wieder, und Ian Stewart verlangt nach einem Arzt.

Die kleine Bühne ist völlig überfüllt; Timothy Leary, früher Professor und jetzt Drogenprophet, kauert sich an den Rand und hat Angst. Die Angels, mehrere mit Fellkappen, Trapper, die im Wilden Westen ums Überleben oder doch gegen die Indianer kämpfen, sie prügeln auf alles ein, was ihnen nicht passt, schlagen um sich, und die Fans lassen sich willig schlagen. Es ist, meint Albert Goldman, als hätten sie nur darauf gewartet, dass die alten Autoritäten sie bestrafen für ihre Libertinage. «Die ungezogenste Generation in der amerikanischen Geschichte verlangt und erhält Bestrafung von großen Vaterfiguren mit Monstergesichtern, Bierbäuchen und der humorlosen Heftigkeit von Drachen, die sich bei der Reizung durch junge, hirnlose Hippies erheben.»

Es war, man kann es im Film «Gimme Shelter» sehen, ein schwacher Auftritt; die Musiker so wenig bei der Sache wie das Publikum. Ja, die Band spielte auch «Sympathy For The Devil», Jagger, Mr. Teufel höchstpersönlich, zeigte sich in schwarzrotem Samt. Vor der Bühne wurde eine Frau von den Angels verprügelt, und Mick Jagger sagt, dass immer etwas Komisches passiere, wenn sie diesen Song spielen. Doch die berüchtigte Szene ereignete sich erst nach dem Robert-Johnson-Klassiker «Love In Vain», der auf «Let It Bleed» erscheinen sollte.

Sie waren gerade dabei, sich zwischen Panik und gegenseitigem Missverstehen in «Under My Thumb» einzufädeln. Mick Jagger

*«People! People! Warum kämpfen wir?» Mick Jagger versucht
1969 in Altamont die aufgeheizten Massen zu beruhigen.*

hatte inzwischen richtig Angst und forderte die Zuschauer auf, sich hinzusetzen. Sie könnten ja wieder aufstehen, wenn es auf den Schluss zugehe. Aber das Publikum, die Hell's Angels, wer immer, sie sind zu noch mehr tödlichen Handlungen inspiriert. Jagger und die Seinen sind ihrerseits so sehr mit ihrem Fehlstart beschäftigt, dass sie gar nicht merken, was sich da fünf, sechs Meter vor der Bühne abspielt: Ein achtzehnjähriger Schwarzer, er heißt Meredith Hunter, weicht den Ordnungskräften aus, will davonlaufen, macht noch einmal kehrt und ist verloren. Einer der Höllenengel, der später behauptet, der Mann habe eine Pistole gezückt, treibt seinem Opfer ein Messer in den Rücken, schlägt ihn dann zusammen und trampelt anschließend so lange auf ihm herum, bis er ganz bestimmt tot ist.

Im Film kann man es sehen: Mick Jagger, dem langsam dämmert, was da passiert ist, versucht die Zuschauer zu beruhigen, redet sie immer hilfloser und rührender mit «People!» an und will die Aufmerksamkeit zurück auf die Musik lenken. Es war längst zu spät. Die Band spielte und Jagger sang den «Midnight Rambler», aber wer mitbekommen hatte, was da vor der Bühne geschehen war, konnte allenfalls das Krisenmanagement der Stones bewundern. Sie hatten allerdings einen kleinen Helfer namens «Maximum Leader»: Sonny Barger, Chef der Hell's Angels von Oakland und heute wie jeder andere bessere amerikanische Rentner wegen diverser Zipperlein ins sonnig-trockne Arizona verzogen. 1969, in jener kalten Dezembernacht in Altamont, war Barger noch Herr des Verfahrens und im Vollbesitz seiner Kraft. Die Rolling Stones wollten das Konzert abbrechen, aber es gelang Barger, Keith Richards zum Weiterspielen zu überreden. «Ich stand neben ihm, drückte ihm die Pistole in die Seite und befahl ihm, jetzt sofort zu spielen, sonst wäre er tot.» Die «Bande schwuler, eingebildeter Primadonnen» machte weiter, obwohl sie bestimmt Todesangst verspürte.

Die Journalisten, die Roadies und viele Fans hatten sich vor dem Chaos zu ihnen auf die Bühne gerettet. Die Hell's Angels tranken und prügelten immerfort, und noch drei Menschen starben an jenem Abend. So wenig Lust die Rolling Stones sonst zeigten, sich in die aufgeregte Politik einzumischen, hier waren sie plötzlich ein Teil davon. Erstaunlich übrigens, dass der Totschlag eines Schwarzen durch einen besoffenen Weißen nicht zu Rassenunruhen oder, wie man damals noch gern sagte, zu einem «Negeraufstand» führte. Die Blumenkindereien waren vorbei, die sechziger Jahre, das Märchen aus uralten Zeiten, endgültig vorüber.

Alan Passaro, der Hunter auf der Rennbahn von Altamont vor den Kameras der Fernsehsender und der von den Rolling Stones beauftragten Brüder Maysles umbrachte, wurde ein Jahr später vor Gericht gezogen und dann freigesprochen. Zweieinhalb Jahre später bedrängten die Hell's Angels in New York einen Stones-Manager und verlangten Prozesskostenbeihilfe. Er versprach alles und wechselte sofort das Hotel.
Sonny Barger behauptete in seiner Autobiographie, dass Meredith Hunter auf einen der Hell's Angels geschossen habe; es sei also Notwehr gewesen. Tony Sanchez, der «Spanish Tony» aus der Stones-Entourage, meint sogar, Hunter habe auf Jagger schießen wollen, und Mick Taylor habe es gesehen.
Noch in den ersten Berichten wurde nichts von dem Todesfall erwähnt, Mick Jagger konnte seinem Publikum danken und sich verabschieden. Damit sich die Legende, die vorausproduziert war, auch gewiss bestätige, wurde sogleich das Märchen verbreitet, während der Bacchanalien von Altamont seien drei Babys geboren worden. Das muss die Nähe zum Pazifik sein, Tod und neues Leben etc. pp., Yingyangismus von der besten Sorte. Das Untergrundblatt *Free Press* in Los Angeles zeigte in einer Zeichnung Mick Jagger mit den obligatorischen Blumen im Haar, malte ihm aber einen Hitler Bart ins Gesicht. Während Mick einen der abstoßenden Hell's Angels umarmt, werden die beiden von Langhaarigen mit dem Hitlergruß gefeiert. Altamont war das Ende und nur Mord und Totschlag. Die Rolling Stones, wieder einmal Avantgarde, grüßen als Täter und Opfer.

11. Far Away Eyes

> *«Jagger knows instinctively how never to give an audience enough.»*
>
> Gary Stromberg (1972)

Irgendjemand hatte Mitte der Sechziger die Bezeichnung von der «härtesten Rock 'n' Roll-Band der Welt» erfunden, ein Superlativ, der den Rolling Stones zu Beginn der Siebziger gegen die damals neumodischen Bands wie Led Zeppelin und Deep Purple einen Ausnahmestatus verschaffen sollte. Diesen Nimbus bestätigte der Tod von Brian Jones, der Selbstmordversuch Marianne Faithfulls, die manisch-depressive Irrfahrt des Managers Andrew Oldham. Der offensichtliche Drogenkonsum verschaffte ihnen weitere Glaubwürdigkeit. Hart und gar nicht herzlich: Diese Band, sollte das doch heißen, gab alles und war rücksichtslos gegen sich selber. Aber sie mussten mit den anderen Großgruppen konkurrieren, mit Humble Pie und Emerson, Lake & Palmer, mit Pink Floyd. Es war kein besonders edler Wettstreit um die Zahl der Lastwagen und die Tonnage, die mit ihnen von Stadion zu Stadion bewegt wurde, damit auch auf der nächsten Bühne die Riesenlautsprecher aufgebaut, die kilometerlangen Kabel verlegt, die Lichtshows inszeniert werden konnten.

Gegen diese gigantomane Musikmaschine entstand erst in den USA, später in Europa die Punk genannte Nichtmusik. Die Sex Pistols verkündeten 1976 der Popwelt, dass die Stones wie alle anderen Relikte aus den Sechzigern peinliche «alte Säcke» seien, die sich gefälligst zurückziehen sollten. Ihr Manager Malcolm McLaren inszenierte einen PR-Coup nach dem anderen, ganz als sei ihm der in ein unzugängliches Drogen-Nirwana verzogene Andrew Oldham zur Hand gegangen. Am Ende gab es Mord und

Selbstmord, und was übrig geblieben war von der bescheidenen musikalischen Substanz der Sex Pistols, hatte sich rückstandsfrei verflüchtigt.

Dennoch sorgte sich Mick Jagger um seine Glaubwürdigkeit. Er bot Sid Vicious, der seine Freundin Nancy im New Yorker Chelsea Hotel erstochen hatte, finanzielle Unterstützung an. Die Sache regelte sich dann schnell von allein, weil sich Vicious nämlich gleich selber umbrachte. Doch war die Sinnkrise längst nicht ausgestanden: Waren die Rolling Stones überhaupt noch die Bösen? Regte sich denn noch jemand auf über ihre frauenfeindlichen Hymnen? Wer wollte sich noch mit den reichen Steuerflüchtlingen abgeben? «We are so respectable», sang Jagger immer wieder, selbstironisch, resigniert.

Die siebziger Jahre waren nicht gut für sie gelaufen. Die Rolling Stones waren dem Rat ihres Finanzberaters Rupert Prinz Loewenstein gefolgt und vorübergehend ausgewandert. Das Steuerasyl in Südfrankreich, vor allem in Nellcôte bei der Familie Richards, glich einem Heerlager auf einer niemals endenden Welttournee. Dutzende von Junkies, Spielkameraden, Nassauern und anderen so genannten Freunden mussten ständig verköstigt werden. Die Szenerie hatte im besten Fall etwas von «Satyricon», meist aber sah man Drogies und Junkies in verschiedenen Stadien der Ermüdung. Die Stones hatten sich ein mobiles Studio gekauft, zogen es jedoch vor, «Exile On Main Street» im Keller von Richards' Haus aufzunehmen. Auf der Platte sind einige schöne Stücke, aber der Blues ist fahrig, eher Barmusik um vier Uhr morgens, wenn keiner mehr richtig spielen kann und die Zuhörer zu müde sind, um noch was mitzukriegen.

Das Problem, unübersehbar, war Keith Richards. Bill Wyman ist nachtragend, er hasst Richards, der ihn nie gelten ließ und ihn als Sessionmusiker behandelte, als einen, der halt da war und im Hintergrund möglichst verlässlich spielte. «Keith hat die Band wegen seiner Drogensache zehn Jahre lang paralysiert», sagt Wyman heute. Mick Jagger war sich bis dahin nie schlüssig ge-

An der Côte d'Azur entstand «Exile On Main Street» (1972), und der Strom dafür wurde heimlich von der Überlandleitung abgezapft.

wesen: Sollte er in die Politik gehen, Schauspieler werden, Produzent, oder sollte er wirklich noch mit vierzig oben auf der Bühne stehen und «I can't get no – sssssatisfaction» singen? Jetzt blieb kein anderer übrig, er musste die Band auch als Manager übernehmen. Sie waren inzwischen den alten Decca-Vertrag los und bedankten sich, indem sie als letztes Stück den «Cocksucker Blues» ablieferten: «Oh, where can I get my cock sucked, where can I get my ass fucked / I ain't got no money but I know where to put it every time ...»

Die Zeit war gekommen, ein eigenes Label zu gründen, die Rolling Stones Records. Mit der ausgestreckten rot bleckenden Zunge, eine Erfindung natürlich von Jagger persönlich, etablierten sie einen Markenartikel, der fast so gründlich und weltweit verbreitet ist wie die Schweifschrift von Coca-Cola. Den Vertrieb überließen sie Atlantic. Allerdings waren sie noch Jahre damit beschäftigt, in langwierigen Verfahren gegen Allen Klein, Oldham, Easton und Decca wenigstens einen Teil des Geldes herauszuschlagen, das ihnen einst zugesichert worden war. Klein gab irgendwann nach, verfügt aber bis heute über die Rechte an ihrem Frühwerk. Er kann immer noch Platten mit «The Last Time» und «Dandelion» herausbringen, die alten Singles neu zusammenstellen, digital aufarbeiten lassen, und die Rolling Stones müssen es dulden.

«Goat's Head Soup» zeigte sie orientierungslos, aber mit «Angie» kamen sie als Gefühlsrocker in die Musicbox, eine Bestätigung für alle, die schon immer meinten, dass im Herz aus Stein sehr viel Sentimentalität poche. Die nächsten Platten waren ebenfalls nicht herausragend. Es fehlte die Konkurrenz der Beatles; was sich Anfang der Siebziger aufdrängte, war eine mindere Klasse.

Am 29. November 1974 rief Mick Taylor im Büro der Rolling Stones an und verkündete seinen Ausstieg. Das kam ein bisschen überraschend, denn die härteste Band der Welt, das war doch klar, verließ man allenfalls mit den Füßen nach vorn. Mick Jagger bricht seinen Urlaub ab, spricht nochmal mit Taylor, der sich aber nicht umstimmen lässt. Bei der Pressekonferenz, auf der die

Sie mögen John Lennon beinah ans Kreuz genagelt haben, der wahre Held der Arbeiterklasse ist und bleibt Mick Jagger.
Rolling Stone-Cover 1975

Personalgeschichte bekannt gegeben wird, sagt Jagger: «Ohne Zweifel werden wir einen brillanten, 1,90 Meter großen blonden Gitarristen finden, der sein Make-up selber machen kann.»
Zunächst hatte Taylor den Stones nur als besserer Sessionmusiker gegen Wochen- und Monatsgage angehört; erst später wurde er am Umsatz der Firma beteiligt. Selbst nach seinem Ausscheiden blieb er ihr leibeigen verbunden. Als die Band längst einen Nachfolger hatte, tauchten auf einer Platte, selbstverständlich ohne Nachweis, Tracks auf, bei denen Mick Taylor mitgespielt hatte. In München und Rotterdam stellten die Stones Rory Gallagher, Harvey Mandel und Wayne Perkins auf die Probe. Auch Jeff Beck und Jimmy Page waren im Gespräch. Schließlich wurde es Ron Wood von den Faces, die sich aufzulösen begannen, weil Rod Stewart seine Solo-Karriere forcierte. Von Ron Wood war schon länger die Rede gewesen. Keith Richards war Brian Jones so gründlich nachgefolgt, dass man sich überlegte, ob man diesen Junkie nicht aus der Band schmeißen und durch einen halbwegs nüchternen Gebrauchsmusiker ersetzen sollte.
Ron Wood, am 1. Juni 1947 geboren, war immer gut Freund mit allen Musikern in London. Mochten andere ruhig durchdrehen, jeden Tag noch pfauenhafter auftreten, noch virtuosere Gitarrenläufe hinlegen, Ronnie war mit einer soliden Bühnenshow und dem einen oder anderen Bier zufrieden. Er pflegt keine Neurosen wie Brian Jones, und er ist, anders als Mick Taylor, ein guter Saufkumpan.
In Paris finden sie schließlich Ende 1977 wieder zusammen: der Partylöwe Mick, der sich einige Zeit in New York verlustierte, der Junkie, der neue Sessionmusiker sowie Charlie und Bill, die sich in England längst auf ihre Güter zurückgezogen haben und ihre aufwendigen Hobbys pflegen. Der Vertrag verlangt eine neue Platte, und der gewaltige Außendruck lässt sie endlich wieder richtige Songs produzieren. Es war fast wie in den sechziger Jahren. Sie nehmen «Miss You» auf und engagieren einen Harmonikaspieler namens Sugar Blue, den sie in der Metro aufgegabelt haben. Für jeden war etwas dabei: Warhol half beim Cover, das

Und wenn Ron Wood nach Hause kommt, ist er selbstverständlich auch nur Familienmensch.

die Stones und andere Berühmtheiten wieder einmal als Frauen mit diesmal ganz besonders abscheulichen Zweithaar-Frisuren zeigte; die verstreute und sonst am Tropf von Nashville hängende Country-Gemeinde bekam bei «Far Away Eyes» ein stark vergiftetes Kompliment; und «Some Girls» war einfach der Rosenkranz zu Mick Jaggers Liebesleben: Manche Mädchen geben mir Geld, manche kaufen mir Anziehsachen, manche schenken mir Kinder, von denen ich nicht mal wusste, dass ich sie habe. In den nächsten zwanzig Jahren brachte diese Zeile regelmäßig Szenenapplaus, denn so kannten die Fans ihren Mick, den alten Weiberer. Und schwarze Mädchen, ja, die sind besonders schwierig, denn die wollen die ganze Nacht gefickt werden, «und so viel Saft habe ich einfach nicht». Der fromme Jesse Jackson erregte sich wunschgemäß über diese Formulierung, und somit kam es wenigstens zu einem kleinen Skandal für die Massen. Die Rolling Stones mochten sehr reich und auch schon etwas älter sein – sie verstanden es noch immer, die friedlicheren Bürger zu ärgern.

Am 2. Juni 1978 erschien in den USA «Miss You» als Single, eine Woche später die komplette LP, «Some Girls». Für den gepflegteren Geschmack gab es eine Lang- oder Discofassung von «Miss You», denn nach dem Film «Saturday Night Fever», erst recht seit das Studio 54 der Mittelpunkt der westlichen Partywelt geworden war, mussten auch die etwas besseren Stände bedient werden. Die Drogenwelt weste weiter im Hintergrund, doch es war nicht mehr die systematische Verkommenheit, die Brian Jones und Marianne Faithfull zelebriert hatten, sondern der Partyrausch mit Kokain und alles im besseren Anzug. Und so waren die Stones wieder bösartig wie ganz am Anfang, aber inzwischen in der Lage, jede Pop-Stimmlage zu bedienen.

Im Internat, Ende der sechziger Jahre, haben wir samstags immer gewettet, auf welchem Platz unsere Lieblingsbands in den Charts stehen würden. Das waren damals Creedence Clearwater

«Some Girls» kamen 1978 heraus, ein schier unglaubliches Comeback.

Revival oder Free, denn von den Alten, von den Beatles etwa, kam nur solcher Krampf wie «Ob-la-di, Ob-la-da» und, immerhin, «The Ballad Of John And Yoko». Die Rolling Stones hatten sich offenbar zurückgezogen. Sie existierten eigentlich nur auf *Bravo*-Postern, auf denen sie unglaublich böse ausschauten. Diese Jahre, 1968 und 1969, müssen sie irgendwo überwintert haben, eingefroren, möglicherweise im ewigen Eis. Als dann «Let It Bleed» erschien und «Exile On Main Street», wirkten sie erwachsen mit ihren düsteren Drogenscherzen. Selbst die sexuellen Anspielungen waren völlig ohne Witz und schwermetallisch. Ihre alten Hits von 1964 und 1965 hatten den Rang von Klassikern erreicht, die man andächtig hörte und vielleicht nachspielte, doch das gehörte schon ins Wahlfach Nostalgie. Dass es ihretwegen einmal zu Straßenschlachten gekommen sein sollte, schien unvorstellbar. Gesehen hätte ich sie trotzdem gern.

In der Punkzeit bin ich zwar von der ganzen Sechziger-Jahre-Singerei abgefallen, aber im amerikanischen Sommer von 1978 waren sie mit einem Mal wieder da. Im Kino lief der (vorübergehend) erfolgreichste Film aller Zeiten, zu Recht «Grease» genannt, und malte die Welt der Fünfziger sogar noch biedermeierlicher an, als sie es eh schon gewesen sein muss. Dagegen waren die neuen, die alten Rolling Stones verschlagene, sinistre Gestalten. Keith Richards wirkte in der John-Travolta-Disco-Welt wie ein Wesen vom anderen Stern: Er brachte sich vor aller Augen um und spielte dazu immer noch diese primitiven, ultracoolen Riffs. Ja, er war ein Junkie, aber er hing nicht herum, sondern lachte über seinen Zustand, haute sich, wie berichtet wird, vor aller Augen die Nadel durch die dreckigen Jeans in den Oberschenkel. Über den aufstiegseifrigen Mick Jagger konnte er nur spotten. Seit seiner Kindheit hatte er nicht mehr Tennis gespielt und auch keine Lust dazu. «Aber ich könnte noch immer auf den Platz hinausgehen und Jagger jederzeit in Grund und Boden ballern.»

Im Lauf des Juni baute sich die Spannung auf, dann wurde daraus ein Gerücht, schließlich gab es die ersten Termine: Die Rolling Stones spielen hier und da, und dann waren sie wieder fort.

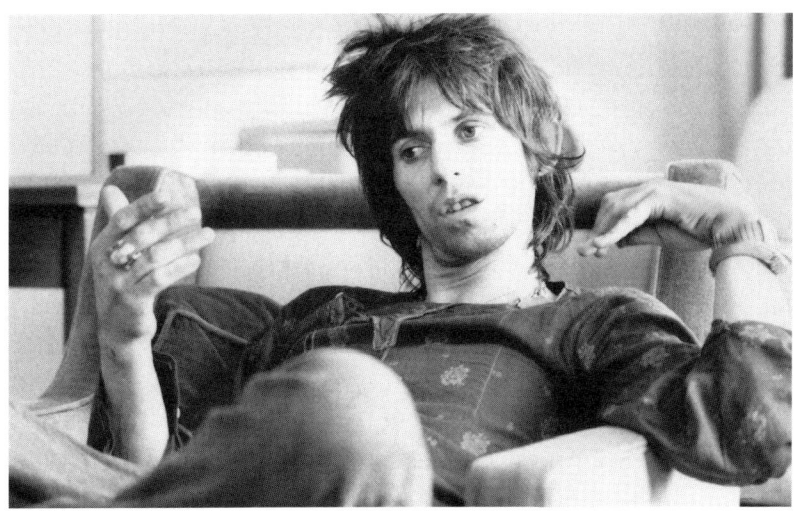

«Ich hatte nie Probleme mit Drogen, bloß mit Polizisten»: Keith Richards 1976.

Schließlich sickerte durch, dass sie in Los Angeles auftreten wollten und zwar in einem riesigen Baseball-Stadion in der Nähe von Disneyland. Das Konzert am 23. Juli, es sollte der Abschluss der US-Tournee sein, war bereits nach zwei Stunden ausverkauft. Klein stand dann in der Zeitung die Nachricht, dass es am folgenden Tag Karten für einen weiteren Auftritt geben sollte, und wirklich bekam ich für 13,25 Dollar doch noch ein Ticket. Am 24. Juli arbeitete ich mich mit dem Bus durch die ganzen Vorstädte von Orange County und kam mittags im Anaheim Stadium an. Jeder männliche Besucher wurde abgetastet, sogar der Brustbeutel durchfingert, alle Flaschen waren abzuliefern, auch Recorder und Kameras. Die Kontrolleure sahen nicht viel schöner aus als die klassischen Hell's Angels.
Die Rolling Stones, das war auch 1978 noch Altamont und die schwarze Messe, die dort gefeiert worden war. Gerade an der Westküste wollte man nichts mehr von Gewalt und einer Musik hören, die es so blutig ernst meinte. Fleetwood Mac etwa, einst eine der besten britischen Bluesbands, hatte sich völlig kalifornisiert. Ihre LP «Rumors» ist wahrscheinlich noch heute eine der

bestverkauften Platten. Gar zu süß zirpt Stevie Nicks da den unbedingt der Zukunft zugewandten Befehl: «Don't stop thinking about tomorrow...» Die Rolling Stones aber waren ein Relikt aus der Vergangenheit, als böse noch gut und sogar das Beste sein konnte. Doch die Polizei war diesmal streng und griff vorher durch: Die Morgenzeitung hatte gemeldet, dass 187 Menschen wegen Drogenvergehen festgenommen worden waren oder weil sie versuchten, über die Absperrung zu klettern.

Im Stadion hatte es über vierzig Grad. Als Erstes trat Peter Tosh auf, ein Reggae-Musiker, in den sich Keith Richards so leidenschaftlich verguckt hatte, dass er ihn auf dem Rolling-Stones-Label herausbrachte und ihm sein Haus auf Jamaika überließ. Hier bekam er nur Beifall, wenn er die Leute dazu aufrief, für die Rolling Stones zu klatschen. Um 14 Uhr tänzelte ein Mann über das Stahlseil, das von der Bühne zur obersten Tribüne gespannt war. Vor dem letzten steilen Anstieg auf dem durchgebogenen Seil warf er seine Schuhe ab. Das musste der berühmte Rock And Roll Circus sein. Brian Jones hätte nur gelacht.

Um 15 Uhr standen die Outlaws auf der Bühne, spielten 70 Minuten und sammelten etwas mehr Beifall ein als Peter Tosh. 50 000 Leute warteten in der infernalischen Hitze. Ein Kunstflieger machte Doppeldeckerkunstflugabstürze über dem Stadion und stieß bunten Rauch aus, damit es noch gefährlicher aussah. Fallschirmspringer sprangen ab aus dem immergleichen blauen Disneylandhimmel. Es blieb heiß.

Die Bühne war mit einem Gazetuch verhängt, ein großer Mund darauf, mit Zähnen allerdings, nicht mit der herausgestreckten Zunge. Schließlich Fanfaren, es ist auf die Minute genau 20 Uhr, Vorhang schnell weg, und die Roadies streckten den hereinstürmenden Musikern die Gitarren entgegen. Alles extrem professionell, aber es waren wirklich und wahrhaftig die Rolling Stones. In den acht Stunden, die ich bereits in diesem Höllenstadion verbrachte, hatte ich mich ganz nach vorn vor die Bühne gearbeitet. Mick Jagger trug eine weiße Mütze und einen plastikverstärkten Anzug. Hinten auf der Hose hatte er ein X draufgepappt (ts, ts!).

Zuerst sang er «Let It Rock», sagte dann artig «Good Evening», sang «Honky Tonk Women», «Star Star», dann die Stücke von der neuen Platte: «When The Whip Comes Down», «Beast Of Burden» und «Respectable». Bei «Lies» zickte und zuckte er wie ein Transvestit. Kein Gekreisch, nirgends die hysterischen Mädchen, die Nik Cohn einst bestaunt hatte. Die Frauen vor der Bühne ließen sich von ihren Männern auf die Schultern nehmen und hörten sich ekstatisch an, wie sie von Jagger, nun fast in Augenhöhe, beschimpft wurden. Besonders gut kommt: «Get out of my life, go take my wife and don't come back.» Besonders gut auch deswegen, weil Marsha Hunt angeblich versuchte, die Einnahmen aus genau diesem Konzert in Anaheim für ausstehende Unterhaltszahlungen pfänden zu lassen. Doch der alte Zauber wirkte, in den zwei Stunden, die sie spielen, werden fünfzehn oder zwanzig Frauen vor der Bühne hysterisch, drehen durch, kollabieren, müssen schließlich weggebracht werden, während ihnen die Tränen übers Gesicht laufen. Vielleicht lag dieses Überreagieren an der Hitze, aber ich bin sicher, dass es die reale Gegenwart des Numinosen war. Die Rolling Stones hatten sich aus lauter unwirklichen Gerüchten hier mitten unter uns materialisiert.

Mick Jaqger ist angezehrt, klein, schmächtig. Als er sein Hemd auszieht und einen kleinen Striptease veranstaltet, kann man seine Rippen zählen. Keith Richards hat seinen Auftritt mit «Happy». Er bekommt mindestens so viel Beifall wie Jagger, aber er hat wenig sichtbare Freude daran, ganz als wär's ihm peinlich, so im Mittelpunkt zu stehen. Sugar Blue spielt wie auf der Platte Saxophon zu «Miss You», Ian Stewart sitzt ganz hinten am Klavier. Bill Wyman rührt sich nicht, starrt vor sich hin, vorschriftsmäßig hinter seinem Bass verschanzt. Charlie Watts hat eine kahle Stelle am Hinterkopf und spielt präzisionsmäßig wie ein Hammerwerk. Kein Altamont, keine Lebensgefahr. War das ein normales Rolling-Stones-Konzert?

Seit dem Nachmittag hatten sich die Zuschauer damit unterhalten, dass sie Frisbee-Scheiben und selbstgemachte Bumerangs übers Feld treiben ließen. Noch immer flogen Frisbees, dann

An guten Tagen läuft Mick Jagger auf der riesenhaften Rolling-Stones-Bühne die halbe Marathonstrecke.

auch der Abfall durch die Luft, der sich beim stundenlangen Warten angesammelt hatte. Als davon etwas auf der Bühne landet, spielt Mick Jagger den Empörten und wirft es gleich wieder zurück. Jetzt beginnen die Leute zu reagieren und werfen mit Abfall und Badelatschen und was ihnen sonst zur Hand ist, und ein Roadie hat in den paar Sekunden zwischen den Stücken Mühe, alles wieder von der Bühne zu befördern. Als auch das zurückkommt, lassen sie es endlich liegen.

Plötzlich wird Mick Jagger von einem Schuh an der Nase getroffen. Die Situation droht außer Kontrolle zu geraten. Noch immer brechen Frauen vor der Bühne zusammen; die richtige Ekstase ist es dennoch nicht. Mick singt weiter, schrammt über seine Gitarre, hetzt hin und her, um beim Singen in Ruhe diese Nase befühlen zu können. Er bedankt sich für die Schuhe, sagt, die Rolling Stones würden sie in ihr «Repertoire» aufnehmen. Das Publikum ist auch damit nicht zu beruhigen, und er wird endlich böse. «Hört doch auf mit diesen *fucking shoes*», ruft er, «oder es soll doch gleich jeder seine Schuhe herschmeißen!» Erst lachen alle, dann wird mit allem geworfen, was sich am Boden finden läßt. Im Hagel weichen die Musiker tänzelnd den Geschossen aus und spielen dazu «Love In Vain». Die Gefahr, die sich allmählich aufgebaut hatte, ist plötzlich vorbei, die Aggression hat ein harmloses Ziel gefunden, die Gewalt, die in Altamont von Anfang an Teil des Konzerts gewesen war, meldet sich nur als ferne Erinnerung.

Als Zugabe kam «Jumpin' Jack Flash» und dann, zum Schluss, «Thank you, you fucking crowd!», was wiederum mit Begeisterung aufgenommen wurde.

In der Nachmittagshitze sind die vielen tausend Zuschauer ausgedörrt worden. Viele kifften, aber es passierte nichts, keine Ordner, keine Schlägertrupps waren vor der Bühne zu sehen. Obwohl es bedenklich eng geworden war, brach keine Panik aus; selbst die hysterischen Mädchen und Frauen, Accessoire aller Stones-Konzerte, ließen keine Unruhe entstehen. Die Band spielte so aggressiv wie möglich, doch es blieb friedlich im Stadion. Jeder war froh und dankbar, dass Keith Richards auftreten konnte. Was wusste man denn von Kokain und richtiger Sucht! Coca-Cola war die Botschaft im Stadium, und hielt nicht Mick Jagger sogar einmal einen rotweißen Becher hoch und grüßte das Coca-Cola-Logo, das der Sponsor noch über der Tribüne angebracht hatte?

Was hat Jagger bei diesem Aufstand der Fans gedacht? Schließlich wurde er von einem (harmlosen) Geschoss getroffen. Aber es ging gut, so gut, wie es bisher immer ausging.

Knapp zwei Jahre nach der massenhaften Heldenverehrung in Anaheim erschoss ein durchgeknallter Heldenverehrer in New York Jaggers Freund und Vorbild John Lennon.

Bill Wyman

> «Well, I miss the money, that's about all.»
>
> Bill Wyman (2001)

Im Sommer 1963, Andrew Loog Oldham hatte sie eben unter seine Fittiche genommen und begonnen, ihre Eigenarten zu betonen – die Haare, die Kleider, das rotzige Auftreten –, fuhr Bill Wyman einmal mit dem Zug. Er war bereits sechsundzwanzig Jahre alt, verheiratet, Vater eines Sohnes, aber er hatte sich für den Blues entschieden und für die Rolling Stones. Im Abteil saß ihm ein Geschäftsmann gegenüber, Anzug, Krawatte, Aktentasche, strenges Auftreten, das er sogleich verstärkte, indem er über «die Langhaarigen» herzog, «die man gar nicht erst in der Öffentlichkeit auftreten lassen sollte». Bill Wyman starrte den Schimpfer ungerührt an und sagte dann: «Ich werde für mein Aussehen bezahlt. Was haben Sie für eine Ausrede?»
Wyman war erkennbar etwas älter als die anderen Stones – er kam am 24. Oktober 1936 zur Welt –, aber mindestens so langhaarig wie sie, wie frisch aus dem Urwald geholt. So einer verdarb die guten Sitten und womöglich sogar das Geschäft. Um seinen guten Willen zu zeigen, bot deshalb Wallace Scowcroft, der Vorsitzende der britischen Friseurvereinigung, 1964 einen Gratishaarschnitt für die Gruppe an, die als nächste Platz 1 der Hitparade erreichen würde. «Am schlimmsten», fügte er hinzu, «sind die Rolling Stones. Einer sieht aus, als hätte er einen Staubwedel auf dem Kopf.»
Das war die Anarchie im Vereinigten Königreich. Dabei war der Finstermann nur knapp dem allernormalsten Angestelltendasein entronnen. Auch auf der Bühne ging er einem regulären Beruf

nach, erschien pünktlich zu den Proben, fiel nicht auf, beteiligte sich nicht an den Rivalitäten zwischen den großen dreien. Jagger und Richards machten die Musik, Brian Jones die Experimente, und Wyman stand einfach nur ungerührt da, starrte vor sich hin und schrummerte über den Bass (und wie er schrummerte: cf. «19th Nervous Breakdown»!), den er fast senkrecht vor sich hielt, ein Schutz und die schlimmste denkbare Waffe zugleich. Gern schminkte er sich das Gesicht weiß, damit er noch furchterregender aussah. Die Angst der Eltern um ihre nubilen Töchter war nicht unberechtigt, denn Wyman übertraf alle Stones mit seinem Groupie-Verbrauch. «Bei Bill war es zwanghaft», sagt Keith. «Er musste eine Tussi haben, sonst konnte er nicht einschlafen, bekam Heimweh, bekam Krämpfe, brach richtig zusammen, wenn er nicht jemanden im Bett hatte, egal, was.»

Als Rolling Stone tat er, was er in der Arbeit gelernt hatte: Er führte Buch. Wann er welches Mädchen mit ins Bett nahm; was sie vor oder nach dem Auftritt gegessen, getrunken, geraucht haben; wie das Hotel war, das Publikum, der Bus, das Flugzeug: Alles hat er in seinen Notizbüchern getreulich verzeichnet, ließ nichts verkommen und liefert damit die unverzichtbare Referenzquelle für die Geschichte der Rolling Stones. Die anderen amüsierten sich über diesen Buchhalterfleiß und dass dann jedes einzelne Mädchen, mit dem er je geschlafen hatte, in seiner Autobiographie «Stone Alone» gewürdigt werden musste. Wenn er Interviews gab, konnte er bewegende Klage über sein Heimweh führen, dass er wieder so lang von seiner Familie getrennt sein werde, dass ihn, wenn er nach Monaten endlich wieder zurückkäme, sein eigener Hund nicht mehr erkenne und nach diesem Landstreicher schnappe.

In «Jigsaw Puzzle» kommt dieser arme Odysseus deshalb auch mit seiner Lieblingsbeschäftigung vor: «Der Bassist ist nervös wegen der Mädchen, die draußen kreischen», allerdings ließ er sich auf der Bühne davon nicht wirklich beeindrucken, spielte, was von ihm erwartet wurde, und gab der Band den dumpfen, grollenden Sound. «Little Red Rooster» zum Beispiel ist aus die-

Bill Wyman hatte den größten Verstärker weit und breit. Endlich konnte die Band den Krach machen, den sie immer hatte machen wollen.

sen drei Komponenten verfertigt: dem schleppenden, südstaatenlasziven Gesang Jaggers, der kreischenden Slidegitarre von Brian Jones, und dazu brummt der Bass von Wyman. Das war die wahre Dschungelmusik, und wer sie hörte, dem lachte das Herz im Leibe, wenn es ihm nicht zitterte. Die anderen gönnten ihm zwar einmal eine Single, «In Another Land», doch die kam von dem ohnehin missratenen Album «Their Satanic Majesties Request» und reichte nicht zu einem Präzedenzfall. Als die Band sich wegen Keiths Drogensucht seit Ende der siebziger Jahre immer weiter auseinander bewegte, wurde Bill Wyman erst recht zum Sessionmusiker degradiert. Er gehörte wie Charlie Watts zur Rhythmusabteilung; niemand respektierte ihn. Und wie Watts sprach er immer häufiger davon, demnächst die Band verlassen zu wollen.
Während sie 1971 alle in Südfrankreich lebten, freundete er sich mit seinem Nachbarn dort an: Es war Marc Chagall. Dessen Werk wurde fortan Wymans Leidenschaft, und anders als Mick legte er gar keinen Wert darauf, den Zeitungen seine überraschenden Bildungsaspirationen mitzuteilen. Inzwischen hatte sich sein jugendlicher Ehrgeiz, wenigstens Millionär zu werden, erfüllt. In London eröffnete er ein Lokal, in dem er die Wände mit Souvenirs und Reliquien aus der Bandgeschichte dekorierte, und nannte es «Sticky Fingers».

Es sah alles nach einem sanften Hinübergleiten ins Pensionistenreich aus, als der fast Dreiundfünfzigjährige im Sommer 1989 skandalisiert wurde wie in alten Tagen. Diesmal ging es nicht um Drogen und auch nicht um uneheliche Kinder oder gar um eine wenig kundenfreundliche Tankstelle. Die Affäre mit «diesem schrecklichen Mandy-Mädchen» (Charlie Watts) war längst vorbei, als sich die verlässliche Wegbegleiterin *News of the World* der Geschichte annahm. Um nicht noch nachträglich als Kinderschänder belangt zu werden, musste der arme Bill Wyman die noch ärmere Mandy Smith heiraten, denn Mandy, die zart er-

Eine Woche danach verlangte Mandy die Scheidung und fünf Millionen Pfund.

rötende Braut, war erst neunzehn und bereits seit sechs Jahren Bill Wymans Freundin.

Mandy bestand auf einer Hochzeit ganz in Weiß – ein anglikanischer Priester führte die Trauung gewissenhaft durch. Man fuhr in die Flitterwochen und trennte sich nach einer Woche schon wieder. Die junge Braut war magersüchtig; der Vollzug der Ehe kam, wie Wyman nun wiederum der Presse klagte, leider nicht in Frage. Dafür sorgte schon Mandys Mutter, die der Einfachheit halber gleich mitkam. Sechs Jahre zuvor hatte sie nichts gegen den Verehrer ihrer Tochter einzuwenden. Jetzt freilich wusste sie Mandy darin zu bestärken, dass nur eine Abfindung von fünf Millionen Pfund den erlittenen seelischen Schaden wenigstens halbwegs auszugleichen vermöchte. Die Scheidung kam dann doch etwas billiger. Um die Affäre aber auf ihrem echt blonden Niveau zu halten, musste Bills auch schon dreißigjähriger Sohn Stephen unbedingt Mandys Mutter heiraten. Das war schlimmer als Sex & Drugs und alles andere als Rock 'n' Roll.

Fünf Monate nach der Scheidung von Mandy heiratete Wyman das amerikanische Model Suzanne und war nunmehr entschlossen, endlich ein ruhiges Leben zu führen.

Am 6. Januar 1993 gab Bill Wyman bekannt, dass er die Rolling Stones verlassen habe. «Ich habe einfach keine Lust mehr», sagte er und wandte sich seinen Hobbys zu. Aufgetreten war er allerdings schon zweieinhalb Jahre nicht mehr: Beim Konzert im Wembley-Stadion am 25. August 1990, der 117. Show ihrer Urban-Jungle-Tournee, stand Bill Wyman zum letzten Mal mit den Rolling Stones auf der Bühne. Kurz vor seinem Ausscheiden schloss die Band einen neuen Vertrag mit Virgin über geschätzte 31 Millionen Pfund. Wyman hatte trotzdem keine Lust mehr. Ende 1993 musste Charlie Watts zwei Wochen lang Bassisten anhören, mit ihnen spielen, und schließlich gab er Darryl Jones seinen Segen. Auf den Plattencovern erscheint er nur klein gedruckt, auf den Plakaten gar nicht: Dieser neue Jones gehört nicht zu den Stones, er darf nur bei ihnen mitspielen.

Die Chef-Stones hatten nie Interesse an Wymans Beitrag gezeigt, deshalb brachte er als Erster eine Solo-LP heraus; «Monkey Grip» erschien 1974. Sieben Jahre später schaffte er es mit dem etwas bescheidenen Stück «Si Si Je Suis Un Rock Star» sogar auf den ersten Platz der Hitparade, ein Kunststück, das dem Solisten Mick Jagger nie gelingen wollte. Gelegentlich tritt er mit seiner Band, den Rhythm Kings, auf, mit anderen älteren Herrschaften wie Georgie Fame, Gary Brooker oder Albert Lee, aber es ist nichts Ernstes mehr. Er hat es überstanden, ist nicht gestorben und nicht einmal übermäßig verbittert. Gut voltairisch ist Bill Wyman zuletzt Mitglied der Royal Horticultural Society geworden.

12. Blue Turns To Grey

«Hope I get rich before I get old.»

Julie Burchill und Tony Parsons über
die Rolling Stones (1978)

Mick Jagger habe einmal, so berichtet Jerry Hall, ein altes Adressbuch aus den Sechzigern gefunden, und die Hälfte der Leute, die darin standen, «war tot. Es war wirklich schrecklich.» Aber nicht überraschend. Nachdem Keith Richards mit seiner Sucht die Band fast ruiniert hatte, gab Jagger alle Drogen auf. Keith folgte ihm, zögernd und immer zu einem Rückfall bereit. «Heute trinken sie nicht mal mehr Kaffee oder Alkohol und rauchen auch nicht mehr», sagt Jerry Hall, die es wissen muss. «Ich trinke manchmal ein Glas Wein, ich rauche und trinke Kaffee, und Mick hält mich für furchtbar verdorben.»

Die vielen Toten, die sie hinter sich gelassen haben, waren auch abschreckend genug. Marshall Chess, der Chef der Rolling Stones Records, mit dem zusammen sich Keith Richards 1973 der berüchtigten Blutwäsche unterzog, starb an seiner Rauschgiftsucht. Nicky Hopkins, Jack Nitzsche, Jimmy Miller und Glyn Jones, die als Produzenten oder Musiker zum Erfolg der besten Stones-Platten beigetragen haben, sind der Reihe nach alle gestorben. Robert Fraser fing sich als einer der ersten Briten Aids ein und starb. Donald Cammell, mit dem Jagger «Performance» gedreht hatte, beging Selbstmord, indem er sich vor einem Spiegel eine Kugel in den Kopf jagte; er konnte sich noch 45 Minuten beim Sterben zusehen.

Am 12. Dezember 1985 traf es ganz überraschend auch Ian Stewart. Er war bei seinem Arzt gewesen, um sich gründlich untersuchen zu lassen. Beim Verlassen der Praxis fiel der immer während inoffizielle Stone tot um. Er war erst siebenundvierzig. Alle

Bandmitglieder kamen zu seiner Beerdigung, und zweieinhalb Monate später fand (nur für geladene Gäste) im 100 Club in London ein Konzert zu seinen Ehren statt. Eric Clapton, Pete Townshend, Jack Bruce und Jeff Beck traten zusammen mit den Rolling Stones auf, und es wurden nur Klassiker gespielt, also Stewarts Lieblings-Bluesnummern von Muddy Waters, Chuck Berry und Robert Johnson. Es war unvermeidlich auch ein Requiem für die alten Stones, die sich so weit von ihren Anfängen im Dartford-Delta fortentwickelt hatten und so weltberühmt geworden waren, dass sie inzwischen kaum mehr zusammen musizieren konnten.

Mick Jagger und Keith Richards redeten nämlich nicht mehr miteinander und hielten Kontakt allenfalls durch Interviews, in denen sie dem jeweils anderen eins und noch eins überbrieten. 1983 wurde Julian Temple, der «Absolute Beginners» (über die englischen Mods) und «The Great Rock And Roll Swindle» (über die Sex Pistols) gedreht hatte, bestellt, um ein Video zu «Undercover» zu fertigen. Keith Richards äußerte seine Wünsche mit Hilfe seiner legendären Machete, die er Temple gegen den Hals drückte. Dafür durfte Richards den Banditen spielen und Mick Jagger entführen und hinrichten. Endlich Musik, die Spaß machte, jedenfalls Keith.

Beim Live-Aid-Konzert 1985, von Bob Geldof organisiert zugunsten der hungernden Kinder in Äthiopien, zeigt sich die Aufspaltung der Rolling Stones: Mick Jagger singt im Duett mit Tina Turner, während Keith Richards und Ron Wood (in einer berüchtigten Darbietung) Bob Dylan begleiten. Die beiden «Glimmer Twins» konnten sich offenbar noch weniger ertragen als Brian Jones und Richards 1967, dem Jahr, in dem Anita Pallenberg ihre Gunst neu verschenkte.

In den Suchtjahren hatten sich Jagger und Richards so gründlich wie ein altes Ehepaar mit der Aussicht auf die Silberne Hochzeit entfremdet. Gegen den heftigen Widerstand von Keith entschloss sich Mick Jagger zu einer Solo-Karriere und verwendete seine musikalischen Einfälle lieber für eigene Projekte. Richards musste ihn immer wieder zwingen, gelegentlich auch an die Gruppe

Rauchen gefährdet Ihre Gesundheit.

zu denken. Bis heute gelingt es ihm nicht, die Rolling Stones so ausschließlich als Geschäftsbetrieb zu verstehen wie Jagger.
Anfang 1985 erscheint dessen erste Solo-LP mit dem hübschen Titel «She's The Boss». Er geht auf Tournee, tritt in Japan auf, wo die Rolling Stones bisher wegen ihrer diversen Drogenvergehen nicht geduldet wurden. Die Tournee ist ein großer Erfolg; Mick Jagger braucht seine Band eigentlich gar nicht mehr. Richards wird noch zorniger, schließt dann aber ebenfalls einen Solo-Vertrag ab; 1988 erscheint sein erstes eigenes Album, «Talk Is Cheap». Er tritt mit den X-Pensive Winos auf, Charlie Watts bringt eine Jazz-Platte heraus, Ron Wood tourt mit Bo Diddley zusammen als The Gunslingers und beginnt eine alternative Laufbahn als Karikaturist und Maler. Seine Werke kann er in der eigenen Galerie ausstellen.
Inzwischen war der Rechtsstreit mit Allen Klein nach über zehn Jahren beigelegt. Mick Jagger hatte wieder Nachwuchs bekommen und war als moderner Achtziger-Jahre-Vater selbstverständlich bei der Entbindung dabei. Ron Wood wurde ebenfalls Vater und heiratete, genauso wie Keith Richards. Bei seiner Coolness fiel es ihm erst recht nicht schwer, bei der Entbindung von Theodora Dupree (nach seinem Großvater) dabei zu sein. Und Bill Wyman beginnt mit Ray Coleman zusammen die Geschichte der Rolling Stones zu schreiben, «Stone Alone».
Diese Geschichte fand einen vorläufigen Abschluss am 18. Januar 1989, als Pete Townshend von den Who die Freunde von den Rolling Stones (einschließlich Brian Jones, Ian Stewart und Mick Taylor) in die Rock and Roll Hall of Fame aufnahm. Bill Wyman erschien erst gar nicht zu den Feierlichkeiten, Charlie Watts hatte das Flugzeug verpasst, die Band war sichtbar zerfallen. Jeder hatte in der Zwischenzeit seine eigenen Hobbys gepflegt, aber irgendwann wurde ihnen das offenbar zu langweilig. Im August 1989 stehen Mick Jagger und Keith Richards zum ersten Mal seit sieben Jahren (das Gedenkkonzert für Ian Stewart nicht gerechnet) in New York wieder gemeinsam auf der Bühne.
Bei weiteren öffentlichen Auftritten beenden Richards und Jagger

schließlich formell ihre Feindschaft. Besonders die Zeitschrift *Rolling Stone*, die sich immerhin nach der Band benannt hat und der der leidenschaftliche Zeitungsleser Mick Jagger anfangs mit einer kleinen Investition beistand, berichtete ausführlich über die Versöhnung. Doch ist es wirklich so weit gekommen? Versöhnt sind sie wahrscheinlich nicht, aber alte Profis. Es waren auch nicht mehr viel übrig aus der besten Zeit der Pop-, Rock- und Bluesmusik.

Wie so oft, half dabei ein kleiner finanzieller Wink. Der kanadische Veranstalter Michael Cohl garantierte den Rolling Stones fast eine Million Dollar für jedes der sechzig Konzerte, die sie von August 1989 an unter dem Titel «Steel Wheels» geben sollten. Sofort tauchten die bekannten Berichte über die «Dinosaurier des Rock 'n' Roll» auf, die nur mehr des Geldes wegen zusammenblieben, und die gleichzeitig erscheinende Platte «Steel Wheels» schien zu bestätigen, dass es mit der musikalischen Substanz nicht allzu weit her war. Bald freilich wurde klar, dass die Rolling

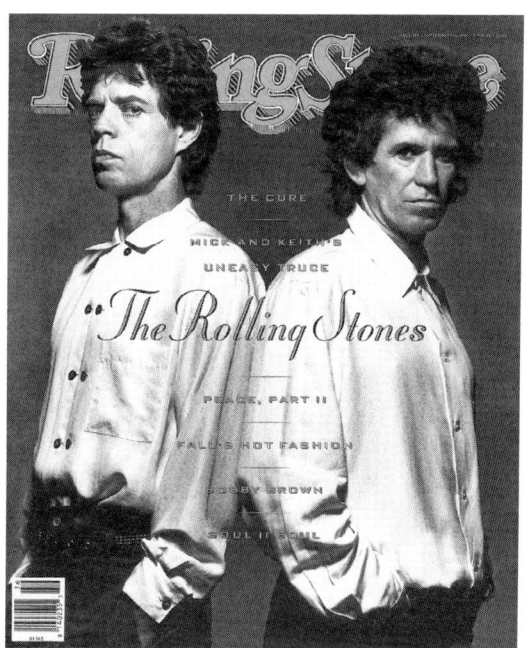

Es ist ein Jammer, aber irgendwann hatte sich auch die beste Kombination seit Stan Laurel und Oliver Hardy auseinander gelebt. Rolling Stone-Cover 1989.

Stones zwar ein klein wenig älter waren als Michael Jackson, aber noch immer Welttourneen durchstanden und regelmäßig ganze Stadien zum Kochen brachten.

Im Februar 1990 konnten sie endlich auch gemeinsam in Japan spielen. Im Juli, als sie die Tour unter dem Namen «Urban Jungle» in Europa fortsetzten, sagten sie mehrere Konzerte in England ab; Keith Richards' rechter Zeigefinger hatte sich entzündet und sollte erst ausheilen. Der offiziellen Bandchronologie von James Karnbach und Carol Benson zufolge war es das erste Mal in achtundzwanzig Jahren, dass ein Konzert infolge der Erkrankung eines Bandmitglieds abgesagt werden musste. Brian Jones fiel in den sechziger Jahren wiederholt wegen Bronchitis, Alkohol-Abusus oder allgemeiner Depression aus, aber die anderen gingen trotzdem auf die Bühne. Während der glorreichen kreativen Pause, die sich Keith Richards in den Siebzigern gönnte, sind die Rolling Stones immer zusammen mit ihrem Edel-Junkie aufgetreten. Echte Musiker arbeiten nämlich bis zum Umfallen, und dann stehen sie wieder auf.

«Vielleicht hoffen die Leute ja, dass wir schließlich doch von der Bühne kippen», meinte Charlie Watts einmal. «Ja, das wäre ein Schauspiel!» Aber sie tun einem den Gefallen einfach nicht. Auf der Bühne stehen immer noch leidenschaftliche Musiker.

Die ausdauerndste Band der jüngeren Musikgeschichte wurde immer größer und mächtiger und ist heute von einem handelsüblichen multinationalen Konzern schon nicht mehr zu unterscheiden. Das hat manchmal schrecklich banale Folgen. Bei der letzten Tour, die aus irgendwelchen, gewiss sehr unmoralischen und dekadent gemeinten Gründen «Bridges to Babylon» hieß, gab es ein Memo, in dem detailliert aufgeführt war, wie sich die Rolling Stones die Garderobe vorstellten. Dass die Hostessen, die ab drei Uhr nachmittags das Essen servieren, «gut angezogen und gepflegt» sein und «Erfahrung als Bedienung» haben sollten, überrascht nicht weiter. Die Band reist zwar mit dem eigenen Meublement, aber dafür sollte ein Fitnessraum bereitstehen, ein

Raum zum Stimmen der Instrumente, zwei für die Band mit ausreichend Platz für zwölf Leute (plus ein «besonders sauberes Badezimmer mit fließend warm und kalt und vier Ausgängen») sowie ein Abfalleimer und ein Tisch für Essen und Getränke. Dazu eine Lounge, in der wenigstens sechzig Leute Platz finden sollten. Außerdem braucht man einen Billardtisch mit Stöcken, Kreide, Tafeln. Die Kugeln immerhin würden vom Management gestellt. Fünf verschiedene Videospiele werden angefordert, darunter auch eins, das «für Familien und kleine Kinder geeignet ist». Im «Make-up-Zimmer» sollte sich unbedingt ein Bügeleisen mit Bügelbrett befinden und außerdem Platz für eine «mobile Make-up-Station» bleiben. Kaum vorstellbar, dass sie da noch den Blues vom Po' Boy spielten oder wenigstens jenen von dem armen Jungen, der (aber ja doch!) auch einer von uns ist und sich erst nach etlichen Gewissensqualen gegen das Steinewerfen auf der Straße entschieden hat.

Elizabeth Jagger, die «klassische Schönheit mit Papas Lippen», wirbt für Lancôme.

Irgendeine Band – war es Pink Floyd? Oder doch Emerson, Lake & Palmer? – präsentierte auf dem Cover einer Live-LP die Lastwagen, die es brauchte, um das gesamte Equipment von Stadt zu Stadt zu karren, dort wieder aufzubauen, nach dem Auftritt abzubauen und neu zu verschiffen. Geld ließ sich damit nicht verdienen, dafür war der technische Aufwand viel zu groß. Die Unkosten kamen erst über die Platten wieder herein. Die Rolling Stones fingen früh an, mit diesen riefenstählernen Dimensionen zu konkurrieren.

Ein solches Riesenunternehmen braucht Planungs- und Entscheidungskompetenz, und hier wird die Sache fürs geldeintreibende Gewerbe interessant. Schon Ende 1963, noch lange vor Erscheinen der ersten LP, verdienten sich die Rolling Stones ein bisschen Geld nebenher und traten in einem Spot für sprechende Rice Krispies auf. Brian Jones schrieb die Musik zu «Wake Up In The Morning» (klingt ja auch wie ein Blues, aber einer, der bestimmt gleich in H-Milch ertränkt wird), die Werbeagentur lieferte einen kongenialen Cornflakes-Text, und nie-nie-niemand sollte je davon erfahren, dass sich die harten Blueser aus Richmond, na ja, an die Reklame verkauft hatten. Später machten sie auf Betreiben ihres Managers Werbung für Hohner (Mundharmonikas) und Vox (Verstärker, übrigens aus Dartford), aber das war immerhin noch Musik.

Ende 1969, bei der ersten Comebacktournee, bekundete die Großindustrie ihre Sympathien für die Rolling Stones. Wagen der Fa. Chrysler transportierten Musiker, Frauen, Roadies und Equipment kostenlos vom Flughafen zum Hotel und zur nächsten Bühne. Wenn alles gut gehe, wenn es zu keinen Drogenexzessen komme, wollte Chrysler nicht etwa große Werbetafeln aufstellen, auch keine Erklärungen herausgeben, sondern bloß am Ende der Nordamerikatour sagen dürfen, dass die Rolling Stones mit Chrysler-Fahrzeugen durch die USA gefahren waren. Dazu wurde ein ehemaliger Drogenbeauftragter des FBI angestellt, der, wie er dem eifrig notierenden Reporter Stanley Booth versicherte, im

«Der Rock 'n' Roll hat sich verbraucht», erklärte Mick Jagger bereits im Jahr 1981. Doch der Mann auf der Bühne weiß zum Glück nichts davon.

Notfall vor allem seinen «politischen Einfluss» geltend machen wollte. Und das heißt? «Wenn jemand verhaftet wird. Ich kann jeden raushauen.» Also möglichst keine Skandale, und dann klappe es auch mit dem Markt der jugendlichen Käufer. Damals, 1969, ist die Sache aber bekanntlich nicht so gelaufen wie geplant.
So leicht waren sie später nicht mehr zu haben, da musste dann schon eine Weltmarke die andere bewerben. Deshalb ließen sie ihre Monstertourneen von Coca-Cola finanzieren oder von Pepsi. Pepsi zahlte ihnen drei Millionen Dollar für ein exklusives Privatkonzert nur für Firmenangestellte, und um bei der Entgiftung der Gesellschaft mitzuhelfen, meldeten sich sogar die Rolling Stones zum «Kampf gegen die Drogen» und vergaben «Brown Sugar» als Werbejingle an Pepsi. «Brown Sugar» ist, nach Ansicht von Kennern jedenfalls, der Codename für chinesisches Heroin. «Start Me Up», kein besonderes Stück auf der Platte «Tattoo You» (1981), aber wie eigens dafür geschrieben, wurde für fünf, sechs, sieben Millionen Dollar die Werbemelodie für Microsoft.
Kaum billiger kam der Deal mit Volkswagen. Als es von interessierter Seite Kritik am Plattentitel «Voodoo Lounge» gab, beeilte sich Keith Richards zu versichern, dass «Voodoo Lounge» nichts Schlimmes zu bedeuten habe, neinnein, denn so heiße das Klo eines Kätzchens, das er mal bei sich aufgenommen hatte. Das Volkswagenwerk bat die Rolling Stones zu einem größeren Betriebsfest auf einem seiner Parkplätze in Wolfsburg, Ferdinand Piëch lud in seine eigene «Voodoo Lounge». Wenn man ihn fragte, würde Herr Piëch gewiss die Tischmanieren Mr. Jaggers zu rühmen wissen und was er doch für ein harter Verhandlungspartner ist. «Jaggers Verehrung für die Leute ganz oben wird nur noch von seiner Hingabe an das übertroffen, was ganz unten herauskommt», findet der Stones-Biograph Philip Norman. Schwer zu widersprechen, aber gut.
Und brav trug Mick Jagger am 25. August 1995 ausgewählten Kennern wie Theo Waigel, Rudolph Moshammer und Frau Scharping sowie 90 000 weiteren Fans sein Unbehagen an der spätkapitalistischen Konsumgesellschaft vor, in der er einfach keine

rechte Befriedigung finden konnte. Und? Es wirkt. Angetrieben von der «größten Rock 'n' Roll-Band der Welt» verkaufte VW gleich 50 000 Autos mehr. Selbst meine siebzigjährige Mutter, die sich seinerzeit ziemlich aufregen konnte über lange Haare, fuhr jetzt einen roten Golf Marke «Rolling Stones».

Früher einmal fielen den Erziehungsberechtigten die Ohren ab, wenn sie den überirdischen Krach der Rolling Stones hörten. Doch im Laufe der Jahre hat die Erwachsenenwelt zu immer noch billigeren Unterwerfungsgesten gefunden und die ewige Jugendbande in immer noch größeres Verständnis gehüllt. In Cleveland, wo ihnen einmal der Bürgermeister den Auftritt verweigern wollte, gibt es heute ein Rock 'n' Roll-Museum. Wenn die Rolling Stones in die Stadt kommen, holen die Eltern nicht mehr ihre jungfräulichen Töchter von der Straße, sondern präsentieren sie ihnen in einem vormodernen Ritual beim *meet & greet* hinter der Bühne.

Auf der Autobahn gibt es keinen Wohnwagen mehr, von dem nicht die leuchtend rote Zunge bleckte, keine Energiereklame kommt mehr ohne «Satisfaction» aus, und wer keinen Ohrring trägt, den nimmt heute nicht einmal mehr die Deutsche Post AG. Wir haben auf der ganzen Linie gesiegt und alles verloren.

Popmusik ist ein Geschäft, größer, schöner, erfolgreicher als die Autoindustrie. «Der Rock 'n' Roll hat sich verbraucht», erklärte Mick Jagger bereits im Jahr 1981. Aber deswegen muss man seine Band noch längst nicht auflösen. «Die Stones», meint Marianne Faithfull, «haben die Ideen, mit denen sie spielten, überlebt, ohne ihnen zum Opfer zu fallen. Sie haben sie nämlich nie so ernst genommen wie ihre Fans.» Es ist alles ein Spiel, und garantiert eine gute Zeit für alle.

Charlie Watts

«Playing the drums was all I was ever interested in.»

Charlie Watts (2000)

Bei einem Treffen, bei dem ein neues Album besprochen werden sollte, betranken sich Keith Richards und Mick Jagger einmal ganz fürchterlich in ihrem Hotel. Mick verträgt nämlich nichts, sagt Marianne Faithfull, aber gelegentlich ist er doch nicht so besonnen, wie man ihn kennt, und er trinkt trotzdem. Die anderen waren längst schlafen gegangen. Gegen Morgen fiel es Jagger ein, bei Charlie Watts anzurufen. «Ist da mein Drummer? Wo ist mein verdammter Drummer? Beweg sofort deinen Arsch herunter!» Watts legte auf, rasierte sich, zog ein neues weißes Hemd an, band die Krawatte um, zog seinen maßgeschneiderten Anzug an, schlüpfte in seine handgefertigten Schuhe. Dann fuhr er mit dem Aufzug nach unten, packte Mick Jagger am Schlafittchen, versetzte ihm einen linken Haken und haute ihn in eine Lachsplatte. «Nenn mich nie wieder deinen Drummer», knurrte Watts mit zusammengebissenen Zähnen. «Du bist mein verdammter Sänger.» Charlie Watts ist nämlich nicht nur gut, sondern war schon immer etwas Besseres.

Das beginnt damit, dass er Rock 'n' Roll hasst. Nach übereinstimmenden Berichten hatte er sich von dieser Proletenmusik noch keine Sekunde angehört, ehe er sich, widerstrebend, den Rolling Stones anschloss. Zuvor spielte er bei den Blues By Six, natürlich Blues. Damals war er bereits in der Kunst, nämlich als Werbegrafiker tätig, und zögerte lange, ob er sich mit diesen unappetitlichen Figuren zusammentun sollte, die als erstes verlangten, dass er sich die Haare wachsen ließ.

1965 veröffentlicht er ein Buch, «Ode To A Highflying Bird». Er hatte es vier Jahre zuvor geschrieben, selber gezeichnet, eine Hommage an Charlie Parker. Davor war er nur artig gewesen und berechtigte seine Eltern zu den schönsten Hoffnungen. Sein Vater arbeitete bei der Eisenbahn, und der am 2. Juni 1941 geborene jüngere Charles sollte es einmal besser haben. Mit den Rolling Stones hoffte er, wenigstens einmal nach Amerika zu kommen und dort seine Jazzidole zu treffen. Heute ist er mit sehr viel mehr Geld als ein Jazzmusikant geschlagen und deshalb in der Lage, die teuersten Pferde in ganz Großbritannien zu züchten, Schlachten des amerikanischen Bürgerkriegs nachzustellen oder, wenn ihn die Lust ankommt, mit echten Jazzmusikern auf eine reine Jazztournee zu gehen.

Die Rolling Stones sind seine Band, aber es ist einfach nicht seine Musik. Nur wenn es sich überhaupt nicht mehr vermeiden lässt, kommt er ins Studio, drischt auf sein Schlagzeug ein, gibt den anderen den Takt vor und geht dann wieder nach Hause. Bei den Tourneen verschwindet er fast hinter seinen vielen Becken. Schämt er sich, Komplize beim Jagger'schen Hinternwackeln zu sein, sogar befreundet mit dem berufsmäßigen Junkie Keith Richards? Charlie Watts war immer ein Muster an Eleganz, Höflichkeit, Zurückhaltung und Stil. Wie nur hat er es vierzig Jahre mit den Rolling Stones ausgehalten? Obwohl er seit zwanzig Jahren damit droht, die Band jetzt doch zu verlassen, ist er ihr treu geblieben.

Am Anfang, als sie noch ständig auf Tournee waren, saß er abends in seinem Hotelzimmer und verzehrte sich nach seiner Frau Shirley. Die anderen mochten sich zwei, drei Mädchen mit aufs Zimmer nehmen, er führte stundenlange Auslandsgespräche mit ihr. Die anderen nahmen Drogen? Charlie hielt sich allenfalls an einem Rotweinglas fest. Das einzige Laster, von dem man wusste, war sein Zeichenzwang: Er muss von den Tourneen etwas mit nach Hause bringen und zeichnet deshalb jedes Bett, in dem er unterwegs geschlafen hat.

Und dann das, und so spät im Leben: Charlies Frau – sie sind fast ebenso lange verheiratet, wie es die Rolling Stones gibt – beginnt zu trinken, er hält mit. Ihre Tochter Serafina wird, ausgerechnet, wegen Haschrauchens aus der Schule geworfen. Charlie Watts sucht Bill Wyman auf, bespricht sich, betrinkt sich stundenlang mit ihm. Die anderen Bandmitglieder haben längst all den Rauschmitteln abgeschworen, von denen sie Jahre und Jahrzehnte mehr oder weniger abhängig waren («dafür sind sie doch viel zu alt», hämte Jerry Hall einmal), aber jetzt, mit über vierzig, verabreicht sich der bekümmerte Charlie Watts systematisch Heroin, nimmt Aufputschmittel, trinkt natürlich. Seine Tochter muss

Charlie Watts hatte schon vor den Rolling Stones einen Beruf, genauso wie Bill Wyman. Die beiden kamen als Einzige immer pünktlich zu den Aufnahmen.

Auf den Tourneen zog sich Charlie Watts lieber zurück und dachte in Ruhe über alles nach.

an Dracula denken, wenn sie ihn sieht, er nennt es seine *midlife crisis*. Zwei Jahre lang ist er, wenn auch nur in Maßen, abhängig von dieser Betäubung. Dann bricht er sich, als er eine Flasche Wein aus dem Keller holen will, im August 1985 den Knöchel. Mit seiner Charlie Watts Big Band ist er drei Monate später für einen Auftritt gebucht, und das bringt ihn zurück. Von einem Tag auf den anderen hört er mit allem auf, raucht nicht mehr, trinkt nicht mehr, nimmt nichts mehr. Der Jazz hat ihm wahrscheinlich das Leben gerettet; und sein Bestreben, möglichst wenig Aufsehen zu machen, seine Bescheidenheit. Deshalb mag jeder Charlie Watts am liebsten von den Rolling Stones.

Nach dem letzten Konzert ihrer US-Tournee von 1972 gibt es eine kleine Party im Hotel St. Regis. Es ist der 26. Juli, Micks neunundzwanzigster Geburtstag, und die 20000 im Madison Square Gar-

den haben ihn wieder gefeiert. Als sie zur Zugabe zurück auf die Bühne kommen, fließt Champagner. Bianca erscheint, überreicht ihm einen Plüschpanda, küsst Mick, als auch schon die erste Sahnetorte auf ihm landet. Der Bühnenmanager Chip Monck hat 154 Torten vorbereitet, und die fliegen jetzt so lange auf der Bühne hin und her, bis jeder trieft und anschließend in der Schmiere steht. Charlie Watts spielt ungerührt «Happy birthday, happy birthday to you», kommt zu Ende, will eben aufstehen, als ihm Ian Stewart zwei Torten, eine von links und eine von rechts, an den Kopf knallt. Das ist Rock 'n' Roll. So viel Spaß muss sein, nur für Charlie ist es keiner.
Aber der Ärger ist noch längst nicht zu Ende. Zur Party treten auf: Muddy Waters und Count Basie. Charlie ist den Tränen nahe: Er hört Count Basie, und der spielt für die Rolling Stones, Count Basie, eins seiner größten Idole, spielt für ihn. Es ist nicht richtig, es ist alles verkehrt. Denn er weiß noch, wo ihre Musik herkommt, aus Amerika, von diesen Schwarzen, die ihnen jetzt aufspielen, weil die Rolling Stones so viel berühmter sind.
Stanley Booth traf ihn einmal in einer melancholischen Minute rauchend auf der Couch an. Die Rolling Stones eroberten sich gerade wieder Amerika zurück, und Mick Jagger sang überall «It's Alright Now» und welchen Spaß es mache, Jumpin' Jack Flash zu sein. Watts spielte mit, so laut es ging, denn es war doch seine Band und Mick Jagger war sein Sänger. «Weißt du, dass ich einmal mit Benny Goodman gespielt habe?», sagte er dann. Es war ganz am Anfang in London, Watts trommelte gelegentlich für Alexis Korners Band, die an jenem Abend bei einer Party auftrat. Benny Goodman kam herein, ein Besucher nur, ein Gast, aber er spielte. «Wir hinter ihm waren schrecklich, aber er spielte vier oder acht Takte, die einfach unglaublich waren ...»
Vier oder sogar acht Takte Seligkeit im Leben, wer kann das schon beanspruchen?

13. Sittin' On A Fence

«They make a lot of money. Why try to ruin a good thing?»

Jerry Hall (1981)

Kurz vor seinem Tod, Ende 1980, gab John Lennon ein Interview, in dem er wieder einmal über seine alten Beatles herzog. Dann kamen die anderen an die Reihe: Er brauche das nicht, dass die Leute ihn toll finden, sagte er, dafür sei eher Mick Jagger zuständig. «Ein paar Typen gratulieren den Stones, weil sie 112 Jahre zusammen geblieben sind. Um Himmels willen! In den achtziger Jahren wird man fragen: ‹Warum sind diese Stones noch immer zusammen? Können die nicht alleine mit der Welt fertig werden? Warum müssen die immer von einer Bande umgeben sein?» Er kann gar nicht genug schimpfen: Die Beatles und die Stones seien bald schon «Antiquitäten, die man in alten Wochenschauen sieht. Da werden sie Bilder zeigen von dem Burschen mit Lippenstift, der mit dem Arsch wackelt, und von den vier Typen mit dem bösen schwarzen Make-up, die versuchen, geil auszusehen. *Das wird der Witz der Zukunft sein.*»

Diese Witze gab es reichlich, und es gibt sie immer noch. Und doch haben sich die Rolling Stones als überlebensfähig erwiesen, und wahrscheinlich nicht zuletzt, weil sie in den Achtzigern, in denen sie so verloren wirkten, fast völlig abtauchten und sich die eine oder andere *midlife crisis* nahmen. Sie sind vielleicht noch immer keine richtigen Stützen der Gesellschaft, aber ein Muster an Lebenskraft und Disziplin. Sei es dieses bewusste Leben oder ein jährlich wiederkehrendes Schweizer Blutwunder, sie haben sich nach den Exzessen der frühen Jahre erstaunlich gut gehalten.

Nach wie vor ärgert Mick Jagger seinen Milchbruder Keith

«Auch wenn ihr uns aufhängt: Wir werden trotzdem nicht sterben.» The return of Their Satanic Majesties Request – Rolling Stone-Cover 1994.

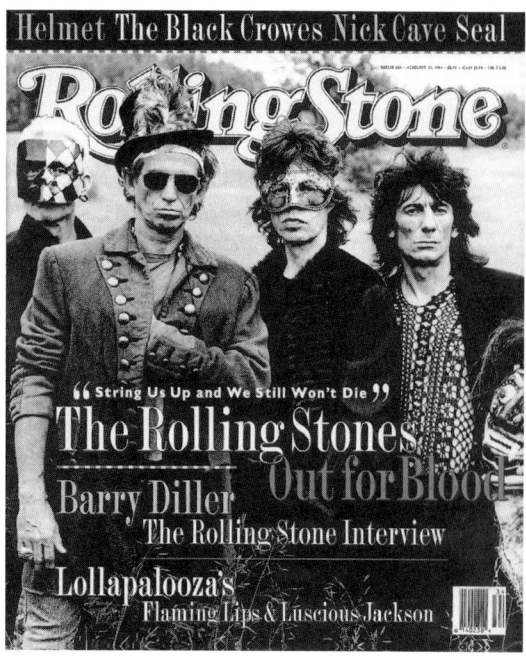

Richards mit Soloalben. Die Geschichte aber neigt zur ausgleichenden Gerechtigkeit. Als im November 2001 «Goddess At The Doorway» erschien, Jaggers neueste Platte, verkauften sich am ersten Tag trotz heftigster Reklame keine tausend Stück. Jagger ging sogar zu Thomas Gottschalk in «Wetten, dass ...» und stand da verloren herum – als Solist will ihn keiner mehr haben. Die Band hat ihn groß gemacht, und noch immer ist die Band größer als Mick Jagger. Die *Sun* rief zu Solidaritätskäufen auf und versprach allen, die den Besitz der neuen CD nachweisen könnten, einen Anstecker mit der Aufschrift: «I did my bit for the old git.» Nicht sehr nett, aber wahrscheinlich hilfreich bei der Entscheidung, zum vierzigjährigen Bühnenjubiläum und dem drohenden sechzigsten Geburtstag des immerwährenden Sexsymbols die sonst defunkten Rolling Stones zu aktivieren und noch ein letztes Mal auf Welttournee zu gehen.

Sie sind jetzt in einem Alter, in dem ihre Idole Muddy Waters und Chuck Berry noch unermüdlich durch die Clubs tourten und

Die Adler sind gelandet: Am 7. Mai 2002 flogen die Rolling Stones im Zeppelin (hinten) auf dem New Yorker Van Cortland Park ein, um ihre letzte Welttournee bekannt zu geben.

überall die reine Lehre vom Blues und vom Rock 'n' Roll verkündeten. Als Musikproduzenten haben sich auch die Rolling Stones längst verbraucht, aber sie haben zwischen 1963 und 1978 einige der schönsten Stücke zum ewigen Vorrat der Völker in Liedern beigesteuert. Und wenn sich dann die Nacht über das Stadion senkt und Mick Jagger sich wie seit vierzig Jahren heiser schreit, wenn er beklagt, dass ihn die Reklame im Fernsehen einfach nicht befriedige oder dass er am Bahnhof steht und der Zug mit einem blauen und einem roten Schlusslicht davonfährt, oder stolz verkündet, dass unter seinem Daumen ein widerständiges Weibsbild winsele, dann sind sie wieder die größte, die lauteste, also die beste Band der Welt.

●bwohl die Rolling Stones Rebellen waren, standen sie eher für eine rechtsgerichtete Position», schrieb der inzwischen in den Adelsstand erhobene Lord William Rees-Mogg einmal, jener Mann, der als Chefredakteur den legendären Leitartikel in der *Times* verfasst hatte, der Mick Jagger aus dem Gefängnis befreite. «Links waren in Wirklichkeit die Beatles. Mir kam Jagger schon damals so vor, wie er später unverkennbar war – ein erfolgreicher Geschäftsmann, der sich sein Vermögen aus eigener Kraft geschaffen hat und bedingungslos an den Individualismus glaubt.»
Die Gesellschaft, von der er sich zuzeiten beredt lossagen konnte, der er vorübergehend ins Exil nach Südfrankreich entwischt war, empfing ihn mit offenen Armen. Der Ritterschlag, am 15. Juni 2002 zum Geburtstag der Queen offiziell bekannt gegeben, bestätigte diese Krönung einer langen Karriere. Die *Times* würdigte das Ereignis wiederum mit einem (diesmal kleineren) Leitartikel, versäumte auch nicht, auf die eigenen Verdienste um die Karriere von Mick Jagger hinzuweisen, und fand dann zu einer bemerkenswerten Rechtfertigung für die späte Erhebung in den Adelsstand, die Mick Jagger zusammen mit dem Schriftsteller Harold Pinter ereilte: «Es gibt bei beiden Männern einen sehr englischen, ja fast aristokratischen Charakterzug, der dem

QUEEN'S BIRTHDAY HONOURS

Gongs for the good, bad and the downright infamous

By Alan Hamilton

Jagger, the ultimate rock rebel of the 60s and 70s, said he was delighted with his knighthood. The first person he told was his father, then his former partner Jerry Hall

Rock music
From street-fighting man to pillar of society

Auf allerhöchsten Wunsch wurde Mick Jagger schließlich zum Ritter Ihrer Majestät, der Königin von England, geschlagen.

Buckingham Palace die Sicherheit geben konnte, dass sie nicht so bockig sein würden, die angetragene Ehrung abzulehnen. Beide, Harold Pinter wie Mick Jagger, lieben Cricket. Und wer diesem sommerlichen Spiel aus ehrlicher Überzeugung anhängt, der kann im Grunde seines Herzens nur ein Gentleman sein.»
Seine Jugendsünden wurden ihm verziehen, und Mick Jagger ist ein strahlendes Beispiel für die Resozialisierung geworden, die am Ende noch jeden lebenslangen Outlaw erreicht hat.

Bibliographie

Steve Appleford: The Rolling Stones. Rip This Joint. The Stories Behind Every Song. New York 2000
Stanley Booth: The True Adventures of the Rolling Stones. London 1985
Roy Carr: Die Rolling Stones. Eine illustrierte Dokumentation. Deutsch von Michael Mandel und Edgar Schäfer. Dreieich 1978
Nik Cohn: AwopBopaLooBopALopBamBoom. Pop History. Aus dem Englischen von Teja Schwaner. Reinbek 1971
Nik Cohn: Ball the Wall. Nik Cohn in the Age of Rock. Introduced by Gordon Burn. London 1989
Stephen Davis: Old Gods, Almost Dead. The 40-Year Odyssey of the Rolling Stones. New York 2002
Marianne Faithfull mit David Dalton: Eine Autobiographie. Aus dem Englischen von Sigrid Ruschmeier. Reinbek 1997
Albert Goldman: Sound Bites. London 1993
Robert Greenfield: A Journey Through America With the Rolling Stones. Foreword by Ian Rankin. London 2001 [zuerst 1974]
Laura Jackson: Heart of Stone. The Unauthorized Life of Mick Jagger. London 1998
James Karnbach and Carol Benson: It's Only Rock 'n' Roll. The Ultimate Guide to the Rolling Stones. Foreword by Mick Taylor. New York 1997
James Miller: Flowers in the Dustbin. The Rise of Rock 'n' Roll, 1947–1977. New York 1999
Philip Norman: The Stones. London 2001
Andrew Loog Oldham: Stoned. Written and Produced by Andrew Loog Oldham. Interviews and Research by Simon Dudfield, edited by Ron Ross. London 2001
The Rolling Stones Songbook. 155 Songs mit Noten. Deutsch von Teja Schwaner, Jörg Fauser und Carl Weissner. Mit 75 Alternativübersetzungen von Helmut Salzinger. Frankfurt 1977
Tony Sanchez: Up and Down With the Rolling Stones. New York 1996 [zuerst 1979]
Andy Warhol: Das Tagebuch. Herausgegeben von Pat Hackett. Aus dem Amerikanischen von Judith Barkfelt, Gabi Burkhardt und Helmuth Dierlamm. München 1989
Tom Wolfe: Das bonbonfarbene tangerinrot-gespritzte Stromlinienbaby. Aus dem Amerikanischen von Lil Picard. Reinbek 1968
Bill Wyman with Ray Coleman: Stone Alone. London 1990

Diskographie

Die Rolling Stones begannen als Blues-Band und ließen sich dann bewegen, Singles fürs Radio und vor allem für die Musicbox zu produzieren. Von Anfang an unterschieden sich die britischen von den amerikanischen (ganz zu schweigen von den deutschen «Bravo»-) Alben, und manche Titel erschienen erst nach vielen Jahren auf einer LP. Diese Diskographie verzeichnet nur die offiziellen Alben (früher Platten, heute CDs) und von den zahlreichen Kompilationen nur jene, die bis dahin unveröffentlichte Songs brachten. Im Übrigen gilt natürlich, dass die härteste Band der Welt so richtig hart nur auf der Bühne sein kann. Das muss man hören.

The Rolling Stones. Route 66 (Troup); I Just Want To Make Love To You (Dixon); Honest I Do (Reed); Mona (I Need You Baby) (McDaniel); Now I've Got A Witness (Phelge); Little By Little (Phelge, Spector); I'm King Bee (Moore); Carol (Berry); Tell Me (Jagger, Richard); Can I Get A Witness (Holland, Holland, Dozier); You Can Make It If You Try (Jarrett); Walking The Dog (Thomas). Erschienen am 17. April 1964 in England.

England's Newest Hit Makers – The Rolling Stones. Not Fade Away (Petty, Hardin); Route 66 (Troup); I Just Want To Make Love To You (Dixon); Honest I Do (Reed); Now I've Got A Witness (Nanker Phelge); Little By Little (Phelge, Spector); I'm A King Bee (Moore); Carol (Berry); Tell Me (Jagger, Richards); Can I Get A Witness (Holland, Holland, Dozier); You Can Make It If You Try (Jarrett); Walking The Dog (Thomas). Erschienen am 29. Mai 1964 in den USA.

12x5. Around And Around (Berry); Confessin' The Blues (McShann, Brown); Empty Heart (Nanker Phelge); Time Is On My Side (Meade); Good Times, Bad Times (Jagger, Richards); It's All Over Now (Womack, Womack); 2120 South Michigan Avenue (Nanker Phelge); Under The Boardwalk (Resnick, Young); Congratulations; Grown Up Wrong; If You Need Me (Pickett, Bateman, Sanders); Suzie Q (Broadwater, Lewis, Hawkins). Erschienen am 23. Oktober 1964 in den USA.

Around And Around. Around And Around (Berry); Good Times, Bad Times; It's All Over Now (Womack, Womack); Empty Heart (Nanker Phelge); Confessin' The Blues (Brown, McShann); Not Fade Away (Petty, Hardin); Bye, Bye Johnny (Berry); You Better Move On (Alexander); I Wanna Be Your Man (Lennon, McCartney); 2120 South Michigan Avenue (Nanker Phelge); If You Need Me

(Domino, Bartholomew); Poison Ivy (Leiber, Stoller). Erschienen 1964 in Deutschland.

The Rolling Stones No. 2. Everybody Needs Somebody To Love (Russell, Burke, Wexler); Down Home Girl (Leiber, Butler); You Can't Catch Me (Berry); Time Is On My Side (Meade); What A Shame; Grown Up Wrong; Down The Road Apiece (Raye); Under The Boardwalk (Resnick, Young); I Can't Be Satisfied (Morganfield); Pain In My Heart (Neville); Off The Hook (Nanker Phelge); Suzie Q (Broadwater, Lewis, Hawkins). Erschienen am 15. Januar 1965 in England.

The Rolling Stones, Now! Everybody Needs Somebody To Love (Russell, Burke, Wexler); Down Home Girl (Leiber, Butler); You Can't Catch Me (Berry); Heart Of Stone; What A Shame; Mona (I Need You Baby) (McDaniel); Down The Road Apiece (Raye); Off The Hook (Nanker Phelge); Pain In My Heart (Neville); Oh Baby (We Got A Good Thing Goin') (Ozen); Little Red Rooster (Dixon); Surprise Surprise. Erschienen am 12. Februar 1965 in den USA.

Out Of Our Heads. Mercy Mercy (Covay, Miller); Hitch Hike (Gaye, Stevenson, Paul); The Last Time; That's How Strong My Love Is (Jamison); Good Times (Cooke); I'm Alright (McDaniel); (I Can't Get No) Satisfaction; Cry To Me (Russell); The Under Assistant West Coast Promotion Man (Nanker Phelge); Play With Fire (Nanker Phelge); The Spider And The Fly (Nanker Phelge); One More Try. Erschienen am 30. Juli 1965 in den USA.

Bravo Rolling Stones. (I Can't Get No) Satisfaction; She Said Yeah (Christy, Jackson); Time Is On My Side (Meade); I'm Alright (McDaniel); I'm Free; Gotta Get Away; Stoned (Nanker Phelge); Get Off Of My Cloud; Talkin' 'Bout You (Berry); Come On (Berry); The Last Time; The Under Assistant West Coast Promotion Man (Nanker Phelge); I Wanna Be Loved (Dixon); The Singer Not The Song. Erschienen 1965 in Deutschland.

Out Of Our Heads. She Said Yeah (Christy, Jackson); Mercy Mercy (Covay, Miller); Hitch Hike (Gaye, Stevenson, Paul); That's How Strong My Love Is (Jamison); Good Times (Cooke); Gotta Get Away; Talkin' 'Bout You (Berry); Cry To Me (Russell); Oh Baby (We Got A Good Thing Goin') (Ozen); Heart Of Stone; The Under Assistant West Coast Promotion Man (Nanker Phelge); I'm Free. Erschienen am 24. September 1965 in England.

December's Children (And Everybody's). She Said Yeah (Christy, Jackson); Talkin' 'Bout You (Berry); You Better Move On (Alexander); Look What You've Done (Morganfield); The Singer Not The Song; Route 66 (Troup); Get Off Of My Cloud; I'm Free; As Tears Go By (Jagger, Richards, Oldham); Gotta Get Away; Blue Turns To Grey; I'm Moving On (Snow). Erschienen am 3. Dezember 1965 in den USA.

Big Hits (High Tide And Green Grass). (I Can't Get No) Satisfaction; The Last Time; As Tears Go By (Jagger, Richards, Oldham); Time Is On My Side (Meade); It's All Over Now (Womack, Womack); Tell Me; 19th Nervous Breakdown; Heart Of Stone; Get Off Of My Cloud; Not Fade Away (Petty, Hardin); Good Times, Bad Times; Play With Fire (Nanker Phelge). Erschienen am 1. April 1966 in den USA.

Aftermath. Mother's Little Helper; Stupid Girl; Lady Jane; Under My Thumb; Doncha Bother Me; Goin' Home; Flight 505; High And Dry; Out Of Time; It's Not Easy; I Am Waiting; Take It Or Leave It; Think; What To Do. Erschienen am 15. April 1966 in England.

Aftermath. Paint It, Black; Stupid Girl; Lady Jane; Under My Thumb; Doncha Bother Me; Think; Flight 505; High And Dry; It's Not Easy; I Am Waiting; Goin' Home. Erschienen am 1. Juli 1966 in den USA.

Big Hits (High Tide And Green Grass). Have You Seen Your Mother, Baby, Standing In The Shadow?; Paint It, Black; It's All Over Now (Womack, Womack); The Last Time; Heart Of Stone; Not Fade Away (Petty, Hardin); Come On (Berry); (I Can't Get No) Satisfaction; Get Off Of My Cloud; As Tears Go By (Jagger, Richards, Oldham); 19th Nervous Breakdown; Lady Jane; Time Is On My Side (Meade); Little Red Rooster (Dixon). Erschienen am 4. November 1966 in England.

Got Live If You Want It! Under My Thumb; Get Off Of My Cloud; Lady Jane; Not Fade Away (Petty, Hardin); I've Been Loving You Too Long (Redding, Butler); Fortune Teller (Neville); The Last Time; 19th Nervous Breakdown; Time Is On My Side (Meade); I'm Alright (McDaniel); Have You Seen Your Mother, Baby, Standing In The Shadow?; (I Can't Get No) Satisfaction. Erschienen am 9. Dezember 1966 in den USA.

Got Live If You Want It! Look What You've Done (Morganfield); It's All Over Now (Womack, Womack); Confessin' The Blues (McShann, Brown); One More Try; As Tears Go By (Jagger, Richards, Oldham); The Spider And The Fly (Nanker Phelge); My Girl (Robinson, White); Paint It, Black; If You Need Me (Domino, Bartholomew); The Last Time; Blue Turns To Grey; Around And Around (Berry); Under My Thumb; Get Off Of My Cloud; Lady Jane; Not Fade Away (Petty, Hardin); I've Been Loving You Too Long (Redding, Butler); Fortune Teller (Neville); The Last Time; 19th Nervous Breakdown; Time Is On My Side (Meade); I'm Alright (McDaniel); Have You Seen Your Mother, Baby, Standing In The Shadow? Erschienen 1966 in Deutschland.

Between The Buttons. Yesterday's Papers; My Obsession; Back Street Girl; Connection; She Smiled Sweetly; Cool, Calm, Collected; All Sold Out; Please Go Home; Who's Been Sleeping Here?; Complicated; Miss Amanda Jones; Something Happened To Me Yesterday. Erschienen am 20. Januar 1967 in England.

Between The Buttons. Let's Spend The Night Together; Yesterday's Papers; Ruby Tuesday; Connection; She Smiled Sweetly; Cool, Calm, Collected; All Sold Out; My Obsession; Who's Been Sleeping Here?; Complicated; Miss Amanda Jones; Something Happened To Me Yesterday. Erschienen am 10. Februar 1967 in den USA.

Flowers. Ruby Tuesday; Have You Seen Your Mother, Baby, Standing In The Shadow?; Let's Spend The Night Together; Lady Jane; Out Of Time; My Girl (Robinson, White); Back Street Girl; Please Go Home; Mother's Little Helper; Take It Or Leave It; Ride On Baby; Sittin' On A Fence. Erschienen am 14. Juli 1967 in den USA.

Their Satanic Majesties Request. Sing This All Together; Citadel; In Another Land (Wyman); 2000 Man; Sing This All Together (See What Happens); She's A Rainbow; The Lantern; Gomper; 2000 Light Years From Home; On With The Show. Erschienen am 8. Dezember 1967 in England und den USA.

Beggars Banquet. Sympathy For The Devil; No Expectations; Dear Doctor; Parachute Woman; Jigsaw Puzzle; Street Fighting Man; Prodigal Son (Rev. Wilkens); Stray Cat Blues; Factory Girl; Salt Of The Earth. Erschienen am 6. Dezember 1968 in England und den USA.

Through The Past, Darkly (Big Hits Vol. 2). Jumpin' Jack Flash; Mother's Little Helper; 2000 Light Years From Home; Let's Spend The Night Together; You Better Move On (Alexander); We Love You; Street Fighting Man; She's A Rainbow; Ruby Tuesday; Dandelion; Sittin' On A Fence; Honky Tonk Women. Erschienen am 12. September 1969 in England.

Through The Past, Darkly (Big Hits Vol. 2). Paint It, Black; Ruby Tuesday; She's A Rainbow; Jumpin' Jack Flash; Mother's Little Helper; Let's Spend The Night Together; Honky Tonk Women; Dandelion; 2000 Light Years From Home; Have You Seen Your Mother, Baby, Standing In The Shadow?; Street Fighting Man. Erschienen am 12. September 1969 in den USA.

Let It Bleed. Gimme Shelter; Love In Vain (Robert Johnson); Country Honk; Live With Me; Let It Bleed; Midnight Rambler; You Got The Silver; Monkey Man; You Can't Always Get What You Want. Erschienen am 5. Dezember 1969.

Get Yer Ya-Ya's Out! The Rolling Stones In Concert. Jumpin' Jack Flash; Carol (Berry); Stray Cat Blues; Love in Vain (Robert Johnson); Midnight Rambler; Sympathy For The Devil; Live With Me; Little Queenie (Berry); Honky Tonk Women; Street Fighting Man. Erschienen am 4. September 1970.

Sticky Fingers. Brown Sugar; Sway; Wild Horses; Can't You Hear Me Knocking; You Gotta Move (McDowoll, Davis); Bitch; I Got The Blues; Sister Morphine (Jagger, Richards, Faithfull); Dead Flowers; Moonlight Mile. Erschienen am 23. April 1971.

Exile On Main Street. Rocks Off; Rip This Joint; Shake Your Hips (Moore); Casino Boogie; Tumbling Dice; Sweet Virginia; Torn And Frayed; Sweet Black Angel; Loving Cup; Happy; Turd On The Run; Ventilator Blues (Jagger, Richards, Taylor); Just Wanna See His Face; Let It Loose; All Down The Line; Stop Breaking Down; Shine A Light; Soul Survivor. Erschienen am 12. Mai 1972.

More Hot Rocks (Big Hits & Fazed Cookies). Tell Me; Not Fade Away (Petty, Hardin); The Last Time; It's All Over Now (Womack, Womack); Good Times, Bad Times; I'm Free; Out Of Time; Lady Jane; Sittin' On A Fence; Have You Seen Your Mother, Baby, Standing In The Shadow?; Dandelion; We Love You; She's A Rainbow; 2000 Light Years From Home; Child Of The Moon; No Expectations; Let It Bleed; What To Do; Money (Gordy Jr., Bradford); Come On (Berry); Fortune Teller (Neville); Poison Ivy (Leiber, Stoller); Bye Bye Johnny (Berry); I Can't Be Satisfied (Morganfield); Long Long While. Erschienen am 1. Dezember 1972 in den USA.

Goat's Head Soup. Dancing with Mr. D; 100 Years Ago; Coming Down Again; Doo Doo Doo Doo Doo (Heartbreaker); Angie; Silver Train; Hide Your Love; Winter; Can You Hear The Music; Star Star. Erschienen am 31. August 1973.

No Stone Unturned. Poison Ivy (Leiber, Stoller); The Singer Not The Song; Surprise Surprise; Child Of The Moon; Stoned (Nanker Phelge); Sad Day; Money (Gordy Jr., Bradford); Congratulations; I'm Moving On (Snow); 2120 South Michigan Avenue (Nanker Phelge); Long Long While; Who's Driving Your Plane. Erschienen am 5. Oktober 1973 in England.

It's Only Rock 'n' Roll. If You Can't Rock Me; Ain't Too Proud To Beg (Whitfield, Holland); It's Only Rock 'n' Roll; Till The Next Goodbye; Time Waits For No One; Luxury; Dance Little Sister; If You Really Want To Be My Friend; Short And Curlies; Fingerprint File. Erschienen am 18. Oktober 1974.

Metamorphosis. Out Of Time; Don't Lie To Me (Berry); Some Things Just Stick In Your Mind; Each And Every Day Of The Year; Heart Of Stone; I'd Much Rather Be With The Boys (Oldham, Richards); (Walkin' Thru The) Sleepy City; We're Wasting Time; Try A Little Harder; I Don't Know Why (Wonder, Riser, Hunter, Hardaway); If You Let Me; Jiving Sister Fanny; Downtown Suzie (Wyman); Family; Memo From Turner; I'm Going Down. Erschienen am 6. Juni 1975 in England.

Metamorphosis. Out Of Time; Don't Lie To Me (Berry); Each And Every Day Of The Year; Heart Of Stone; I'd Much Rather Be With The Boys (Oldham, Richards); (Walkin' Thru The) Sleepy City; Try A Little Harder; I Don't Know Why (Wonder, Riser, Hunter, Hardaway); If You Let Me; Jiving Sister Fanny; Downtown Suzie (Wyman); Family; Memo From Turner; I'm Going Down. Erschienen am 6. Juni 1975 in den USA.

Black And Blue. Hot Stuff; Hand Of Fate; Cherry Oh Baby (Donaldson); Memory Hotel; Hey Negrita; Melody; Fool To Cry; Crazy Mama. Erschienen am 20. April 1976.

Love You Live. Honky Tonk Women; If You Can't Rock Me/Get Off Of My Cloud; Happy; Hot Stuff; Star Star; Tumbling Dice; Fingerprint File; You Gotta Move (McDowell, Davis); You Can't Always Get What You Want; Mannish Boy (London, McDaniel, Morganfield); Cracking Up (McDaniel); Little Red Rooster (Dixon); Around And Around (Berry); It's Only Rock 'n' Roll; Brown Sugar; Jumpin' Jack Flash; Sympathy For The Devil. Erschienen am 23. September 1977.

Some Girls. Miss You; When The Whip Comes Down; Just My Imagination (Whitfield, Strong); Some Girls; Lies; Far Away Eyes; Respectable; Before They Make Me Run; Beast Of Burden; Shattered. Erschienen am 9. Juni 1978.

Emotional Rescue. Dance (Jagger, Richards, Wood); Summer Romance; Send It To Me; Let Me Go; Indian Girl; Where The Boys Go; Down In The Hole; Emotional Rescue; She's So Cold; All About You. Erschienen am 24. Juni 1980.

Sucking In The Seventies. Shattered; Everything Is Turning To Gold (Jagger, Richards, Wood); Hot Stuff; Time Waits For No One; Fool To Cry; Mannish Boy (London, McDaniel, Morganfield); When The Whip Comes Down; If I Was A Dancer (Jagger, Richards, Wood); Crazy Mama; Beast Of Burden. Erschienen am 12. März 1981 in den USA und am 14. April 1981 in England.

Tattoo You. Start Me Up; Hang Fire; Slave; Little T & A; Black Limousine (Jagger, Richards, Wood); Neighbours; Worried About You; Tops; Heaven; No Use In Crying (Jagger, Richards, Wood); Waiting On A Friend. Erschienen am 25. August 1981.

Still Life (American Concert 1981). Under My Thumb; Let's Spend The Night Together; Shattered; Twenty Flight Rock (Fairchild, Cochran); Going To A Go-Go (Robinson, Johnson, Moore, Rogers); Let Me Go; Time Is On My Side (Meade); Just My Imagination (Whitfield, Strong); Start Me Up; (I Can't Get No) Satisfaction. Erschienen am 1. Juni 1982.

Undercover. Undercover Of The Night; She Was Hot; Tie You Up (The Pain Of Love); Wanna Hold You; Feel On Baby; Too Much Blood; Pretty Beat Up (Jagger, Richards, Wood); Too Tough; All The Way Down; It Must Be Hell. Erschienen am 8. November 1983.

Dirty Work. One Hit (To The Body) (Jagger, Richards, Wood); Fight (Jagger, Richards, Wood); Harlem Shuffle (Relf, Nelson); Hold Back; Too Rude (Roberts, Dunbar, Shakespeare); Winning Ugly; Back To Zero (Jagger, Richards, Leavell); Dirty Work (Jagger, Richards, Wood); Had It With You (Jagger, Richards, Wood); Sleep Tonight. Erschienen am 25. März 1986.

Steel Wheels. Sad Sad Sad; Mixed Emotions; Terrifying; Hold On To Your Hat; Hearts For Sale; Blinded By Love; Rock And A Hard Place; Can't Be Seen; Almost Hear You Sigh (Jagger, Richards, Jordan); Continental Drift; Break The Spell; Slipping Away. Erschienen am 29. August 1989.

Flashpoint. Recorded Live 1989–90 Steel Wheels/Urban Jungle World Tour. Continental Drift; Start Me Up; Sad Sad Sad; Miss You; Rock And A Hard Place; Ruby Tuesday; You Can't Always Get What You Want; Factory Girl; Can't Be Seen; Little Red Rooster (Dixon); Paint It, Black; Sympathy For The Devil; Brown Sugar; Jumpin' Jack Flash; (I Can't Get No) Satisfaction; Highwire; Sex Drive. Erschienen am 2. April 1991.

Voodoo Lounge. Love Is Strong; You Got Me Rocking; Sparks Will Fly; The Worst; New Faces; Moon Is Up; Out Of Tears; I Go Wild; Brand New Car; Sweethearts Together; Suck On The Jugular; Blinded By Rainbows; Baby Break It Down; Thru And Thru; Mean Disposition. Erschienen am 12. Juli 1994.

Stripped. Street Fighting Man; Like A Rolling Stone (Dylan); Not Fade Away (Petty, Hardin); Shine A Light; The Spider And The Fly (Nanker Phelge); I'm Free; Wild Horses; Let It Bleed; Dead Flowers; Slipping Away; Angie; Love In Vain (Robert Johnson); Sweet Virginia; Little Baby (Dixon). Erschienen am 10. November 1995. Die japanische Version enthält außerdem den Titel Black Limousine (Jagger, Richards, Wood).

The Rolling Stones Rock And Roll Circus. Soundtrack. Einführung: Mick Jagger; Entry Of The Gladiators (Fucik); Einführung: Mick Jagger; Song For Jeffrey (Anderson; gespielt von Jethro Tull); Einführung: Keith Richards; A Quick One While He's Away (Townshend, gespielt von The Who); Over The Waves (Rosas); Ain't That A Lot Of Love (Parker, Banks; gespielt von Taj Mahal); Einführung: Charlie Watts; Something Better (Mann, Goffin; gesungen von Marianne Faithfull); Einführung: Mick Jagger und John Lennon; Yer Blues (Lennon, McCartney; gespielt von Dirty Mac); Whole Lotta Yoko (Ono; geseufzt von Yoko Ono); Einführung: John Lennon; Parachute Woman; No Expectations; You Can't Always Get What You Want; Sympathy For The Devil; Salt Of The Earth. Erschienen am 15. Oktober 1996.

Bridges To Babylon. Flip The Switch; Anybody Seen My Baby? (Jagger, Richards, k.d. lang, Mink); Low Down; Already Over Me; Gunface; You Don't Have To Mean It; Out Of Control; Saint Of Me; Might As Well Get Juiced; Always Suffering; Too Tight; Thief In The Night (Jagger, Richards, de Beauport); How Can I Stop. Erschienen am 30. September 1997.

No Security. Live From The Bridges To Babylon Tour. You Got Me Rocking; Gimme Shelter; Flip The Switch; Memory Hotel; Corinna (Mahal, Davis); Saint Of Me; Waiting On A Friend; Sister Morphine (Jagger, Richards, Faithfull); Live With Me; Respectable; Thief In The Night (Jagger, Richards, de Beauport); The Last Time; Out Of Control. Erschienen am 3. November 1998.

Bildnachweis. Action Press 42, 176, 203, 205; Action Press/Big Pictures 268; Action Press/Pictorial Press 117, 149; Action Press/Rex Features 2, 18, 31, 33, 45, 79, 179, 192, 211, 223, 253, 256, 263; Action Press/Sunshine International 243; Action Press/King Collection 125; Robert Altman 221, 231, 234; Bildarchiv Preußischer Kulturbesitz 141; Cinetext 219; Corbis/Bettmann 87, 135, 139, 161; Corbis/Henry Diltz 216; Corbis/Hulton-Deutsch Collection 62, 70, 111, 128, 153, 169, 173, 193; Corbis/Lynn Goldsmith 107, 206, 259; Renate und Tadeusz Dabrowski, Frankfurter Allgemeine Zeitung 109; dpa 180, 277; Wolfgang Haut, Frankfurter Allgemeine Zeitung (Erstveröffentlichung 23. 8. 1975) 11; Barbara Klemm, Frankfurter Allgemeine Zeitung 246; Gered Mankowitz 53, 58, 69, 74, 77, 84, 112, 118, 121, 166, 188, 248, 268, 271; Getty Images/Hulton Archive 13, 29, 60, 72, 105, 115, 142, 145, 162, 184f., 198f., 228, 240; Photoselection/LFI 265, 274; Photoselection/Retna 272; Pictorial Press 35, 47, 54, 55, 90, 102, 147, 200, 251; Philip Townsend 8, 24, 27, 51; Ullstein Bilderdienst 22, 93, 97, 171, 214; Baron Wolman 156, 226